Neue
Kleine Bibliothek 72

Rüdiger Göbel
Joachim Guilliard
Michael Schiffmann
(Hg.)

Der Irak

Ein belagertes Land

Beiträge von:
Felicity Arbuthnot, Phyllis Bennis, Jutta Burghardt, Noam Chomsky, Ramsey Clark, Robert Fisk, Rüdiger Göbel, Ulrich Gottstein, Joachim Guilliard, Denis J. Halliday, Karijn Kakebeeke, Mona Kammas, Ali Mansoor, Norman Paech, John Pilger, Scott Ritter, Daniel Rosenthal, Deirdre Sinnott, Hans-Christof von Sponeck, Voices in the Wilderness

PapyRossa Verlag

Umschlag: Willi Hölzel unter Verwendung eines Fotos
von Daniel Rosenthal
Satz: Alex Feuerherdt
Druck: Interpress

Die Deutsche Bibliothek – CIP-Einheitsaufnahme

Ein Titeldatensatz für diese Publikation
ist bei Der Deutschen Bibliothek erhältlich

ISBN 3-89438-223-6

Inhalt

III.
Augenzeugenberichte zur Situation im Irak

IV.
Die UN, die Sanktionen und der Irak

V.
Die Sanktionen und ihre Folgen für Umwelt und Gesundheit

Anhang

I.
Zur Einführung

Norman Paech

Beginn einer neuen Weltordnung

Als US-Präsident George Bush im Herbst 1990 eine Neue Weltordnung verkündete, spielte er auf das Ende des Kalten Krieges und den überraschenden Untergang des einstmals mächtigsten Rivalen im Kampf um die Vorherrschaft an. Alle Welt sprach von der zu erwartenden Friedensdividende und gab sich der Hoffnung hin, daß an die Stelle gegenseitiger Machtblockade nun die Rechtsordnung der Vereinten Nationen treten würde, um den Frieden der Völker untereinander zu garantieren - wie es einst US-Präsident Woodrow Wilson vom Völkerbund erhofft hatte. Man übersah in jenem Herbst - und wollte es wohl auch -, daß die USA bereits wieder auf dem Kriegspfad waren und die günstige Gelegenheit nutzten, den UNO-Sicherheitsrat für ihre Pläne zu gewinnen und hinter ihre Militäraktion gegen den Irak zu bringen. Denn daran gab es keinen Zweifel, der Irak hatte mit seinem Überfall auf Kuwait gröblichst das Völkerrecht verletzt und mußte seine Beute wieder hergeben. Ob dazu allerdings eine derartige Kriegsmaschinerie notwendig war, welche Anfang 1991 ein wahres Inferno am Golf entwickelte, war schon vor ihrem Einsatz zweifelhaft. Es gab genügend Stimmen, die die Wirtschaftsblockade und diplomatische Mittel für ausreichend ansahen, die Souveränität Kuwaits wiederherzustellen. Aber die USA benötigten diese Waffendemonstration als Auftakt für ihre Neue Weltordnung.

»Dieses ist eine Niederlage der Vereinten Nationen«, hatte der damalige UNO-Generalsekretär Perez de Cuellar am ersten Tag der Luftangriffe gesagt. In der Tat, die UNO und ihre Charta mußten für ein Unternehmen herhalten, welches sich immer mehr als das entpuppte, als das es offensichtlich geplant war: die Etablierung einer neuen Herrschafts- statt einer Friedensordnung. Die USA hatten von vornherein klar gemacht, daß sie sich an keine Weisungen oder Kontrolle seitens des Sicherheitsrats, bzw. des Generalstabsausschusses (Artikel 46 und 47 UNO-Charta) halten würden. Und so entfachte die Militärmaschinerie einen wahren »desert storm«, der alle Grenzen der in Artikel 42 UNO-Charta vorgesehenen Zwangsmaßnahmen sprengte. Wenn es in diesem Artikel heißt, daß der Sicherheitsrat »mit Luft-, See-

oder Landstreitkräften die zur Wahrung oder Wiederherstellung des Weltfriedens und der internationalen Sicherheit erforderlichen Maßnahmen durchführen« kann, so bedeutet das nicht Krieg ohne jegliche Verhältnismäßigkeit, sondern eher militärische Zwangs- und Drohmaßnahmen, wie sie im folgenden Satz 2 des Artikels erwähnt werden: »Sie können Demonstrationen, Blockaden und sonstige Einsätze der Luft-, See- oder Landstreitkräfte von Mitgliedern der Vereinten Nationen einschließen.«

Der Welt und in ihr vor allem den sogenannten rogue-states, den Schurkenstaaten, sollte jedoch mehr als die Prinzipien der Völkerrechtsordnung gezeigt werden. »Desert Storm« war gleichzeitig eine Waffen- und Heerschau, die die absolute militärische Dominanz der USA und die Aussichtslosigkeit, ihr zu trotzen, demonstrieren sollte. Mehr noch, es wurde durch die Art der Kriegsführung deutlich gemacht, daß sich die USA, wenn nötig, auch ausserhalb der UNO-Charta und allgemein anerkannten Völkerrechtsordnung ungestraft bewegen können.

Es hat knapp zehn Jahre gedauert, bis der US-amerikanische Journalist Seymour Hersh seine akribischen Untersuchungen über schwere Kriegsverbrechen der US-Streitkräfte während des Golfkrieges im *New Yorker* veröffentlichte.[1] Das tut jemand wie Hersh nur, wenn er sich seiner Beweise absolut sicher ist – er war es gewesen, der seinerzeit das Massaker der amerikanischen Soldaten im vietnamesischen Son My (My Lai) aufgedeckt hatte. Im Golfkrieg ging es um den Zwei-Sterne-General Barry McCaffrey, der zwei Tage nach dem von Präsident Bush am 28. Februar 1991 erklärten Waffenstillstand, der den irakischen Truppen freien Abzug gewährte, seiner 24. Infanteriedivision den Befehl gab, eine Panzerdivision der Republikanischen Garden anzugreifen, die sich auf dem Rückzug Richtung Bagdad in der Nähe der Rumaila-Ölfelder auf eine Brücke über den Hammar-See zu bewegte. Diese Brücke hatte er durch die Explosion eines Munitionslasters blockieren lassen, so daß die abziehende etwa fünf Meilen lange Kolonne festsaß. Nach mehrstündigem Feuer waren alle 700 Panzer und die Begleitfahrzeuge, in denen sich auch Zivilisten und Kinder befanden, zerstört. Verluste bei den Amerikanern gab es keine. Die Zahl der irakischen Opfer wurde nie ermittelt, es gab weder Fernsehbilder noch Presseberichte über dieses schwere Kriegsverbrechen.

Einen Tag vor dem Waffenstillstand hatten Soldaten der 1. Brigade aus

McCaffreys Division fast 400 irakische Soldaten, die sich ergeben hatten und bereits entwaffnet waren, mit Maschinengewehren unter Feuer genommen und getötet. Darunter befanden sich auch verwundete und bandagierte Soldaten in einem Sanitätsbus. Noch einen weiteren Vorfall der Erschiessung von Zivilisten recherchierte Hersh und konnte in Erfahrung bringen, daß wegen aller drei Verbrechen armeeinterne Untersuchungen stattgefunden hatten, die aber alle niedergeschlagen wurden. McCaffrey wurde zum Vier-Sterne-General befördert und leitet heute den Anti-Drogenkampf in Lateinamerika. Was in den USA zumindest heftige Medien-Kontroversen verursachte, ist in Deutschland verschwiegen worden - oder haben alle USA-Korrespondenten der deutschen Medien geschlafen?

Was schon bald nach dem Golfkrieg an die Öffentlichkeit kam aber offensichtlich wie durch einen Zeitzünder erst jetzt zu explodieren droht, ist der seinerzeit erstmalige Einsatz von Panzermunition aus abgereichertem Uran. Lange Zeit konnte das unerklärliche Golf-Syndrom auf die Zerstörung irakischer Chemiewaffenlager beziehungsweise die vorsorglichen Schutzimpfungen gegen mögliche Gifteinwirkungen abgeschoben werden. Das endemische Ansteigen von Leukämieerkrankungen bei irakischen Kindern und die extrem hohen Todeszahlen werden als traurige, aber unvermeidbare Konsequenz der Halsstarrigkeit des irakischen Regimes abgetan. Jetzt jedoch, nach dem erneuten Einsatz von Uranmunition im Krieg gegen Jugoslawien und der Erkrankung und dem Tod einiger NATO-Soldaten nach längerer Stationierung im Kosovo, läßt sich der Zusammenhang zwischen einer auch noch so geringen Strahlung und den Erkrankungen nicht mehr unterdrükken. Noch hält die NATO an ihrer Fiktion fest, daß es sich bei der Uranmunition um konventionelle Munition handele, aber gleichzeitig verhindern die USA die Veröffentlichung der Untersuchungen, die die WHO und UNEP seit einem Jahr über die Ursachen der Erkrankungen unternommen haben. Während auf Jugoslawien zehn Tonnen uranhaltiger Munition niedergegangen sind, waren es im Irak 300 Tonnen, deren Überreste immer noch nicht vollständig entsorgt sind. Auch dieses wäre ein Fall für den Weltstrafgerichtshof, denn wenn sich die unkontrollierbaren lang andauernden schädigenden Wirkungen auf die Zivilbevölkerung bestätigen, fällt auch diese Munition ohne ausdrückliche Ächtung unter die Waffenarten, die völkergewohnheitsrechtlich als verboten angesehen werden müssen. Die Folgen allerdings, die ein Urteil des Gerichtshofes hätte, machen nur allzu klar, warum sich die USA noch lange weigern werden, dessen Statut zu ratifizieren.

Am 16. Dezember 1998 zeigten die USA von neuem, daß sie die Golfregion für ihre rechtsfreie Quasi-Kolonie halten. Nach einem Bericht des UNSCOM-Leiters Richard Butler über die mangelnde Kooperationswilligkeit des Irak bei der Aufspürung verborgener Produktions- und Lagerstätten von Massenvernichtungswaffen begannen US-amerikanische und britische Kampfflugzeuge ihre viertägige »Operation Wüstenfuchs«. Sie flogen mehr als 600 Angriffe und feuerten über 400 Cruise Missiles auf Bagdad und die umliegende Infrastruktur, denen etwa 1600 Zivilisten zum Opfer fielen. Es hatte weder einen Angriff seitens der Iraker noch eine Ermächtigung durch den UNO-Sicherheitsrat zu dieser blank völkerrechtswidrigen Militäraktion gegeben. Später kam heraus, daß Butler seinen Bericht in Abstimmung mit Sandy Berger, dem Vorsitzenden des Nationalen Sicherheitsrats der USA, geschrieben hatte, um einen Vorwand für den Militärschlag zu liefern. UNSCOM-Mitarbeiter sollen zudem das Pentagon über strategische Ziele informiert haben. Butler mußte zwar Anfang 1999 zurücktreten, der Sicherheitsrat konnte sich jedoch nicht über eine Stellungnahme zu der Operation einigen. Die neue Bundesregierung bekundete sofort ihre Gefolgschaft und äußerte, anders als die französische, nicht den Hauch einer Kritik. Es bleibt insbesondere das Geheimnis der Bündnis-Grünen, daß sie in jenen Anfängen ihrer erstmaligen Regierungstätigkeit zwar einen Koalitionskrach um die Kernkraftwerke riskierten, aber keine Distanzierung von der militärischen Exekution amerikanischer Interessenpolitik über die Lippen brachten, ganz gleich wieviele Menschenleben dabei vernichtet wurden. Die Folgsamkeit der Bundesregierung macht nur einen weiteren Aspekt der Neuen Weltordnung deutlich, den Zbigniew Brzezinski, von 1977 bis 1981 Sicherheitsberater von US-Präsident Jimmy Carter und heute Berater am »Zentrum für Strategische und Internationale Studien« in Washington D.C., 1997 in seinem Buch »The Grand Chessboard. American Primary and Its Geostrategic Imperatives« festgestellt hat: »Tatsache ist schlicht und einfach, daß Westeuropa und zunehmend auch Mitteleuropa weitgehend ein amerikanisches Protektorat bleiben, dessen alliierte Staaten an Vasallen und Tributpflichtige von einst erinnern.«

Im März 1998 hatte Henry Kissinger Franzosen und Russen gedroht:

»Wir müssen allen klar machen, daß sich niemand zum Nulltarif der amerikanischen Außenpolitik in den Weg stellen darf.« Gleichzeitig hatte er der amerikanischen Außenpolitik empfohlen:« Eine Operation zum Sturz von Saddam Hussein müßte notwendigerweise so groß angelegt sein, daß sie, auch wenn man sie als ›verdeckt‹ bezeichnen würde, dies nicht lange bleiben könnte. Und wenn sie nicht mehr länger verdeckt, sondern offen ist, müssen wir auch bereit sein, den entsprechenden Preis zu zahlen.« Das sind die wahren wenn auch ernüchternden Grundpfeiler der Neuen Weltordnung – und so dienen die im Norden des Irak ab dem 36. Breitengrad und im Süden ab dem 33. Breitengrad eingerichteten Flugverbotszonen nur oberflächlich dem Schutz der dort lebenden Kurden und schiitischen Minderheit. Vornehmlich ist es eine – wiederum von keiner Resolution des UNO-Sicherheitsrats legitimierte – Einschränkung der Souveränität des Irak, um somit den Widerstand gegen die Regierung in Bagdad zu unterstützen und anzustacheln. Gelegentlich, jedoch ohne großes Engagement, versuchen die Alliierten ihre fast täglichen Flugeinsätze über den Flugverbotszonen und die regelmäßigen Bombardierungen der irakischen Infrastruktur mit der Resolution 688 des UNO-Sicherheitsrats von 1991 zu begründen. Sie wissen jedoch allzu gut, daß diese Resolution lediglich den Kurden im Nordirak eine Schutzzone vor den Truppen Saddam Husseins eingerichtet hat, und mit keinem Wort zu militärischen Interventionen ermächtigt.

Der alltägliche Luftkrieg im Norden und Süden des Iraks genießt keine große Aufmerksamkeit in den westlichen Medien. Er ist seinem Hauptziel, die Destabilisierung und den Zusammenbruch der Regierung in Bagdad zu erreichen, offensichtlich nicht näher gekommen. Aber er hat mit dazu beizutragen, den Irak im Bewußtsein der atlantischen Bevölkerung zu einer Region zu reduzieren, für die die Grundsätze und Prinzipien der UNO-Charta nicht mehr gelten, wo alles erlaubt ist, um ein Regime zu stürzen, welches sich der US-amerikanischen Außenpolitik in den Weg stellt. Der Irak ist »hors de la loi« – außerhalb des Rechts gestellt, früher nannte man es vogelfrei.

Amerikaner und Briten hatten die Bombardierung von irakischen Flugabwehr- und Raketenstellungen im Anschluß an die »Operation Wüstenfuchs« aufgenommen. Nur ab und zu dringen Meldungen aus der Ferne eines nicht erklärten, aber täglichen Krieges in unsere Medien. Er soll nach irakischen Angaben bisher 300 Tote und über 900 Verletzte gefordert haben. Ehemalige britische Bomberpiloten haben sich mit dem Vorwurf an die Öffentlichkeit gewandt, daß die Bombardierungen schon lange nicht mehr den ursprünglichen Zweck des Schutzes der Zivilbevölkerung vor irakischen Angriffen verfolgten, sondern die systematische Zerstörung der irakischen Infrastruktur zum Ziel hätten.[2] Trotz zunehmenden Unbehagens bei den internationalen Beobachtern über die Rückkehr des Faustrechts gegen einen Staat, der sich schon lange wieder aus seinem Nachbarland zurückziehen mußte und immer noch Mitglied der Vereinten Nationen ist, hat sich der Sicherheitsrat zu keiner Stellungnahme durchringen können. In seiner gegenwärtigen Struktur kann er sich nicht gegen das Veto der ständigen Mitglieder durchsetzen. Die Brutalität der Neuen Weltordnung zeigt sich hier in der doppelten Entrechtlichung: Die Angreifer operieren jenseits des Rechts, da sie sich durch das Veto vor Reaktionen des Sicherheitsrats schützen können und die USA vor dem Internationalen Gerichtshof ohnehin unangreifbar sind mangels Unterwerfung unter dessen Rechtsprechung. Der Angegriffene bleibt außerhalb des Rechts und kann sich nicht schützen, da die Institutionen der UNO, die seinen Schutz zu übernehmen hätten, durch die Angreifer gelähmt werden.

Doch spielt sich die größte Tragödie in diesem Land scheinbar innerhalb des durch die Vereinten Nationen abgesteckten Rechtsrahmens ab. Die am 6. August 1990 erstmals durch den UNO-Sicherheitsrat verhängten Wirtschaftssanktionen, die auch nach der Vertreibung der irakischen Truppen aus Kuwait aufrechterhalten wurden, dauern immer noch an. Bereits nach zwei Jahren hatten sie tiefe Spuren in der irakischen Gesellschaft hinterlassen: wachsende Verarmung, Unterernährung, unzureichende medizinische Versorgung und hohe Sterblichkeit vor allem bei Kindern. Im Juni 1999 meldete das irakische Gesundheitsministerium mehr als eine Million Todesopfer infolge der Sanktionen, deren Auswirkungen auch durch das zwischenzeitlich gebilligte Programm »Lebensmittel für Erdöl« nicht wesentlich gemildert werden können. Trotz wachsender Meinungsverschiedenheiten unter den Mitgliedern des Sicherheitsrats der Vereinten Nationen kann sich dieser auch in dieser Frage nicht zu einer Revision seiner Sanktionspolitik entschließen. Diese hat jedoch alle humanitären Standards, an die sich auch Sanktionen des Sicherheitsrats zu halten haben, im Laufe der Jahre verlassen.

Die katastrophalen Auswirkungen auf die Bevölkerung stehen zu dem Ziel, die irakische Regierung zur Aufdeckung eventuell noch verborgener Lager- und Produktionsstätten von Massenvernichtungswaffen zu zwingen, in keinem vertretbaren Verhältnis mehr. Eine derart barbarische Geißel wird auch durch die formale Grundlage des Artikel 41 UNO-Charta, auf der Wirtschaftssanktionen verhängt werden können, nicht mehr gedeckt. Es ist gleichgültig, welche Rolle bei dieser Entscheidung der Druck der US-Administration auf die Mitglieder des Sicherheitsrats spielt, zu einer so offensichtlichen und dokumentierbaren Vernichtungspolitik gegenüber einer Zivilbevölkerung darf sich kein Staat zwingen lassen.

So steht der glänzende militärische Sieger mit einer nicht annähernd so überzeugenden Glaubwürdigkeit da und versucht eine Weltordnung anzupreisen, die hinter der Fassade von Humanität und Gerechtigkeit vor allem die Interessen der atlantischen Großmächte und die Rechtlosigkeit ihrer Objekte durchscheinen läßt. Es ist kein Argument für diese Weltordnung, daß sie mit dem Krieg gegen Jugoslawien noch einmal bestätigt und besiegelt wurde. Es ist eher ein Zeichen der Desorientierung und des Verlusts an Rechtskultur. Darüber hinaus mag es zweifelhaft sein, ob die Aufklärung über Hintergründe, Absichten und Folgen des Irak-Komplexes Wesentliches zu einer Umorientierung beizutragen vermag. Das vorliegende Buch kann dazu auch nur einen kleinen Teil beitragen. Dennoch bleibt es der einzige Weg, mit der Vergangenheit umzugehen und für die Zukunft eine Perspektive zu entwickeln, denn die Wahrheit drängt an die Öffentlichkeit.

Anmerkungen

1 S. M. Hersh: Overwhelming Force, in: New Yorker, 22. Mai 2000

2 R. Norton-Taylor: Step-up in bombing of Iraq questioned, in: Guardian, 8. Juni 2000.

Hans-Christof von Sponeck

Der Fall Irak muß Geschichte werden und darf sich nie wiederholen

Die Geschichte des Irak bis zur vergangenen Jahrtausendwende wird mit zwei Entscheidungen des UNO-Sicherheitsrates eng verknüpft bleiben. Beide, die Resolution 687 von 1991 und die Resolution 1284 von 1999, verfolgen einen strafenden Ansatz: Irak soll unter dem Druck von Sanktionen beweisen, daß das Land vollkommen abgerüstet ist. Manche werden sagen: So muß es sein, denn die Untaten eines Saddam Hussein dürfen sich nicht wiederholen. Es gibt aber auch diejenigen, denen klar ist, daß die Forderung nach vollkommener Abrüstung unrealistisch, weil nicht zu kontrollieren ist. Auch die Erinnerung an die siebziger und achtziger Jahre des vergangenen Jahrhunderts, als besonders die Russen, die Amerikaner und Engländer, aber auch die Deutschen Irak technisch und politisch entwickelt und militärisch aufgerüstet haben, sollte die Bereitschaft für neue Irak-Initiativen der Weltgemeinschaft erleichtern.

Bisher haben Eigennutz und Selbstbezogenheit, besonders auf Seiten der USA und Großbritanniens, Erkenntnisse wie diese verhindert. Gezielt wird weiterhin ein falsches Bild des Irak verbreitet, das unverantwortlich vage formulierte Resolutionen des UNO-Sicherheitsrates noch verstärkt haben. Die anderen Nationen sehen, aus wirtschaftlichen oder machtpolitischen Überlegungen, zu, wie die Vertreter der USA und Großbritanniens jedes konstruktive Vorgehen abzublocken versuchen, Das wird ernste Folgen für die politische Zusammenarbeit mit dem Nahen Osten in diesem Jahrhundert haben! Deutschland und Europa müssen tief besorgt sein über die tragischen Folgen der verfehlten Sanktionspolitik zum einen und die offensichtliche Verletzung des Völkerrechts zum anderen.

Tiefe Verarmung, Unterernährung, psychische Schäden bei Kindern und steigende Kindersterblichkeit, die Rückkehr von Krankheiten, dazu schlimme Umweltprobleme durch den Zusammenbruch der Infrastruktur, die

Vernachlässigung der Ölfelder wie der großen Menge von Depleted Uranium, abgereichertem Uran, belasten heute das alltägliche Leben im Irak. Das soziale Netz hat immer mehr Löcher, die Arbeitslosigkeit macht die Mehrheit der irakischen Bevölkerung zu Almosenempfängern. Für Profiteure ist ein breites Betätigungsfeld entstanden: Sie nutzen die Lücken in den von der internationalen Gemeinschaft bewußt porös gehaltenen Grenzen, um die Sanktionen zu brechen und sich dabei zu bereichern. In einem solchen Umfeld kann sich auch der Fundamentalismus gut ausbreiten. Die Zahl neu gebauter Moscheen und die vielen Kopftücher im Straßenbild sind Indiz dafür.

Das Programm »Öl für Nahrungsmittel« ist ohne Frage eine Hilfe für das Überleben. Das mit irakischen Ölgeldern finanzierte Programm war 1996 durch ein Abkommen mit der irakischen Regierung und den Vereinten Nationen als temporäre Hilfe eingeführt worden. Die minimalen Bedürfnisse an Nahrungsmitteln und Medikamenten werden dadurch befriedigt. Die im vergangenen Jahr gestiegenen Ölpreise haben eine bessere Versorgung möglich gemacht. Die harte politische Realität der permanenten Konfrontation zwischen irakischer Regierung und einem amerikanisch-britisch dominierten UN-Sicherheitsrat kann dieser humanitäre Schleier aber nicht verdecken. Zumal sowohl in Washington als auch in London Aufträge und Bestellungen von Hilfsgütern blockiert werden, wenn angenommen wird, daß diese auch militärisch benutzt werden könnten. Lange Lieferverzögerungen sind die Folge. Die Warnungen der in Bagdad ansässigen UNO-Organisationen, daß menschliches Leben mehr braucht, als eine physische Versorgung, sind in New York immer wieder ignoriert worden. Eine Basis für ein normales Leben kann das Öl-für-Lebensmittel-Programm eben nicht sein. Die Beweise, welch tragische Folgen die falsche Irakpolitik hat, häufen sich. Was Ärzte, Völkerrechtler, Sozialwissenschaftler und Abrüstungsexperten an Informationen zusammengetragen haben, ist geeignet, das Gewissen der Welt aufzurütteln.

Die Forderung nach einem Ende der unmenschlichen Behandlung der irakischen Bevölkerung wird lauter. An die einflussreichen Mächte, besonders die USA und England, werden eindringliche Appelle gerichtet. Die Politik der Sanktionen, 1990 vom UNO-Sicherheitsrat ausgesprochen, ist völkerrechtlich Unrecht geworden. Die Weltgemeinschaft befindet sich in einer heiklen Lage: Die Vereinten Nationen, eine internationale Organisation, die einst zum Schutz der Völker geschaffen wurde, wird mehr und mehr zu einem willigen Instrument der Machtpolitik eines Landes, der USA. Ebenso beunruhigend ist das Schweigen der europäischen Regierungen - mit Ausnahme der französischen. Das Europa-Parlament hat bisher zwei schwache Versuche gestartet, zu diesem Thema Stellung zu nehmen. Manche Politiker haben versucht, die Frage der Sanktionen in ihre nationalen Parlamente zu bringen, zum Beispiel in Italien, Spanien, Norwegen und auch in der Bundesrepublik Deutschland - man ist jedoch nicht weit gekommen.

Die Öffentlichkeit darf nicht bereit sein, die Politik der Sanktionen, oder wie im Fall Deutschlands ein pragmatisches Schweigen der Regierung, hinzunehmen. Der Vorwurf, die Kritiker der Sanktionspolitik hätten keine Alternativen anzubieten, besteht zu Unrecht. Es fehlt nur am politischen Willen derer, die in entscheidenden Positionen sind. Die Verknüpfung der wirtschaftlichen Sanktionen mit der Auflage zur Abrüstung muß aufgehoben werden. Danach müssen die Wirtschaftssanktionen ohne weitere Verzögerung fallen, während die Abrüstungskontrollen bleiben und im Sinne von Resolution 688 angewandt werden. Diese Resolution des Sicherheitsrates setzt unter anderem das Ziel, den Nahen Osten als eine Zone ohne Massenvernichtungswaffen zu schaffen.

Was für den Irak gilt, muß langfristig auch für die anderen Länder der Region gelten. Es wird keinen Frieden im Nahen Osten geben, wenn der Irak nicht Teil eines alle, besonders die arabischen Länder einbeziehenden Friedensprozesses wird. Die hartnäckig von den USA und Großbritannien in der Golfregion verteidigte geostrategische Präsenz und ihre Kontrolle über die Ölfelder muß einer Politik der Transparenz und des Vertrauens weichen. Teil dieses Prozesses muß auch sein, Falschinformationen von Regierungen einzustellen, die ein wirklichkeitsfremdes Irakbild verbreiten. Eine solche Informationspolitik hat zu tragischen Fehlentscheidungen im UNO-Sicherheitsrat beigetragen.

Die deutsche Öffentlichkeit muß sich über das Thema Irak besser informieren: durch die Verbreitung ernst zu nehmender Publikationen, durch Veröffentlichungen und Veranstaltungen von Kirchen, nichtstaatlichen Organisationen und Gewerkschaften. Wichtig sind auch Reisen in den Irak; deutsche Gruppen haben bisher weitgehend gefehlt. Abgeordnete von Bundestag und Landesparlamenten müssen angesprochen werden, um zu Sanktionen, Menschenrechtsverletzungen und Völkerrechtsbruch im Irak eindeutig Stellung zu beziehen. Der Fall Irak muß zu Geschichte werden und darf sich nie wiederholen!

Rüdiger Göbel

Eine düstere Bilanz

Zehn Jahre nach dem Golfkrieg

Es ist ein stiller Tod, den die Menschen im Irak sterben. Selbst als Anfang des Jahres die auch mittel- und langfristig tödlichen Folgen Uran-gehärteter Munition hierzulande stärker in das Bewußtsein der Öffentlichkeit rückten, blieb das Leiden in dem Zweistromland außen vor. Das »Balkan-Syndrom«, mutmaßlich verursacht durch die staubfeinen Überbleibsel panzerbrechender Geschosse aus abgereichertem Uran (Depleted Uranium – DU), beherrschte mit einem Mal die Schlagzeilen der großen Tageszeitungen und rückte auf die Spitzenplätze der Abendnachrichten. Natürlich galt die Sorge in erster Linie den auf dem Balkan eingesetzten Soldaten der Bundeswehr und anderer NATO-Partnerstaaten. Allenfalls am Rande erwähnt wurde die mögliche gesundheitliche Gefährdung für die einheimische Bevölkerung in Bosnien-Herzegowina und Serbien.

Seit zehn Jahren hat der Irak mit den Folgen der Urangeschosse zu kämpfen. Expertenschätzungen zufolge liegen noch immer etwa 300 Tonnen des radioaktiven und hochtoxischen Mülls in irakischem Boden. Kinder spielen mit den Munitionsresten, feiner Uranstaub sickert langsam ins Grundwasser und gelangt in den Nahrungskreislauf, wo er als Hinterlassenschaft des Golfkrieges über die Jahre seine lethale Wirkung entfaltet. Babys werden ohne Beine, ohne Arme oder ohne Augen geboren. Kinder haben innere Blutungen oder erkranken an seltsamen Tumoren. Vor allem im Süden des Landes häufen sich Krebserkrankungen, Mißbildungen bei Neugeborenen und Fehlgeburten. Gesundheitliche Schädigungen, wie sie auch bei zehntausenden Golfkriegsveteranen und ihren Familien zu finden sind. Doch im Irak verhindern seit über zehn Jahren UNO-Sanktionen, daß die Bevölkerung notwendige Medikamente erhält.[1]

Auch vier Jahre nach Beginn des »Öl für Lebensmittel«-Programms beklagen die zuständigen Stellen in Bagdad eine nach wie vor wesentlich höhere Sterblichkeitsrate als 1989 vor dem Beginn des Embargos. Die irakische Tageszeitung *El Dschumhurija* berichtete am 18. Dezember unter Berufung auf eine Studie des Gesundheitsministeriums, Mangel an Medikamenten habe allein im November mehr als 10.000 Menschen das Leben gekostet. Darunter seien 7.556 Kinder im Alter unter fünf Jahren, die unter anderem an Durchfall, Atemproblemen und Mangelernährung starben. Die Zahl vergleichbarer Todesfälle 1989 lag bei 258. Die Zahl der Menschen, die im gleichen Zeitraum an Herzproblemen, Diabetes und Krebs starben, sei von 422 im November 1989 auf 3390 im November 2000 angestiegen, hieß es aus Bagdad.[2]

Seit dem Einmarsch irakischer Truppen in das Ölscheichtum Kuwait in der Nacht zum 2. August 1990 ist das Land zwischen Euphrat und Tigris auf Betreiben der USA mit den schärfsten Sanktionen konfrontiert, die je gegen einen Staat verhängt wurden. Am 6. August wurden sie vom Sicherheitsrat der Vereinten Nationen in der Resolution 661 beschlossen - als Antwort auf einen offensichtlich völkerrechtswidrigen Schritt Bagdads: Die Annexion des kleinen Emirats Kuwait.

Der irakische Einmarsch in das Nachbarland wurde damals international umgehend einhellig verurteilt. Noch am selben Tag, am Morgen des 2. August 1990, war der UN-Sicherheitsrat auf Initiative der USA zu einer Dringlichkeitssitzung zusammen gekommen und hatte den sofortigen Rückzug irakischer Truppen sowie die Aufnahme direkter Verhandlungen zwischen Irak und Kuwait gefordert. Die Sanktionsresolution folgte auf dem Fuße.

In den folgenden Wochen wurde der irakische Staatspräsident Saddam Hussein in den hiesigen Medien als Wiedergänger Adolf Hitlers dargestellt. Mit einem Mal war der einstige US-Verbündete im Krieg gegen den Iran[3] und Empfänger großzügiger Waffenlieferungen auch aus der BRD ein blutrünstiger Diktator. Die Dämonisierung lief in den Folgewochen und -monaten auf Hochtouren. In den vergangenen Jahren wurde sie einzig in der Stilisierung von Slobodan Milosevic und den Serben als Schlächter eines neuen Auschwitz übertroffen. Die »humanitäre Intervention« zur Befreiung Kuwaits und der irakischen Bevölkerung von dem Bagdader Despoten schien alternativlos wie der Kosovo-Krieg der NATO im Frühjahr 1999. Dabei gab es eine Vielzahl von Initiativen, die darauf abzielten, den Golfkonflikt politisch, auf dem Weg von Verhandlungen, zu lösen.

Saddam Hussein selbst forderte am 12. August 1990, zehn Tage nach dem

Kuwait-Einmarsch, als Verhandlungsbasis die Durchsetzung aller UN-Resolutionen zum Nahostkonflikt. Irak werde sich aus den annektierten Gebieten zurückziehen, wenn die Mitglieder des Sicherheitsrates auch auf Israel entsprechenden Druck ausübt, den Palästina betreffenden UN-Entscheidungen nachzukommen, teilte er mit. Vorschläge Frankreichs, der Sowjetunion und der Arabischen Liga zur friedlichen Beilegung der Krise folgten - alle Bemühungen liefen ins Leere.

Das weitgehendste Deeskalationsangebot überbrachte Bagdad am 2. Januar 1991. Es beinhaltete den vollständigen Rückzug irakischer Truppen bei Respektierung der früheren Grenzen. Im Gegenzug sollten alle fremden Truppen vom Golf abgezogen werden - immerhin hatten die USA im Verbund mit den westlichen und arabischen Alliierten in den Monaten davor eine mehrere hunderttausend Mann starke Streitmacht in die Konfliktregion verlegt. 15 Tage vor dem Beginn des Bombardements bestand mithin die Möglichkeit, die Krise auf diplomatischem Weg beizulegen und einen Friedensschluß zu erzielen.

Diese irakischen Angebote wie alle internationalen Bemühungen scheiterten. Systematisch wurde eine Verhandlungslösung in diesem langen heißen Herbst von Washington unterminiert. Inzwischen ist bekannt, daß die US-Administration den einstigen Bündnispartner Saddam Hussein geradezu ermuntert hatte, Kuwait zu annektieren und damit die koloniale Grenzziehung Großbritanniens zu revidieren. Bagdad soll im Sommer 1990 aus Washington das Signal erhalten haben, daß sich die USA in einen möglichen Konflikt am Golf nicht einmischen würden. Eine tödliche Falle, aus der das Zweistromland nicht mehr entrinnen durfte.[4]

Im Gegensatz zum NATO-Krieg gegen Jugoslawien konnte sich die US-geführte Golfkriegsallianz vor zehn Jahren wenigstens in Ansätzen noch auf das Völkerrecht berufen. Immerhin war Bagdad in einem souveränen Nachbarstaat einmarschiert. Und doch: Die Charta der Vereinten Nationen wurde schon im Herbst 1990 derart verfälscht, daß sie zu einem Kriegsinstrument Washingtons wurde, wie der frühere US-Justizminister Ramsey Clark in einer kritischen Aufarbeitung des Golfkrieges wenig später schrieb.[5] Am 17. Januar 1991 begannen die USA und Alliierte mit der Operation »Desert Storm«. Über 150.000 Zivilisten und Soldaten kamen während der 42 Tage dauernden Bombardierung des Irak ums Leben. »Amerikanische Technik zermalmte die Wiege der Zivilisation – George Bush nannte es Befreiung«, so Ramsey Clark am Ende der mediengerecht inszenierten Angriffe.

Selbst als die Führung in Bagdad nach sechswöchigem Dauerbombardement eingelenkt und die entsprechenden UN-Resolutionen anerkannt hatte, wurden weitere Tausende Iraker von der amerikanischen Luftwaffe massakriert, als sie sich in ihren Fahrzeugen auf dem Rückzug ins Landesinnere befanden. US-Kampfflugzeuge verwandelten die Straße von Kuwait über das südirakische Basra nach Bagdad in einen »Highway to hell.«[6] Bittere Ironie nicht nur dieser Episode: Unzählige Golfkriegsveteranen haben sich beim anschließenden »Souvenirsammeln« im irakischen Wüstensand mit DU-Munition verseucht.

Offensichtliches Ziel dieser Strafaktion vor zehn Jahren war die Ausschaltung eines unliebsam gewordenen regionalen Machtfaktors. »Wenn ein Regionalstaat gegen vitale westliche Interessen verstößt, wird er durch die wirtschaftliche Macht oder notfalls durch die militärische Gewalt der westlichen Industriestaaten, gegen die es kein Gegenmittel gibt, zur Korrektur gezwungen«, resümierte einmal der Frankfurter Politikwissenschaftler Ernst-Otto Czempiel den Golfkrieg; und weiter: »Die Bestrafung des Irak hatte insofern auch exemplarische Bedeutung, als sie alle Regionalstaaten über die Grenzen ihrer Handlungsfreiheit und die Folgen ihrer Überschreitung informierte.«[7]

Unter Verweis auf die Resolution 678 des UN-Sicherheitsrates vom 29. November 1990 blieb der Irak auch nach dem Krieg abgeriegelt. Ein Sanktionsregime wurde installiert, dessen Folgen sich für die 23 Millionen Iraker als weitaus verheerender erweisen sollten als Pulverdampf und Kanonendonner. Mehr als eine Million Menschen ließen bisher nach irakischen Angaben als Blockadeopfer ihr Leben, darunter weit mehr als 500.000 Kinder unter fünf Jahren. Das Kinderhilfswerk der Vereinten Nationen (UNICEF) hat diese Angaben bestätigt. Noch weit mehr Kinder bleiben als Folge der Sanktionen auf Dauer körperlich in ihrer Entwicklung zurück oder tragen chronische Gesundheitsschäden davon.

Der Wissenschaftler Kadhim Habib referierte anläßlich des zehnten Jahrestages des Golfkrieges im Januar auf Einladung der grünen-nahen Heinrich-Böll-Stiftung in Berlin über Menschenrechtsverletzungen im Irak. Die irakische Führung habe bis dato ungefähr 48 Gesetze erlassen, die die Anwendung der Todesstrafe vorsehen, berichtete der Angehörige der Exil-Opposition. Jährlich würden mehrere hundert Menschen hingerichtet, vermeintliche oder tatsächliche Angehörige der Opposition, Angehörige des Militär- und Sicherheitsapparates sowie Menschen, denen illegale wirtschaftliche Transaktionen vorgeworfen werden.

Anderen irakischen Opfern widmete er weniger Aufmerksamkeit: In der letzten Dekade kamen infolge der UN-Sanktionen im Irak um ein Vielfaches mehr Menschen ums Leben als während der Auseinandersetzungen in Kroatien, Bosnien und Serbien. UNICEF zufolge sterben im Irak täglich 250 Menschen an den Folgen der Blockade - unausgesprochene Todesurteile ohne Gesetz, vollstreckt an den Unschuldigsten der Gesellschaft. Tag für Tag sterben so etwa zehn Schulklassen, und das seit mehr als zehn Jahren, ohne daß diese Tatsache eine auch nur annähernde Resonanz auf den Titelseiten der Tagespresse oder in Sondersendungen des TV gefunden hätte. Die Kindersterblichkeitsrate hat sich seit 1990 verdoppelt. Ein Drittel der irakischen Kinder leidet an Unterernährung und Untergewicht. Laut UNICEF konnten im Schuljahr 1997/98 zudem eine Million irakische Kinder aus wirtschaftlichen Gründen gar nicht zur Schule gehen. Weitere 200.000 mußten ihre Ausbildung unterbrechen. Eine »verlorene Generation« nannte der ehemalige Leiter des UN-Hilfsprogramms für Irak, Hans von Sponeck, einmal die Kinder im Zweistromland. Die Analphabetenrate sei in den letzten zehn Jahren von zehn auf 44 Prozent gestiegen, und auch das im Dezember 1996 ins Leben gerufene UN-Programm »Öl für Lebensmittel« habe an den miserablen Bedingungen nichts geändert.

Der deutsche Diplomat legte im Februar 2000 aus Protest gegen die unnachgiebige Blockadepolitik sein Amt nieder. Mit ihm verließ auch die Leiterin des Welternährungsprogramms (WFP), die deutsche Diplomatin Jutta Burghardt, ihren Arbeitsplatz im Irak. Beide wollten nicht länger Feigenblatt einer weltweit umstrittenen Totalblockade sein. Von Sponeck war bereits der zweite Leiter des humanitären UN-Hilfsprogramms, der aus Protest gegen das todbringende Embargo zurücktrat. Auch sein Vorgänger, der irische Diplomat Denis Halliday, hatte die Sanktionspolitik der Vereinten Nationen einer vernichtenden Kritik unterzogen, bevor er sein Amt niederlegte.[8] Doktor Hannush, ein Mitarbeiter des UN-Welternährungsprogramms erklärte 1999 nach einem Besuch des Irak, die Zahl der Sanktionstoten dort sei das »stille Äquivalent zu zehn Hiroshima-Bomben«. Doch Kadhim Habib, ausgewiesener Menschenrechtler und Vertreter der irakischen Opposition im Exil kam nicht auf die Idee, in dem Embargo die wohl kollektiv am schlimmsten wirkende Menschenrechtsverletzung zu sehen. Vielleicht liegt es auch daran, daß diese Opposition mangels Rückhalt im eigenen Land auf westliche Unterstützung gegen ihren Gegner angewiesen ist.

Die Sanktionen gegen den Irak entfalteten sich in der Tat zu einer verheerenden Massenvernichtungswaffe. »Die ... ›sicheren‹ oder ›sauberen‹ Kriege, in denen die militärischen Akteure ... so gut wie unverwundbar bleiben, ... ähneln in ihrer Machtstruktur der Situation der Folter: Während der verhörende Folterer über alle Mittel verfügt und deshalb jede beliebige Methode einsetzen kann, hat das Opfer keinerlei Machtmittel und ist der Willkür seines Verfolgers ausgeliefert«, war in der renomierten *Le Monde Diplomatique* im August 1999 zu lesen. Im Oktober 2000 berichtete Alain Gresh in derselben Zeitung über die Arbeit der UN-Entschädigungskommission (UNCC) für den Irak, »einer obskuren Instanz, die ein Drittel der irakischen Exporteinkünfte abzieht und deren Funktion und Legalität mehr als zweifelhaft sind«. Die seit zehn Jahren tätige Gruppe der Vereinten Nationen ist in der Öffentlichkeit kaum bekannt, obwohl »diese diskret operierende Institution ... eines der wichtigsten Instrumente der Vernichtungsstrategie gegen den Irak« bildet. Seit im Dezember 1996 das Programm »Öl-für-Nahrungsmittel« ins Leben gerufen wurde, sind insgesamt elf Milliarden Dollar, rund ein Drittel der irakischen Exporterlöse, in die Kassen der Kommission geflossen, deren Verwaltungsrat sich aus Spitzendiplomaten der 15 Mitglieder des UN-Sicherheitsrates zusammensetzt. Diese entscheidet in jedem Einzelfall über Entschädigungszahlungen, die der Irak zu leisten hat.

Das vom Sicherheitsrat beschlossene Verfahren ist *Le Monde Diplomatique* zufolge »historisch ohne Beispiel – zumindest seit dem Versailler Vertrag, der den Ersten Weltkrieg beendete und zugleich zu einer Ursache für den Zweiten wurde«. Der Gesamtwert der bisher vorliegenden Entschädigungsanträge beläuft sich auf 320 Milliarden Dollar. »Selbst unter der Voraussetzung, daß nur ein Drittel der Gesamtsumme bewilligt wird, ... würden Forderungen von über 100 Milliarden Dollar auf den Irak zukommen. Einschließlich der Zinsen, die dafür in den nächsten zehn bis 15 Jahren anfallen, käme man auf 300 Milliarden Dollar«, rechnet Alain Gresh vor. Und weiter: »Das entspricht bei dem aktuellen, sehr hohen Ölpreis den Einnahmen von 15 bis 20 Jahren irakischer Erdölausfuhr. Wenn das Land ein Drittel seiner Exporteinnahmen für diese Forderungen reservieren würde, wäre es erst im Jahr 2050 oder 2060 schuldenfrei.« Selbst wenn es rechtens wäre, was es nicht ist, Irak ohne Rücksicht auf seine Leistungsfähigkeit zu Endloszahlungen zu verurteilen – was wird bis dahin aus den Krankenhäusern und Schulen sowie der zerstörten Infrastruktur des Zweistromlandes?

»Ist für Außenstehende nachvollziehbar, was es heißt, ein Land zuzusperren?«, fragte mich im vergangenen September Professor Ali Mansoor. Ich traf den Leiter der deutschen Abteilung der Fremdsprachenfakultät von Bagdad in der altehrwürdigen Universität Heidelberg, wohin er zu einem mehrwöchigen Forschungsaufenthalt eingeladen worden war. »Uns fehlt es in Bagdad an allem, selbst an Bleistiften«, klagte er in der Neckarstadt, wo vor zehn Jahren vor den Toren des NATO-Hauptquartiers lautstarke Proteste gegen den Golfkrieg stattgefunden hatten. [9]

Noch in der Nacht des 17. Januar 1991 waren damals hunderte Demonstranten zu der militärischen Planungszentrale im Süden der Stadt gezogen, um die Zugänge zu blockieren. Oder es wenigstens zu versuchen. In den nächsten Tagen sollten Tausende unter der Parole »Kein Blut für Öl« folgen. Deutschlandweit gingen hunderttausende Menschen gegen den Krieg am Golf auf die Straßen. Eine handvoll Aktivisten wurde in Heidelberg noch Jahre danach vor Gericht zitiert und bestraft. Doch die Golfkriegsdemonstrationen waren das letzte große Aufbäumen der einmal starken Friedensbewegung. Joseph Fischer hatte einen nicht unbedeutenden Teil der damals Protestierenden auf den steilen Weg zur Macht geführt. 1999 sollten sie mit ihm und der NATO gegen Jugoslawien marschieren. Nennenswerte Proteste gegen die erste deutsche Kriegsbeteiligung seit 1945 blieben bekanntermaßen aus, von einer Regung gegen das Irak-Embargo ganz zu schweigen.

»Selbst Schreibmaterial darf nicht eingeführt werden, aus Angst, wir könnten das Blei extrahieren, es zum Bombenbau verwenden und die Welt zerstören. Hat man so etwas schon einmal gehört«, fragte mich Ali Mansoor nach seiner Darstellung der Situation im Irak. Wissenschaftliche Arbeit sei seit einer Dekade praktisch nicht mehr möglich. »So wie die Bildung unseres Landes systematisch unterminiert wird, wird auch die irakische Wirtschaft, ja das gesamte Land durch den Sanktionskrieg zerstört. Der Bombenkrieg vor zehn Jahren war im Vergleich dazu weitaus weniger verheerend«, resümierte er mit müder Stimme. »Wie oft noch und warum vom Elend erzählen, das so offensichtlich ist«, meinte ich in seinen Augen lesen zu können.

Die Verzweiflung und Perspektivlosigkeit des irakischen Gelehrten kam auch in einem Gespräch mit dem stellvertretenden Außenminister Iraks, Nizar Hamdoon, zum Vorschein. Der Spitzendiplomat aus Bagdad hatte die Berliner Presse am Nachmittag des 24. Oktober 2000 in den Wintergarten des Nobel-Hotels »Westin Grand« am Prachtboulevard Unter den Linden zu einer Informationsrunde eingeladen. Hamdoon hatte zuvor Termine im Außenministerium, mit Abgeordneten des Deutschen Bundestages und Vertretern der deutschen Industrie. Aber nur eine Handvoll Kollegen kam dem Gesprächsangebot an die Medien nach. Einen Niederschlag in der Presse fand der seit mehr als zehn Jahren hochrangigste Besuch aus Bagdad praktisch nicht. »Ganz eindeutig haben die Sanktionen zu einer humanitären Katastrophe geführt. Das schlimme an ihnen ist, daß man sie nicht sieht. Sie morden leise und haben kein Gesicht«, erklärte der langjährige Botschafter Iraks beim UNO-Hauptquartier in New York mit niedergeschlagener Stimme, als er explizit auf die Folgen des Embargos angesprochen wurde. Zuvor hatte Hamdoon die bei Diplomaten übliche kühl-distanzierte Sprache gepflegt. Allem Anschein nach hatte Hamdoon zu oft und vergebens über das Leid seines Landes berichtet und das Desinteresse bei westlichen Journalisten erleben müssen.

Gudrun Harrer schrieb im August des vergangenen Jahres anlässlich des 10. Jahrestages der Verhängung der Irak-Sanktionen im Wiener *Standard* nüchtern, das Zweistromland sei Objekt eines einmaligen internationalen Experiments mit offenem Ausgang: »Was passiert, wenn man ein Land mittels internationaler Sanktionen jahrelang international völlig isoliert, politisch, wirtschaftlich, kulturell, einfach in allem, um es zu einem braven Mitglied der Staatengemeinschaft zu machen. Umso interessanter bei einem bereits relativ entwickelten Land (also nicht vergleichbar etwa mit Nordkorea) mit einer teilweise modernen säkularen städtischen Gesellschaft, einer vergleichsweise sensationellen medizinischen Versorgung, einem für die Region vorbildhaften Bildungssystem und hohen technischen Standards.«

Mit dem Irak ist fürwahr ein zuvor relativ hoch entwickeltes Land, das die Grundversorgung der Bevölkerung in allen wesentlichen Bereichen sichern konnte, an der Schwelle zum neuen Jahrtausend in Richtung Steinzeit zurückbefördert worden. Der Irak ist heutzutage in hohem Maße von Hilfslieferungen abhängig, zumal auch die Landwirtschaft durch Krieg und Embargo stark beeinträchtigt ist.

Praktisch unbemerkt von den hiesigen Medien hat das italienische Parlament bereits im Juni 2000 mit 302 zu 95 Stimmen für die Aufhebung der Sanktionen gegen den Irak gestimmt. Ähnliche Initiativen seitens der rotgrünen Bundesregierung, die sich andernorts einer energischen Menschenrechtspolitik verschrieben hat, lassen indes auf sich warten. »Die Bundesregierung wäre gut beraten, wenn sie sich in den Vereinten Nationen für die Aufhebung der Sanktionen, die die irakische Bevölkerung als Geisel nehmen, einsetzen würde«, hatte im August 2000 der CDU-Außenpolitiker Karl Lamers erklärt. Auch sein FDP-Kollege Werner Hoyer forderte eine ernsthafte Debatte über ein Ende des Embargos. Doch darauf wartet man bis heute vergeblich. Im Auswärtigen Amt unter Joseph Fischer beruft man sich darauf, im Sicherheitsrat nicht ständig vertreten zu sein und mithin nichts an der gegenwärtigen Situation ändern zu können.

Anlässlich des zehnten Jahrestags des Kriegsbeginns am Golf erklärte mir Hans von Sponeck, er sei überrascht und erschüttert über das »pragmatische Schweigen« des deutschen Außenministeriums zum Irak-Embargo. Die Haltung der Berliner Regierung in dieser Frage wertete der Diplomat als Zustimmung zu fortgesetztem Völkerrechtsbruch und organisiertem Massensterben. Im Gegensatz zu den südeuropäischen Bündnispartnern oder zu Nichtregierungsorganisationen in den USA und in Großbritannien – jenen Ländern also, die bis heute ihre Luftwaffe täglich in den Irak schicken – äußerten sich in Deutschland selbst die Oppositionsparteien nicht zu dieser skandalösen Politik. Aller Orten mangelt es offensichtlich an politischem Willen, den tragischen Entwicklungen im Irak ein Ende zu setzen. Den massenhaften Sanktionstod als Massenmord zu benennen, muß nicht heißen, sich mit der Führung in Bagdad einverstanden zu erklären.

Anmerkungen

1 Siehe hierzu die Beiträge von Felicity Arbuthnot und Dr. Mona Kammas in diesem Buch.

[2] Einen Überblick über die alarmierende Berichte von UN-Organisationen gibt der Beitrag »Humanitäre Hilferufe«

[3] Zur US-amerikanischen Irak-Politik siehe den Beitrag von Noam Chomsky in diesem Buch.

[4] Siehe hierzu ausführlicher den Beitrag Feuer und Eis von Ramsey Clark in diesem Buch.

[5] Ramsey Clark: Wüstensturm. US-Kriegsverbrechen am Golf. Lamuv Verlag. Göttingen 1993.

[6] Siehe »Feuer und Eis«

[7] Ernst-Otto Czempiel: Weltpolitik im Umbruch. Das internationale System nach dem Ende des Ost-West-Konflikts. München 1991.

[8] Siehe hierzu die Beiträge von Hans-Christoph von Sponeck und Jutta Burghardt sowie das Interview mit Dennis Halliday in diesem Buch.

[9] Unser Gespräch mit ihm ist im Buch abgedruckt.

II.
Desert Storm 1991
Anmerkungen zum Golfkrieg und zu seinen Hintergründen

Ramsey Clark

Feuer und Eis

Die Zerstörung des Irak durch Krieg und Sanktionen*

Manche sagen, die Welt wird in Flammen aufgehen.
Andere sagen, sie wird erfrieren.
Robert Frost

I. Die US-Strategie zur Beherrschung des Golfs

Die Gründe für das Vorgehen der USA im Nahen Osten und in der Golfregion sind kein Geheimnis. Der britische Rückzug aus der Region, der vor fünfzig Jahren begann, eröffnete den USA den Zugriff auf die riesigen Ölreserven und das strategische Gebiet, in dem Südwestasien und Nordostafrika an Europa grenzen. Damals wurde die gesamte Region von antikolonialen, nationalistischen Bewegungen erschüttert. Zur Rechtfertigung ihrer Interventionen argumentierten die führenden Politiker der USA, es drohe eine Besetzung des Gebiets durch die Sowjetunion, der auch Israel an seiner Ostflanke ungeschützt ausgeliefert sei.

1953 hatten die USA den jungen Schah von Persien auf den Pfauenthron des Iran gehievt. Danach war der Iran fünfundzwanzig Jahre nicht nur der Vorposten der USA im Nahen Osten, sondern auch ihre mächtigste Militärbastion, die moderne US-Waffen im Wert von Dutzenden von Milliarden Dollar importierte. Der Iran diente ferner als regionaler Umschlagplatz für amerikanische Produkte. Selbst nachdem der Schah bereits gestürzt war, bezeichnete Ex-CIA-Direktor William Colby dies als die stolzeste Leistung der CIA. Ein ganzes Vierteljahrhundert lang sicherte diese Leistung die Vorherrschaft der USA über die Region.

Kurz nachdem 1958 am Jahrestag des Sturms auf die Pariser Bastille im Irak eine nationalistische Volksrevolution zur Macht gelangt war, bildete die CIA ein »Komitee zur gesundheitlichen Veränderung«, um die Ermordung des neuen irakischen Staatschefs Abdel Karim Kassem zu planen. Zur selben Zeit arbeiteten US-Generäle in der Türkei einen Plan aus, der den Codenamen »Cannonbone« trug und die Invasion des Nordirak sowie die Besetzung der dortigen Ölfelder vorsah. Diese Ölfelder lagen in genau den Gebieten, welche die USA 1991 mit der Begründung, sie seien »kurdisch«, vom Rest des Irak abzutrennen versuchten. 1963 wurde Kassem zusammen mit Tausenden seiner Anhänger bei einem blutigen, von der CIA unterstützten Putsch massakriert. Ein Vertreter der CIA machte dazu in seiner den Putsch betreffenden Aussage vor einem US-Senatsausschuß die höhnische Bemerkung: »Das Opfer erlag vor einem Erschießungskommando in Bagdad einer tödlichen Krankheit.«

Als 1972 die Ölindustrie des Irak verstaatlicht wurde, setzten die Vereinigten Staaten den Irak auf eine Liste von Ländern, die sie der Unterstützung des Terrorismus bezichtigten. 1975 erklärte sich der Irak im Abkommen von Algier bereit, sich die Kontrolle über die umstrittene Wasserstraße des Schatt-al-Arab mit dem Iran zu teilen. Daraufhin stellten die Vereinigten Staaten und der Schah ihre bisherige Unterstützung für die kurdische Aufstandsbewegung im Irak ein, deren Führer den Kampf aufgaben und ins Ausland flohen. Das Schicksal der zurückbleibenden Kurden kümmerte die US-Regierung damals nicht im geringsten. Oder wie Henry Kissinger einem Mitarbeiter erläuterte: »Wir sollten Geheimoperationen nicht mit der Tätigkeit von Missionaren verwechseln.«[1]

Im Lauf der Jahre haben die USA sowohl den Iran als auch den Irak als auch - am unmittelbarsten und mit den todbringendsten Folgen - die Türkei in ihren Angriffen auf die jeweilige kurdische Bevölkerung unterstützt. 1991 machten die USA dann ihre neu gefundene Sorge um den Schutz der Kurden vor dem irakischen Staat geltend, indem sie der Regierung des Irak die Kontrolle über den größten Teil des Nordwestens des Landes entzogen. Unmittelbar darauf unterstützten sie die Türkei, als diese Bodentruppen in Divisionsstärke und permanente Luftangriffe einsetzte, um die kurdische Bevölkerung der Region zu unterwerfen. All dessen ungeachtet stützt sich die Dämonisierung Saddam Husseins großenteils auf eine verzerrte Darstellung der Politik der irakischen Regierung gegenüber den Kurden (zur Kurdenpolitik Bagdads vgl. die Beiträge von Noam Chomsky und PhyllisBennis/Denis Hallyday; d. Hrsg.).

Der einzige konstant bleibende Faktor der US-Politik im Lauf all dieser Jahre war die Entschlossenheit zur Vorherrschaft über die riesigen Ölreserven dieser Region, nicht nur wegen deren Reichhaltigkeit, sondern auch wegen der wirtschaftlichen und militärischen Vorteile, welche diese Vorherrschaft den USA gegenüber reichen wie armen auf Ölimporte angewiesenen Ländern in die Hand gab. Unter den zahlreichen Äußerungen, in denen sich diese Politik widerspiegelt, findet sich auch folgendes Statement des von Senator Henry Jackson geleiteten US-Senatsausschusses für Energie und Bodenschätze aus dem Jahr 1977: »Ein Engagement unseres Landes zur Verteidigung der Ölreserven des Golf und der politischen Stabilität der Region gehört zu den vitalsten und dauerhaftesten Interessen der Vereinigten Staaten.«

Im Februar 1979 floh der Schah aus dem Iran, nachdem er so viele Iraner wie nur irgend möglich getötet hatte. Das waren wahrscheinlich allein im letzten Jahr seiner Herrschaft vermutlich an die 45.000. Die iranische Bevölkerung hatte ihren langen Kampf um die Beseitigung der US-Kontrolle über ihr Leben gewonnen. Im November desselben Jahres wurde die US-Botschaft in Teheran nach monatelangen Protestdemonstrationen von iranischen Studenten besetzt. Zehntausende dieser demonstrierenden Studenten hatten in den USA studiert. Die wenigen zurückgebliebenen Botschaftsangestellten wurden als Geiseln genommen.

An diesem Punkt kam es zu einer weiteren scharfen Wendung der US-Politik. Der Nationale Sicherheitsberater der USA, Zbigniew Brzezinski, nahm eine unterstützende Haltung gegenüber dem Irak ein und ermutigte Bagdad öffentlich zum Angriff auf den Iran und zur Rückeroberung der Wasserstrasse des Schatt-al-Arab – als hätten die USA nicht erst vier Jahre zuvor den Irak dazu gedrängt, die Kontrolle über diesen strategisch wichtigen Verkehrsweg dem Iran zu überlassen.[2] Washington zeigte sich über den irakischen Angriff auf den Iran im Jahre 1980 alles andere als empört. Der Angriff nützte den Interessen der USA, da er den Iran – wo die Mitarbeiter der US-Botschaft immer noch als Geiseln festgehalten wurden – sowie den von der islamischen Regierung des Iran ausgehenden antiamerikanischen Einfluß auf die muslimische Welt schwächte. Und gleichzeitig würde ein Krieg gegen ein viel größeres Land wie den Iran auch den Irak selbst schwächen. In Wahrheit wünschte Washington keiner der beiden Seiten den Sieg.

»Wir gönnten keiner der beiden Parteien den Sieg«, kommentierte ein

Sprecher der Reagan-Administration gegenüber der *New York Times*.[3] Henry Kissinger wird verschiedentlich mit den Aussage: »Ich hoffe, sie bringen sich gegenseitig um« und »Wie schade, daß sie nicht beide verlieren können« zitiert.[4]

1984 verstärkten die Vereinigten Staaten ihre Unterstützung für den Irak. Sie wurden zu dessen wichtigstem Handelspartner, indem sie ihre Ölkäufe beim Irak erhöhten und zugleich Europa und Japan ermunterten, dasselbe zu tun. Die Reagan-Administration faßte einen immer noch höchster Geheimhaltungsstufe unterliegenden Beschluß zur verbesserten Kooperation der Geheimdienste der USA und des Irak. Leslie Gelb berichtete in der *New York Times*, dieser Beschluß sei dahingehend verstanden worden, daß die USA »alles in ihrer Macht stehende tun« sollten, um dem Irak zu einem Sieg über den Iran zu verhelfen.[5] Im selben Jahr begannen Vizepräsident Bush, das Außenministerium und die CIA, bei der US-amerikanischen Export-Import-Bank Druck für eine umfangreiche Finanzierung von US-Exporten in den Irak auszuüben. Und 1986 entsandten die USA ein hochrangiges CIA-Team zur Beratung des irakischen Militärs nach Bagdad. Das Pentagon ermutigte und erleichterte Waffenkäufe im Wert von vielen Milliarden Dollar durch proamerikanische Regierungen in Saudi-Arabien, Kuwait und anderen Ländern.

Während des iranisch-irakischen Kriegs strich die Reagan-Administration den Irak von der Liste der Länder, die von den USA der Unterstützung des Terrorismus bezichtigt wurden. Dadurch konnten US-Firmen »Dual use«-Güter wie Jeeps, Hubschrauber und Lockheed-L-100-Transportmaschinen direkt an Bagdad verkaufen. Der Irak erhielt vom US-Landwirtschaftsministerium über ein Programm, das ausschließlich den Kauf landwirtschaftlicher Güter autorisierte, aber zur illegalen Finanzierung vieler dieser Verkäufe verwendet wurde, Kredite im Wert von fünf Milliarden Dollar. Unter den an den Irak verkauften Gütern befanden sich auch 45 Bell-Hubschrauber, die ursprünglich als Truppentransporter für die Armee des Schah bestellt worden waren.[6]

Der achtjährige Krieg zwischen dem Iran und dem Irak war eindeutig eine der Konsequenzen der US-Politik Anfang der fünfziger Jahre, als die USA die demokratische Mossadegh-Regierung des Iran stürzten und die Herrschaft des Schah installierten. Der Schah veränderte den Iran radikal, indem er unter Anleitung und Unterstützung der USA das Projekt verfolgte, den Iran in ein starkes Industrieland zu verwandeln. Nach dem Sturz des Schah hetzten die USA den Irak dazu auf, den Iran anzugreifen.

Die legendäre Stadt des Haji Baba, Isfahan, war im Jahr 1500 mit ihrer halben Million Einwohner eine der zehn größten Städte der Welt gewesen. Bis in die sechziger Jahre des 20. Jahrhunderts behielt sie diese Größe annähernd bei und blieb weiter ein kulturelles Zentrum. 1978 war Isfahan auf 1,5 Millionen Einwohner angewachsen, von denen die große Mehrheit Bauern waren, die das Land mit seinen Jahrtausende alten Bewässerungssystemen verlassen hatten, um in elenden Slums zu leben, wo sie auf Arbeit in den Fabriken von Bell-Helicopter und British Motors hofften.

Beinahe eine Million junge Männer starben im iranisch-irakischen Krieg, der zu einer enormen Militarisierung und tiefen Spaltung der Region führte.

Zugleich mit ihrer Unterstützung des Irak gegen den Iran während des Krieges schmiedeten die USA Pläne für eine militärische Intervention in der Region, da sie darin die einzige Möglichkeit sahen, nach dem Sturz des Schah wieder die Vorherrschaft über das Gebiet zu erobern. Kernstück der neuen Interventionsstrategien der USA war der Kriegsplan 1002. Er wurde zu Beginn der Reagan-Administration entwickelt und sollte die bereits vom vorherigen Präsidenten verkündete Carter-Doktrin umsetzen, die vorsah, jede Bedrohung des Zugangs der USA zum Öl des Nahen Ostens mit Gewalt zu beantworten. In diesem Rahmen hatte das Pentagon 1980 die Vereinigte Schnelle Einsatztruppe (Rapid Deployment Joint Task Force) geschaffen. Sie wurde 1983 in das US-Zentralkommando CENTCOM umgewandelt und begann mit dem geheimen Aufbau eines ausgedehnten Netzes von Militär- und Aufklärungsbasen in Saudi-Arabien. Militärstützpunkte der USA in Saudi-Arabien gab es bereits in den siebziger Jahren, aber die neuen Einrichtungen waren technisch moderner und sollten später dann eine wichtige regionale Rolle beim Angriff auf den Irak spielen.

Am Ende des iranisch-irakischen Krieges zog die Sowjetunion sich aus Afghanistan zurück und brach wirtschaftlich allmählich zusammen. Die USA konnten nunmehr ohne großes Risiko, auf den Widerstand der Sowjetunion zu stoßen, militärisch in der Region intervenieren. Dem standen jetzt nur noch schwache Regierungen sowie die muslimische Bevölkerung der Region entgegen.

Seit Ende des iranisch-irakischen Krieges 1988 machten amerikanische Einsatzpläne für den Fall eines Kriegs in der Golfregion statt der UdSSR den Irak als Feind aus. Im Januar 1990 äußerte sich der damalige Direktor der CIA, William Webster, vor dem US-Senatsausschuß für Streitkräfte über die wachsende Abhängigkeit des Westens vom Öl des persischen und arabischen Golfs. Im Februar 1990 vertrat General Norman Schwarzkopf vor demselben Ausschuß die Meinung, die Vereinigten Staaten sollten ihre Militärpräsenz in der Region verstärken. Er beschrieb neue militärische Pläne zum Eingreifen in mögliche Konflikte. In Anbetracht der Abhängigkeit Japans und Westeuropas vom Golföl, die viel stärker ist als diejenige der USA, sahen die Vereinigten Staaten die Kontrolle über die Region als den entscheidenden weltweiten geopolitischen Machtfaktor der kommenden Jahrzehnte an.

In seiner Aussage vor dem Senat Anfang 1990 trat Schwarzkopf für eine Verstärkung der CENTCOM-Militärpräsenz in der Golfregion ein, was durch permanent stationierte Bodentruppen, gemeinsame Militärübungen mit den regionalen Armeen und »Sicherheitshilfe« - letzteres ein Euphemismus für Waffenverkäufe - bewerkstelligt werden sollte. Schon vor der Aussage Schwarzkopfs vor dem Senat, nämlich 1989, wurde der CENTCOM-Kriegsplan 1002 revidiert und in Kriegsplan 1002-90 umbenannt.[7] Die letzten beiden Ziffern des Kriegsplans standen natürlich für 1990. CENTCOM begann Kriegsspiele zu entwickeln, deren Zielscheibe der Irak war.

1990 wurden mindestens vier Kriegsszenarien durchgespielt, von denen einige von einer irakischen Invasion Kuwait ausgingen, lange bevor diese Invasion tatsächlich stattfand. Eines der ersten Szenarien, eine Computerübung namens Internal Look, wurde im Januar durchgespielt. Im Juni 1990 ließ General Schwarzkopf hochmoderne Kriegssimulationen durchführen, bei denen Tausende von US-Soldaten gegen Panzerdivisionen der Republikanischen Garden kämpften.[8]

Im Mai 1990 hatte die in Washington ansässige Denkfabrik Center for Strategic and International Studies (CSIS) eine *bereits zwei Jahre zuvor begonnene* Studie abgeschlossen, die Prognosen über den Ausgang eines Krieges zwischen den Vereinigten Staaten und dem Irak machte. Laut Major i. R. James Blackwell wurde diese Studie zahlreichen Beamten des Pentagon, Kongreßabgeordneten und Vertretern der Rüstungsindustrie zugänglich gemacht. Demnach war die irakische Invasion in Kuwaits wohl kaum eine Überraschung, sondern in Wirklichkeit ein Szenario, mit dem sich die Planer der US-Politik längst intensiv beschäftigt hatten.

Am 20. August 1988 trat der Waffenstillstand zwischen dem Iran und dem Irak in Kraft. Fast unmittelbar danach begannen die USA mit einer systematischen Propagandakampagne zur Dämonisierung Saddam Husseins und zur Vorbereitung ihres Angriffs auf den Irak. Anfang September 1988 gaben die USA bekannt, daß der Irak - lange zuvor im selben Jahr - Giftgas gegen die Kurden eingesetzt hatte.

Am selben Tag, für den das erste Treffen des irakischen Außenministers Sa'dun Hammadi mit US-Außenminister George Shultz nach dem Krieg in Washington angesetzt war, griff der Sprecher des US-Außenministeriums Charles Redman den Irak heftig an. Die USA seien davon »überzeugt«, daß chemische Waffen gegen kurdische Guerillas eingesetzt worden seien, und dieses Vorgehen sei »abscheulich«.[9] Als Minister Hammadi, der von diesen Anklagen nicht in Kenntnis gesetzt worden war, zwei Stunden später beim Außenministerium eintraf, wurde er der US-Presse präsentiert. Überrumpelt wie er war, wußte er nichts zu sagen. Keine vierundzwanzig Stunden später stimmte der US-Senat einstimmig für Sanktionen, welche die Einstellung des Verkaufs von Technologie und Nahrungsgütern an den Irak vorsahen.

Zu einer Zeit, als der Irak darum kämpfte, sich von acht Kriegsjahren zu erholen, die Auswirkungen einseitiger US-Sanktionen spürte und befürchtete, seine Auslandsschulden nicht bezahlen zu können, begann Kuwait, die von der Organisation Erdölexportierender Staaten OPEC für die Ölproduktion festgesetzten Quoten zu verletzen. Dies drückte die Ölpreise nach unten, während Kuwait gleichzeitig die Rückzahlung der 30 Milliarden Dollar verlangte, die das Emirat dem Irak während des Krieges geliehen hatte. Kuwait begann ferner mit der Förderung großer Ölmengen aus dem an der Grenze zwischen dem Irak und Kuwait gelegenen Ölfeld Rumailah. Im Lauf einer sich monatelang hinziehenden Krise intensivierte Kuwait seine provozierenden und feindseligen Akte gegenüber dem Irak bis zu dem Tag, an dem irakische Truppen einmarschierten.

Unterdessen unternahmen die USA eine Reihe von Schritten, die den Irak glauben machen sollten, Washington habe gegen einen Wiederaufbau der angeschlagenen irakischen Armee nichts einzuwenden. Noch Anfang

1990 hatte der stellvertretende US-Außenminister John Kelly Saddam Hussein inoffiziell versichert, nach Ansicht der USA stelle der Irak eine »gemäßigte Kraft« dar, und die USA seien an einer Verbesserung der Beziehungen zu ihm interessiert.[10]

Am 25. Juli - einen Tag, nachdem die USA gemeinsame Militärübungen mit den Vereinigten Arabischen Emiraten im Golf angekündigt hatten, während gleichzeitig irakische Truppen an der Grenze nach Kuwait aufmarschierten und General Schwarzkopf CENTCOM auf einen Krieg gegen den Irak vorbereitete - zitierte Saddam Hussein US-Botschafterin April Glaspie zu sich. Dabei handelte es sich offenbar um einen letzten Versuch, herauszufinden, welche Position Washington in seinem Streit mit Kuwait einnahm. Glaspie versicherte ihm: »Wir haben keine Meinung zu innerarabischen Konflikten wie Ihren Grenzstreitigkeiten mit Kuwait. ... [Außenminister] James Baker hat unsere offiziellen Sprecher angewiesen, diesen Standpunkt zu unterstreichen.«[11] Sie sagte, hierbei handele es sich um die offizielle Politik der USA. Am 24. Juli hatte sie vom Außenministerium ein Kabel erhalten, das die explizite Anweisung enthielt, sie möge erneut feststellen, die Vereinigten Staaten würden »keine Position« zu »innerarabischen« Konflikten beziehen.[12] Daraufhin marschierte am 2. August der Irak in Kuwait ein. Der Rubikon war überschritten. Die USA vereitelten jede Bemühung, ein Abkommen über die Beilegung des Streits zwischen dem Irak und Kuwait und den Abzug des Irak aus Kuwait auszuhandeln.

Am 6. August - dem Jahrestag des Abwurfs der Atombombe über Hiroshima - verhängten die USA unter Nutzung ihrer Kontrolle über den UN-Sicherheitsrat Wirtschaftssanktionen umfassendster Art gegen den Irak und zogen die Schlinge um das Land immer enger zusammen, bis es rund sechs Monate später zum Angriff auf den Irak kam. Als dann am 16. Januar 1991 das Bombardement begann, standen den Truppen des Irak 540.000 US-Soldaten gegenüber und bildeten damit die große Mehrheit der von der UN-Koalition gegen den Irak aufgestellten Streitkräfte zur See und zu Land.

Bereits im September 1990 meinte der Stabschef der Luftwaffe, Michael Dugan, gegenüber Journalisten, im Fall eines Angriffs würden die Ziele »in der Innenstadt Bagdads liegen«. Die *Washington Post* berichtete, auf der von Dugan genannten Liste von Zielen befänden sich irakische Kraftwerke, Straßen und Eisenbahnen sowie »vielleicht« auch irakische Benzinfabriken.

Wenige Tage nach diesen Äußerungen wurde Dugan entlassen. Verteidigungsminister Dick Cheney bezeichnete Dugans Äußerungen als »unangebracht«, aber der wirkliche Grund für Dugans Entlassung bestand darin, daß er die nationale und internationale Unterstützung für das militärische Vorgehen gegen den Irak in Gefahr gebracht hatte. Präsident Bush hatte die ganze Zeit darauf bestanden, die Massierung von US-Truppen in Saudi-Arabien sei rein defensiv, aber die Aussagen Dugans machten klar, daß Washington nicht nur eine Offensive plante, sondern dabei auch Zivilisten angreifen würde. Ende Januar 1991 kommentierte die *London Times* nach zwei Wochen Bombardement, die Angriffe der Alliierten folgten sehr getreu der Beschreibung Dugans, »wobei die Befreiung Kuwaits nur ein Bestandteil des insgesamt ins Auge gefaßten Plans ist«.[13]

II. Das Feuer dieses Mal

Seit frühester Zeit ist in fast allen Kulturen darüber spekuliert worden, wie es zum Ende der Welt kommen könnte. Bis das Schicksal Hiroshimas ins Bewußtsein der Menschheit drang, gingen die meisten, die an ein solches Ende glaubten, davon aus, der Zorn ihres Gottes oder irgendeine Naturkatastrophe werde dazu führen. Selbst angesichts der Ausbreitung radikal zerstörerischer Atomwaffensysteme wie der Trident II, die in der Lage sind, das menschliche Leben auf dem Planeten völlig auszulöschen, ist bisher kaum jemand ernstlich davon ausgegangen, die Menschheit werde sich selbst ein Ende setzen.

Heute, mehr als 2000 Jahre nach der Zerstörung Melos durch Athen und der Niederbrennung Karthagos durch Rom haben die Vereinigten Staaten, eine technologisch fortgeschrittene Supermacht, Waffensysteme geschaffen und Pläne in die Tat umgesetzt, die auf die Vernichtung eines schwachen und wehrlosen Landes auf der anderen Seite des Erdballs abzielen: zuerst mit einem direkten Angriff durch Feuer und dann mit dem noch tödlicheren Eis aufgezwungener Isolation, Unterernährung und Verelendung.

In der Nacht vom 16. auf den 17. Januar schienen die Sterne über dem Irak, kaum anders als 4000 Jahre zuvor, als Hammurapi in Babylon am Euphrat König war. Zur Erinnerung des Irak gehörte die große Bibliothek

Assurbanipals in Ninive am Tigris mit ihrer Sammlung aller existierender Schriften aus allen danach bekannten Sprachen und der legendäre »Palast Ohnegleichen«, den es vor 3000 Jahren einmal gab. Die Träume Alexander des Großen starben mit ihm in Babylon, als er vor über 2000 Jahren versuchte, die Welt zu erobern. 1258 verwüstete Kublai Khans Bruder Hulegu Bagdad und ließ den Kalifen hinrichten; innerhalb zweier Generationen war das Reich der Khans wieder verschwunden. Und die Menschen bestellten weiter die Felder, bevölkerten die Städte und nahmen die Bruchstücke vieler Kulturen, Ethnien, Energien und Vorstellungen, die mit dieser Region in Berührung gekommen waren, in sich auf.

In der Dunkelheit dieser frühen Stunde strömten der Euphrat und der Tigris ruhig dem Golf entgegen. Dieselben Sterne wurden zu stummen Zeugen eines weiteren, seiner Natur und seiner Intensität nach noch nie dagewesenen Ausbruchs menschlicher Gewalt. Der Wind wehte mild durch die Palmenblätter. In verdunkelten Städten, Ortschaften und Bauernhöfen versuchten Männer, Frauen und Kinder zu schlafen, obwohl sie nicht wußten, was die Nacht für sie bereithielt. In Kuwait warteten die noch verbliebene Bevölkerung und die durch Hunderttausende weiterer Soldaten im Südirak gedeckten irakischen Besatzungstruppen auf den Krieg. Südlich davon waren 540.000 US-Soldaten und 150.000 Soldaten aus weiteren Ländern in Alarmbereitschaft und fragten sich besorgt, was mit ihnen geschehen würde. Man hatte ihnen gesagt, sie würden direkt gegen einen gefährlichen und mächtigen Feind zu kämpfen haben.

Morgens um 2.30 Uhr am 17. Januar 1991 begannen die Bomben zu fallen, und zweiundvierzig Tage lang flogen US-Flugzeuge durchschnittlich alle 30 Sekunden Angriffe auf den Irak. Durch den Einsatz von US-Technologie wurde die Wiege der Zivilisation zerstört, und George Bush bezeichnete diesen Vorgang als Befreiung.

Ohne auch nur einen Fuß auf irakischen Boden zu setzen oder in Kampfhandlungen mit irakischen Truppen einzutreten, zerstörte die US-Armee durch Luftangriffe und Raketen innerhalb von sechs Wochen systematisch Leben und lebenswichtige Infrastruktur im Irak. Innerhalb der ersten 24 Stunden wurden 2.000 Angriffe geflogen. Schon nach wenigen Stunden war die Stromversorgung des Irak zu 90 Prozent beschädigt oder zerstört. Wenige Tage später »floß kein einziges Elektron mehr«. Bis in die letzten Tage des

Krieges hinein nahmen viele Millionen Dollar teure Raketen Kraftwerke ins Visier, damit das Land weiter ohne Stromversorgung bleiben würde, während die Wirtschaftssanktionen die Kraft der Überlebenden des Krieges schwächten. Nach weniger als drei Wochen berichtete die US-Presse über militärische Berechnungen, nach denen die Explosivkraft der zu diesem Zeitpunkt abgeworfenen Bombenlast bereits die der gesamten alliierten Luftoffensive während des Zweiten Weltkriegs überstieg.

Insgesamt waren während des Luftkriegs gegen den Irak bei 110.000 Luftangriffen 88.500 Tonnen Bomben abgeworfen worden, das siebeneinhalbfache Äquivalent der Atombombe, die seinerzeit Hiroshima zerstörte. Es wurden landungsfreie Einsätze aus Entfernungen geflogen, die bis zur Barksdale-Luftwaffenbasis in Louisiana und zur Insel Diego Garcia im Indischen Ozean reichten - nur um zu zeigen, daß das möglich war. Von Schiffen und Unterseebooten im Indischen Ozean, im Golf und im Mittelmeer wurden Tausende von Raketen abgefeuert. Bei mehr als 93 Prozent der Bomben handelte es sich nicht um Lenkwaffen, und auch viele der lasergesteuerten Bomben und Raketen trafen nicht ihr Ziel. Unter den Waffen befanden sich auch fünf Tonnen schwere Benzin-Luft-Brandbomben, die eine Druckwelle annähernd der von Atomwaffen geringerer Stärke erzeugen. Über Basra und den von Autos verstopften Nationalstraßen wurden Fächerbomben mit 250 Minibomben abgeworfen, die über eine Fläche von einem halben Hektar 500.000 rasiermesserscharfe Hochgeschwindigkeitsschrapnelle ausstoßen können. Napalmbomben wurden gegen Menschen und dazu eingesetzt, Bohrlöcher in Brand zu setzen.

Schon nach drei Tagen gab es im Irak kein fließendes Wasser mehr. Viele Wochen lang holten sich die Menschen in Bagdad - ohne daß Fernsehen, Radio oder Zeitungen sie hätten warnen können - ihr Trinkwasser mit Eimern aus dem Tigris. Die irakische Nachrichtenagentur und der Sender von Bagdad verloren sechs Funkstationen, zwölf Fernsehstationen und fünf Radiostationen. Das Telefonnetz des Irak wurde schon in den ersten Kriegstagen zerstört. Laut Bericht der Untersuchungsmission der Internationalen Union für Telekommunikation (ITU), die von Juni bis Juli 1991 im Irak weilte, waren 400.000 der 900.000 Telefonverbindungen des Irak zerstört worden. Vierzehn zentrale Verbindungsstationen waren irreparabel zerstört und dreizehn weitere auf unbestimmte Zeit funktionsunfähig gemacht.

Fehlende Kommunikationsmittel waren das größte Hindernis für die Aufrechterhaltung organisierter sozialer Aktivitäten zur Versorgung der Kranken und Verwundeten. Die Zerstörung der Transportverbindungen verschärfte das Problem noch. In einem Land, das sich um zwei Flüsse herum gruppiert, wurden 139 Auto- und Eisenbahnbrücken beschädigt oder zerstört, 26 davon allein in der Provinz Basra. Ferner wurden Nationalstraßen und andere Straßen getroffen, was das Reisen auf ihnen zum Alptraum macht. Strassenwachten wurden bombardiert, um die Reparatur der Straßen zu verhindern. Alle Arten von zivilen Fahrzeugen, Lastwagen, Bussen und sogar Taxis entlang der großen Straßen des Irak wurden angegriffen.

Die acht, jeweils mehreren Zwecken dienenden großen Dämme des Irak wurden wiederholt von Bomben getroffen und schwer beschädigt. Damit wurden Überflutungskontrolle, städtische und industrielle Wasserversorgung, Bewässerung und Wasserkraftgewinnung simultan außer Funktion gesetzt. Vier der sieben Wasserpumpstationen des Irak wurden zerstört. Bomben und Raketen trafen 31 örtliche Wasser- und Abwasserwerke. Abwasser lief in den Tigris und in die Straßen Bagdads, wodurch zu den sonstigen Todesursachen noch durch Wasser übertragene Krankheiten hinzukamen. In Basra brach das Abwassersystem vollständig zusammen. Die Filteranlagen zur Reinigung des Wassers wurden landesweit in einen unbrauchbaren Zustand versetzt.

Das Lager- und Transportsystem des Irak für landwirtschaftliche Produkte und Nahrungsmittel wurde direkt und systematisch angegriffen. Bis dahin stammte die Hälfte der landwirtschaftlichen Produktion des Irak von bewässertem Land, und sämtliche Bewässerungssysteme für dieses Land – samt aller Vorratsbecken, Staudämme, Pumpstationen und Drainageprojekte – wurden angegriffen. Die Bauern können das Land nicht mehr be- und entwässern, wodurch die Nahrungsproduktion auf die Hälfte sank. In großen Teilen der Provinz Basra drang Salzwasser in den Boden. In der Provinz Bagdad wurden mindestens drei, in der Provinz Asra sieben Warenlager mit Nahrungsmitteln getroffen, und in der Provinz Al-Quadissiya wurden sämtliche Warenlager der Allgemeinen Gesellschaft für Nahrungsmittel des Irak zerstört. Wichtige Lager für Pestizide wurden zerstört. Ferner wurden drei verschiedene Einrichtungen der Irakischen Datengesellschaft beschädigt.

Die für die Region einzigartige irakische Fabrik zur Produktion von Babynahrung in Abu Ghraib wurde am 20., 21. und 22. Januar angegriffen. Während das Pentagon behauptete, es handle sich um eine Chemiefabrik, waren die Angriffe ganz einfach Bestandteil der willkürlichen Zerstörung der Nahrungsmittelproduktion im Irak. Die Pflanzenölfabrik Al-Ma'Mun und die Zuckerfabrik in der Provinz Meisan wurden von Bomben getroffen. In Al-Taji, einer kleinen Stadt in der Nähe von Bagdad, wurde das größte Lager- und Umschlagszentrum für gefrorenes Fleisch zerstört. Es wurde an einem einzigen Tag dreimal bombardiert - um acht Uhr morgens, um drei Uhr mittags und um acht Uhr abends.

Die Viehherden wurden dezimiert - bis Sommer 1991 gingen von insgesamt zehn Millionen dreieinhalb Millionen Schafe, außerdem zwei Millionen Rinder vor allem wegen Futtermangel, verloren. Die Geflügelproduktion des Landes wurde zu 90 Prozent vernichtet.

Im ganzen Land wurden methodisch Getreidesilos attackiert, und Hunderte von Bauernhöfen und Farmgebäuden wurden angegriffen. Die einzige Traktorenfabrik und die wichtigste Düngemittelfabrik des Landes wurden bei Bombenangriffen zerstört, bei denen sechzehn Menschen ums Leben kamen.

Im Juni 1992, mehr als ein Jahr, nachdem der Irak aus Kuwait vertrieben worden war, ohne daß deshalb die Sanktionen aufgehoben worden wären, ließen die Vereinigten Staaten im Norden des Irak in der Nähe von Mosul Korn- und Weizenfelder mittels Brandbomben in Flammen aufgehen.

Durch die US-Bombardements wurden 28 zivile Krankenhäuser und 52 örtliche Gesundheitszentren getroffen. Das Zubair-Krankenhaus in der Provinz Basra stürzte unter dem Bombardement vollständig ein. Im Psychiatrischen Krankenhaus Ibn Rashid südöstlich von Bagdad brachen die Decken auf die Betten der Patienten herunter. Im Ulwiyya-Entbindungshospital wurden Säuglinge und Mütter von Schrapnell und Glassplittern getroffen. Die Ausbildungsklinik und Krankenpflegeschule in Hilla wurde bombardiert. Fünf medizinische Militäreinrichtungen des Irak wurden ebenfalls beschädigt.

Die Bomben der Alliierten beschädigten 676 Schulen, 38 davon wurden völlig zerstört. Acht der getroffenen Schulen waren Teil von Universitäten. Selbst Moscheen, sonstige religiöse Gebäude sowie historische Stätten blieben von den Angriffen der USA nicht verschont, obwohl das Pentagon insistierte, sie hätten nicht zu den Zielen gehört. Nach amtlichen Berichten des Irak wurden allein in Bagdad 25 Moscheen getroffen; weiteren Berichten zufolge wurden darüber hinaus im Rest des Landes 31 Moscheen beschädigt. Während der ersten Februarwoche 1991 sah ich in Basra zwei Moscheen, die völlig zerstört waren, sechs schwer beschädigte Moscheen und drei beschädigte christliche Kirchen. Die 900 Jahre alte Kirche des Heiligen Thomas - die sich mehr als 1.500 Kilometer von Kuwait entfernt, nämlich in Mosul befindet - wurde angegriffen, ebenso wie die Mutansiriya-Schule, eine der ältesten Islamschulen im Irak.

Bombenflugzeuge trafen mit ihren Angriffen zivile Regierungsgebäude in Bagdad, darunter das Hauptquartier der Baath-Partei, das Rathaus, das Oberste Gericht, das Verteidigungsministerium, das Justizministerium, das Arbeitsministerium, den Nationalpalast und das Hauptpostamt. Das eindrucksvolle Versammlungs- und Konferenzzentrum Bagdads, das anläßlich des internationalen Treffens der Blockfreienbewegung von 1989 gebaut worden war, wurde stark beschädigt.

Ferner wurden viele Fabriken von Bomben getroffen. Sieben Textilfabriken wurden beschädigt, ebenso fünf technische Fabriken, fünf Baubetriebe, vier Autofabriken, drei Chlorfabriken, eine große Fabrik zur Produktion von Ammonium für den Export und 16 chemische, petrochemische und Phosphatfabriken. Eine große Fabrik für Subkutanspritzen in Hilla wurde von lasergesteuerten Raketen getroffen.

Alle drei großen Zementfabriken des Irak wurden getroffen. Zwölf große Baugesellschaften berichteten über ausgedehnte Beschädigungen ihrer Einrichtungen. Die Bagdader Fabriken der Al-Sa'ad-Gesellschaft, die Al-Balsam Kosmetikgesellschaft, die Bagdader Gesellschaft für Rasierwaren, die Akad-Kleiderfabrik und die Muwaffak J. Janna-Fabrik wurden alle völlig zerstört.

Die Ölindustrie des Irak war eines der wichtigsten Ziele. US-Flugzeuge trafen elf Ölraffinerien, fünf Pipeline- und Ölproduktionsanlagen sowie Pipelines für den Ölexport und zahlreiche Tanks zur Öllagerung. Drei Öltanker wurden versenkt und drei weitere in Brand gesetzt. Der Internationale Saddam-Flughafen und der Al-Muthana-Flughafen wurden angegriffen, ebenso die dort stehenden Passagier- und Frachtflugzeuge. Bahnhöfe und Eisenbahnumschlagplätze, Transportzentren, Busstationen und Fahrzeugabstellplätze wurden überall im Land systematisch attackiert.

Gleichzeitig mit der Bombardierung der Infrastruktur und der lebenswichtigen Einrichtungen des Landes wurden Tausende von irakischen Zivilisten getötet. Die Angriffe auf die lebenswichtigen infrastrukturellen Einrichtungen stellten sicher, daß viele weitere Tausend Menschen sterben würden, die sich nicht einmal in der Nähe des Feuers der Gefechte befanden.

Dr. Q. M. Ismail, Direktor des Zentralen Saddam-Kinderkrankenhauses in Bagdad, hatte in der Nacht, als die Bomben zu fallen begannen, Dienst. 40 Säuglinge lagen in der Nähe ihrer Mütter in Brutkästen. Als der Strom ausfiel, hörten die Brutkästen zu arbeiten auf. Inmitten des Kriegsdonners rings um sie herum rissen die verzweifelten Mütter ihre Kinder an sich und eilten in den Keller.

Sechs Stunden später waren 20 der Kinder tot. »Diese 40 Mütter wurden beinahe wahnsinnig«, erinnerte sich Dr. Ismail. »Ich werde den Anblick dieser Frauen nie vergessen.«

Am 11. Februar berichtete die US-Presse auf Basis der Mitteilungen General Richard Neals über die Bombardierung Basras, dieses sei »eine Stadt von militärischer Bedeutung«. (Wie Norfolk, Oceanside, Omaha, San Antonio, San Diego, Watertown und viele, viele andere amerikanische Städte?) Während der dritten Woche des Krieges war Basra »ein höllischer Alptraum aus Feuer und einem Rauch, der so dicht war, daß Zeugen sagten, über mehrere Tage hinweg sei die Sonne kaum zu erkennen gewesen. ... [Das Bombardement] hat ganze Straßenzüge dem Erboden gleichgemacht ... [und es gibt] Bombenkrater von der Größe eines Fußballfelds sowie eine enorm hohe Zahl von Opfern.«[14]

Vier Monate vor dem Bombardement hatte der Stabschef der Luftwaffe Dugan gesagt (s.o.), »die Hauptziele« eines Angriffs würden »in der Innenstadt Bagdads liegen«. »In Bagdad nehmen wir harte Ziele ins Visier. Daher sind mehr Bomben für jedes einzelne Ziel nötig, um erfolgreich zu sein«, teilte der Generalleutnant Thomas Kelly jetzt Journalisten mit.[15]

Die Großregion Bagdad wurde täglich bombardiert. Am 12. Februar berichteten Journalisten in Bagdad über mehr als 25 Explosionen in der Zentralregion der Stadt. Sechs Tage später führten die Alliierten ein heftiges, zwei Stunden währendes Bombardement durch, das um 23 Uhr begann. Ein Journalist schrieb über diesen Angriff: »Raketen begannen, an den Fenstern des al-Rashid-Hotels vorbei zu fliegen. Vor dem Röhren hoch fliegender

Flugzeuge im Hintergrund konnte man etwa alle zehn Minuten das Summen einer Lenkrakete hören, das von einer furchtbaren Explosion, die das gesamte Hotel erschütterte, gefolgt wurde.«[16]

Zu den »harten Zielen« in Bagdad gehörte auch der Bombenbunker von Amariyah, der in den Morgenstunden des 13. Februar von zwei Raketen getroffen wurde, wobei Hunderte von Zivilisten, hauptsächlich Frauen und Kinder, starben.

Zwei Tage vor dem Waffenstillstand, am 27. Februar um 1.35 Uhr morgens, verkündete der Irak seinen Rückzug aus Kuwait. Offenbar als Antwort darauf wurde Bagdad ein weiteres Mal Ziel eines heftigen Angriffs, der von einem Bewohner als »schlaflose Nacht des Schreckens« beschrieben wurde.

Der Angriff auf das Militär des Irak, das kaum minder wehrlos war als die Zivilbevölkerung, war von unbarmherziger Härte. Auf das Militär wurden mehr als 40.000 Tonnen Bomben abgeworfen, oft in der Nähe der Zivilbevölkerung. B-52-Bomber bombardierten militärische Aufmarschgebiete aus extrem großer Höhe. Schätzungen über die Zahl der irakischen Soldaten, die bis zum Ende des Bombardements getötet wurden, beliefen sich damals auf 100.000 bis 200.000. Am 22 März 1991 schätzte die Defense Intelligence Agency die militärischen Opfer des Irak auf 100.000. Kurz vor Ende des Bombardements, während die US-Truppen ihren Vormarsch auf Kuwait City und den Irak planten, meinte der US-General Kelly über die irakischen Streitkräfte: »Es wird nicht mehr viel von ihnen übrig sein.« Auf die Frage nach einer Schätzung der Zahl getöteter irakischer Soldaten und Zivilisten antwortete General Colin Powell: »Das interessiert mich nun wirklich nicht besonders.« General Schwartzkopf verfolgte eine strikte Politik, nach der die irakischen Toten nicht gezählt werden sollten. Beide Generäle verletzten mit ihren Praktiken internationales Recht, das die Achtung vor den Toten des Feindes, ihre Identifizierung, die Benachrichtigung ihrer Familien und das ihnen zustehende religiöse Begräbnis verlangt. Die Amerikaner wissen ja schließlich, wie *sie* bezüglich ihrer in Vietnam und in früheren Kriegen vermißten Soldaten empfinden.

Die USA behaupten, bei den Angriffen seien 4.300 Panzer und 1.856 Panzerfahrzeuge zerstört worden. Das Pentagon behauptet, allein die F-111-Flugzeuge hätten 1.500 Panzer zerstört, was durch Videoaufnahmen bestätigt sei. Nahezu all diese Flugzeuge verwendeten lasergesteuerte Raketen mit abgereichertem Uran und hinterließen über den gesamten Irak verstreut 900 Tonnen radioaktiven Abfalls, ohne sich in irgendeiner Weise um die Konsequenzen für das zukünftige Leben dort zu kümmern.[17] Die Verbereitung von Tumoren, Krebs, Leukämie und anderen tödlichen Auswüchsen hat in den letzten Jahren im Irak in alarmierender Weise zugenommen. Ärzte vertreten die Meinung, daß die Verstrahlung eine Hauptursache dieser Erscheinungen ist.

In der Endphase der Bombenkampagne wurden Zehntausende von irakischen Soldaten schlicht und einfach ermordet. Im April 1991 wurde dem Europäischen Parlament folgende Beschreibung vorgetragen:

Hunderte, vielleicht Tausende von irakischen Soldaten begannen, unbewaffnet mit erhobenen Händen auf die US-Stellung zuzugehen, und versuchten, sich zu ergeben. Die betreffende Einheit hatte jedoch die Anweisung, keine Gefangenen zu machen. ...

Die Kommandeure der Einheit eröffneten das Feuer, indem sie eine Anti-Panzer-Rakete durch einen der irakischen Soldaten schossen. Dabei handelt es sich um eine Rakete, die für die Zerstörung von Panzern gebaut wurde, aber hier wurde sie gegen diesen einen Mann eingesetzt.

Zu diesem Zeitpunkt begannen alle in der Einheit zu schießen. Es war ganz einfach eine Schlächterei.[18]

Der *Toronto Globe and Mail* brachte eine frühe Reuters-Meldung über den Bodenkrieg unter dem Titel »Im Dunkeln zerfetzt«:

Das erste Hightech-Video über die Bodenkämpfe im Krieg am Persischen Golf zeigt terrorisierte irakische Infanteristen, die von US-Kampfhubschraubern im Dunkeln in Fetzen geschossen werden.

Einer nach dem andern wurde in Angst und Schrecken vor einem unsichtbaren Feind niedergemetzelt.

Einige der Soldaten wurden durch explodierende, aus Kanonen abgefeuerte Granaten in Stücke gerissen. Andere flohen, aus dem Schlaf gerissen, in einem Feuersturm in ihre Bunker.

Das Band wurde durch die Nachtsichtgeräte der Apache AH-64-Kampfhubschrauber aufgenommen, die die dunkelste Nacht in ein gespenstisches Tageslicht verwandeln.

Nicht nur Journalisten, sondern auch abgehärtete Soldaten hielten den Atem an, als das erste Video in einem Konferenzzelt des 18. Luftwaffenkorps gezeigt wurde, desselben Korps, dessen Hubschrauberbesatzungen den Krieg als erste direkt zu den Irakis gebracht hatten.

Die Kriegsreporter, die das Video sehen durften, sagten nicht, wo oder wann dieser Zusammenstoß stattfand. Es wurden keine Angaben über Opferzahlen gemacht. Berichte von der Front unterliegen der US-Militärzensur.

Mit Kanonen, lasergesteuerten Raketen und Infrarotsicht ausgerüstete Apache-Hubschrauber haben in den letzten Tagen mehrere Blitzangriffe hinter den irakischen Linien durchgeführt, bei denen sie Bunker attackierten und Gefangen nahmen.

Die Piloten der 6. Kavallerie sonnen sich in ihrer Tüchtigkeit.

»Mir war einfach nicht klar gewesen, wie es sein würde, da hochzufliegen und sie im Dunkeln total zu erledigen, und dabei wußten sie nicht mal, woher verdammt noch mal das ganze Feuer kam«, sagte ein Soldat namens Balak aus Beemer, Nebraska.

»Rechts fliegt ein Lastwagen in die Luft, links neben dir explodiert der Boden. Sie hatten keine Ahnung, wo wir waren und wovon sie getroffen wurden«, sagte er.

»Als ich zurückkam, saß ich da auf dem Flügel und lachte. Ich lachte nicht über die Irakis. Ich dachte an die Ausbildung, an die Erwartungen. ... Wahrscheinlich lachte ich über mich selbst ..., wie ich mich da hoch gestohlen und alles mögliche in die Luft gejagt hatte.

Ein Typ kam zu mir rüber gelaufen und wir klopften uns auf die Schulter und so, und er sagte, ›Mensch, ich hatte das Gefühl, als hätten wir mitten in einen verdammten Bauernhof geballert. Es sah aus, als hätte jemand den Schafstall aufgemacht.‹«[19]

Der Reuters-Bericht bestätigte demnach nicht nur, daß die irakischen Soldaten ihren Gegner überhaupt nicht sehen konnten, sondern auch, daß dies den US-Soldaten sehr schnell klar wurde. Es war, als würde man im Pferch gefangene Tiere schlachten. Ein Bericht von William Branigin in der *Washington Post* beschrieb, auf welches Bild die Erste Kavalleriedivision beim Einrücken in den Irak stieß: Am Rand einer Pistenstraße in der Wüste im Südosten des Irak stand ein Lastwagen, der zur Elitetruppe von Präsident Hussein, der Republikanischen Garde, gehört hatte. In ihm und um ihn herum lagen die Leichen von acht irakischen Soldaten. Das Areal um die Szenerie war mit Bändern abgesperrt wie der Tatort eines Verbrechens.

Die kopflose Leiche eines der Soldaten lag unweit des Lastwagens auf dem Rücken. Ein anderer Körper war im Motorraum festgeklemmt. Zwei weitere Leichen lagen mit dem Gesicht nach oben im Bett des Fahrzeugs, und ihre Füße schauten grotesk über den Rand heraus.

Das war das grausige Gesicht des Krieges am Persischen Golf, eine Facette des Konflikts, die viele der jungen amerikanischen Soldaten, die an der alliierten Bodenoffensive gegen den Irak diese Woche teilnahmen, bis dahin noch nicht gekannt hatten. Nach Wochen eines weitgehend aus der Luft geführten Hightech-Krieges kamen die Schrecken des Bodenkriegs für einen Teil der Soldaten völlig überraschend.

... Schon jetzt haben Einheiten der Ersten Kavalleriedivision, die auf ihrem von Widerstand ungehinderten Weg durch den Südirak keinerlei Opfer zu beklagen hatten, erleben müssen, daß einige ihrer Soldaten durch Bomben oder Minen in dem Gebiet, das sie jetzt besetzt halten, getötet oder verwundet wurden ...

Einige Meilen von diesem Fahrzeug entfernt wurde ein großer Streifen Wüste, der offenbar der Republikanischen Garde als Trainingsgebiet gedient hatte, durch ein Bombardement aus der Luft verwüstet, bevor die US-Panzereinheiten hindurch fuhren. ...

Das gesamte Gebiet war von Munitionsfragmenten übersät, darunter auch Hunderte von nicht explodierten gelben, aus Fächerbomben stammenden Einzelbomben, die im Sand steckten.[20]

Selbst die irakischen Einheiten, deren Panzer noch funktionierten und die Widerstand leisten wollten, waren wehrlos. Im folgenden der Bericht der *New York Times* über eines der aus dieser Situation entstandenen Gemetzel:

Diese Schlacht, die am 27. Februar - am Tag vor Inkrafttreten des Waffenstillstands - tobte, war ein typisches Beispiel für die Überlegenheit der amerikanischen Waffen. Aber sie war auch die Art von einseitigem Sieg, über die einige amerikanische Soldaten, die zum ersten Mal Kampferfahrungen sammelten, sagen, sie würden bei ihrer Rückkehr nach Hause wohl kaum viel darüber sprechen wollen.

Der Himmel war bedeckt und es regnete, als die Amerikaner gegen Mittag den Kamm erreichten.

Als die Schlacht begann, feuerten die amerikanischen Panzer im allgemeinen aus einer sicheren Entfernung von 2,5 Kilometern. Da sie die Amerikaner wegen des bedeckten Wetters mit ihrem Peilsystem nicht finden konnten, schossen die Irakis ihre Kanonen auf das Mündungsfeuer der amerikanischen Panzer ab, und ihre Geschosse schlugen viel zu früh auf.

Andere Soldaten sagten, ihre größte Sorge seien nicht die Irakis gewesen, sondern die Angst, die amerikanischen Panzer könnten von anderen an der Schlacht teilnehmenden alliierten Einheiten getroffen werden.[21]

Es wird wichtig sein, die psychologischen Auswirkungen auf die geringe Zahl amerikanischer Soldaten zu beobachten, die dieses Massaker tatsächlich beobachteten. Viele von ihnen werden zu Opfern dieses Schreckens werden, psychologische Opfer bösartiger amerikanischer Feuerkraft.

Die Berichte in der US-Presse mußten, obwohl sie vom Pentagon zensiert wurden und der Billigungspflicht durch das Militär unterlagen, unvermeidlich doch die gegen die Streitkräfte des Irak begangenen Kriegsverbrechen enthüllen. Die *New York Newsday* veröffentlichte am 31. März 1991 eine

US-Flugzeuge nahmen am Ende des Krieges den »Highway of Death« auf einer Strecke von 100 km mit DU-Munition unter Beschuß. Tausende sich aus Kuwait zurückziehender irakischer Militär- und Zivilfahrzeuge, einschließlich Krankenwagen und Busse, wurden zerstört und Tausende irakischer Zivilisten und Soldaten getötet (aus: The Fire This Time, *von Ramsey Clark, 1992)*

eindrückliche und umfangreiche Zusammenfassung über den Bodenkrieg. Dort wurde der Angriff auf eine völlig kampfunwillige Armee beschrieben. Der Artikel berichtete über »einseitiges Grauen«, Fahrzeuge mit weißen Kapitulationsfahnen, die zerstört wurden, und »konsternierte und ausgehungerte irakische Wehrpflichtige an der Front, die froh und glücklich waren, sich zu Tausenden zu ergeben«. Er beschrieb, wie US-Piloten die Angriffe als »Truthahnschießen« bezeichneten und Ladeeinheiten hastig Bombenflugzeuge neu beluden, damit diese die Irakis »wie Fische in einem Fischteich« abschießen konnten.

Die *New York Newsday* berichtete noch über eine weitere Metzelei an irakischen Soldaten, die von General Schwarzkopf zwei Tage nach dem Waffenstillstand genehmigt wurde. US-Militärsprechern zufolge war es die umfangreichste Kampfhandlung während der Bodenkampagne des Golfkriegs, aber dennoch gab es keine amerikanischen Opfer.

Die Schlacht ereignete sich am 2. März, nachdem Soldaten aus der 7.000 Mann starken irakischen Einheit auf eine Patrouille der 24. Panzergrenadierdivision feuerten. ...

»Wir haben es ihnen wirklich besorgt«, sagte einer der amerikanischen Kommandeure der Operation Wüstensturm, der ungenannt bleiben wollte. ...

Obwohl die Zahl der getöteten irakischen Soldaten immer noch unbekannt ist, hat New York Newsday *Armeeaufnahmen der Kämpfe erhalten können, auf denen etliche offenbar getötete oder verwundete Elitesoldaten des irakischen Präsidenten Saddam Hussein zu sehen waren, während [amerikanische] Apache-Hubschrauber die Hammurapi-Division der Republikanischen Garde unablässig mit lasergesteuerten Hellfire-Raketen angriffen.*

»Grüßt Allah von mir«, sagte ein Amerikaner auf einer dieser Aufnahmen, Augenblicke, bevor ein Hellfire-Hubschrauber eines der 102 von den Apaches in Flammen gesetzten Fahrzeuge vernichtete.

... Obwohl McCaffreys Division über Hubschrauber mit Lautsprechern verfügte, wurden die Lautsprecher nie zur Verbreitung der Nachricht vom Waffenstillstand eingesetzt. »Es war keine Zeit mehr, die Lautsprecher zu benutzen«, sagt Lamar.

Statt dessen massierte McCaffrey nach dem Angriff der Iraker um 6.30 Uhr Kampfhubschrauber, Panzer, Kampffahrzeuge und Artillerie für den amerikanischen Angriff, der um 8.15 Uhr begann. Laut Lamar war der Angriff kurz nach 12 Uhr zu Ende, und die Trümmer waren meilenweit über Straße 8, die wichtigste im Tal des Euphrat verlaufende Straße nach Bagdad, verstreut.

Ein hoher Kommandeur der Operation Wüstensturm meinte, die Einzelheiten über den nach dem Waffenstillstand erfolgten Angriff seien seinerzeit zurückgehalten worden, obwohl Beamte in Riyad und Washington schon kurz nach Ende der Schlacht über das Ausmaß von Tod und Zerstörung Bescheid wußten.

... Wir waren genau [über die Zerstörung] informiert, aber so direkt nach dem Waffenstillstand machte das keinen guten Eindruck«, sagte der Wüstensturm-Offizier. ...

Die Kampfaufnahmen vom Angriff am 2. März zeigen, wie die Apaches Fahrzeuge zerstörten, um eine Straßensperre zu schaffen, so daß die Hammurabi-Division nicht auf der Nationalstraße entkommen konnte, die über den nahegelegenen Haw-al-Hammar-Sumpf verläuft.

»Ye-HAH«, sagte eine Stimme. An einer Stelle der Aufnahme rennt ein irakischer Soldat genau in dem Augenblick vor einem Panzer her, in dem die Hellfire-Rakete explodiert und den Soldaten zusammen mit zerfetzten Metallstücken in die Luft schleudert.[22]

Das Pentagon verfügt über dokumentarisches Material einschließlich mehrerer Stunden von Videobändern über diesen tödlichen Angriff auf eine praktisch wehrlose irakische Einheit.

Monate später berichtete *Newsday* über den vielleicht furchtbarsten Vorfall von allen. Während der ersten beiden Tage der Bodenoffensive waren Tausende von irakischen Soldaten lebendig begraben worden.

Nach Auskunft von Sprechern der US-Armee setzt die US-Division, die die vorgeschobenen Verteidigungslinien Saddam Husseins durchbrach, auf Panzer montierte Pflüge und kriegstaugliche Erdbewegungsgeräte ein, um über eine Front von mehr als hundert Kilometern Tausende von irakischen Soldaten - von denen einige noch lebten und ihre Waffen abfeuerten - in ihren Schützengräben zu begraben.

In den ersten beiden Tagen der Bodenkämpfe der Operation Wüstensturm machten drei Brigaden der Ersten Panzergrenadierdivision - der »Grossen Roten« - von dieser grausigen Neuerung Gebrauch, um Schützengräben und Bunker zu zerstören, die nach Schätzungen von Armeesprechern mit mehr als 8.000 irakischen Soldaten bemannt waren. Während sich etwa 2.000 Soldaten ergaben, wurden die irakischen Toten und Verwundeten zusammen mit den Soldaten, die Widerstand leisteten und immer noch ihre Waffen abfeuerten, nach Aussage von Teilnehmern dieses sorgfältig geplanten und geübten Angriffs unter Tonnen von Sand begraben.

»Als wir uns das Ganze ansahen, war außer denen, die sich ergeben hatten, niemand mehr übrig«, sagte Captain Bennie Williams, dem für seine Rolle bei diesem Angriff der Silver Star verliehen wurde. Diese beispiellose Kampfmethode wurde bisher nicht öffentlich gemacht. ...

»Nach allem, was mir bekannt ist, könnten wir Tausende getötet haben«, sagte Oberst Anthony Moreno, der Kommandeur der Zweiten Brigade, die den Angriff auf die schwersten Befestigungen führte.[23]

Weiter hieß es in dem Artikel, nachdem die erste Welle der Bulldozer die irakischen Verteidiger außer Gefecht gesetzt habe, habe eine zweite Welle die Schützengräben mit Sand gefüllt, um sicherzustellen, daß keiner der Verwundeten überleben würde.

Viele der Menschen, die während ihrer Flucht aus Kuwait massakriert wurden, waren gar keine irakischen Soldaten, sondern Palästinenser, Sudanesen, Ägypter, Filipinos und sonstige Gastarbeiter. Sie versuchten zu fliehen, um ihr Leben zu retten. Wie *Newsday* über die »Straße des Todes« zwischen Kuwait und Basra berichtete:

Bei den Fahrzeugen auf den Fotos handelte es sich in großer Mehrheit um Autos, Busse sowie militärische und zivile Lastwagen, die neben einigen Zivilisten offenbar irakische Soldaten samt ihrer Gewehre und großer Mengen in Kuwait geplünderter Güter transportierten. Journalisten beschrieben einen Abschnitt der Nationalstraße als eine beinahe ununterbrochene Mauer aus zerstörten und feuergeschwärzten Fahrzeugen, die sich in einem Chaos aus zertrümmertem, verbogenen Metall übereinander türmten; da lagen zermalmte Sammeltaxis, unter Bussen platt gewalzte Autos und andere Wagen, die sich überschlagen hatten. Panzerrohre zeigten bizarr in den Himmel, während der Rest des Panzers umgestürzt auf der Seite lag.

In einem der fotografierten Straßenabschnitte waren weniger als ein Zehntel der Fahrzeuge Panzer, Truppentransporter oder Artilleriegeschütze. ...[24]

Der aus North Carolina stammende GI Mike Ange beschrieb, was er gesehen hatte, folgendermaßen:

Ich ging also hin und sah mir zwei Autos aus der Nähe an, in denen wahrscheinlich Flüchtlinge versucht hatten, aus dem Kampfgebiet zu entkommen. Das eine war ein Toyota-Kleinlaster, der auf der gesamten Ladefläche mit Möbeln und Koffern und Teppichen und der Katze und ähnlichem Kram vollgeladen war, und kleine Laster wie diesen blies es ebenso weg wie die Militärfahrzeuge.[25]

Die Bombardierung des Irak kostete unmittelbar mehr als 150.000 Menschenleben und ließ ein gebrochenes, am Boden liegendes Land zurück.

Die Bomben töteten wahllos, zum größten Teil Irakis, aber auch Angehörige anderer Nationen. Unter den Toten befanden sich Muslime und Christen, Kurden und Assyrer, Junge und Alte, Männer, Frauen, Kinder und Säuglinge.

Während 110.000 Lufteinsätzen verloren die USA 38 Flugzeuge, und diese wahrscheinlich allesamt durch Maschinenversagen, Fehler der Piloten und Unfälle. Diese Verlustrate war niedriger als bei Manövern, wo keine scharfe Munition verwendet wird. Keine einzige der B-52, die den Irak mit einem Bombenteppich von 27.500 Bomben eindeckten, ging verloren. Bei den großen Bombenangriffen auf Deutschland im Zweiten Weltkrieg betrugen die Verluste bis zu 25 Prozent der beteiligten Flugzeuge.

Die Gesamtzahl der US-Verluste einschließlich der 37 Soldaten, die laut offiziellem Eingeständnis durch »freundliches Feuer« ums Leben kamen, lag laut Pentagon bei 148 Toten.

Die USA haben ihre Angriffe auf den Irak seitdem weiter fortgesetzt, wobei sie ihre Luftwaffe, die den Himmel über dem Land Tag und Nacht patrouilliert, sowie die Lenkraketen einsetzten, die von der enormen Anzahl von US-Militärpositionen in der Region, zu denen auch die größte Flottenmassierung seit dem Zweiten Weltkrieg gehört, abgeschossen werden. Gegen Ende der Amtszeit Bushs wurden die Angriffe intensiviert. Am 13. Januar 1993 bombardierten und beschossen mehr als hundert US-Flugzeuge den Südirak. Die Presse interviewte die begeisterten Piloten, die beschrieben, wie sie »mit tödlicher Genauigkeit zielten« und Bomben abwarfen, die »zweitausend Pfund amerikanische Wut« enthielten. Am 17. Januar 1993, dem zweiten Jahrestag des Angriffs auf den Irak und drei Tage vor Ende der Amtszeit von Präsident Bush, ordnete dieser einen großflächigen Angriff auf den gesamten Irak an. 50 Lenkraketen schlugen in Bagdad ein. Eine der Raketen traf das Al-Rashid-Hotel und tötete zwei Angestellte. Eine internationale islamische Konferenz, die dort zu diesem Zeitpunkt stattfinden und auf der auch Saddam Hussein zugegen sein sollte, war an einen anderen Ort verlegt worden. Die Luftschläge während der nächsten beiden Tage waren noch heftiger. Der Irak sprach am 29. Januar 1993 von 29 Toten. Diese Angriffe können nur als willkürliche und kriminelle Gewaltanwendung bezeichnet werden.

Präsident Clinton zeigte, aus welchem Holz er geschnitzt war, indem er bereits am ersten Tag seiner Präsidentschaft weitere kleinere Angriffe auf den Irak anordnete. Am 26. Januar 1993 autorisierte er einen Angriff, bei dem 23 Lenkraketen auf Bagdad abgeschossen wurden. Eine davon traf die Wohnung der renommierten Künstlerin und Direktorin des irakischen Nationalzentrums der Künste Layla al-Altar und tötete sowohl sie als auch ihren Mann. Seither hat es weiter sporadisch Angriffe gegeben.

Während sie den Irak weiterhin als gefährlich und als Bedrohung für den Frieden hinstellen, unterhalten die USA ihrerseits ein Kernwaffenarsenal, das weit größer ist als das sämtlicher anderer Länder zusammen. Im Steuerjahr 1996 betrugen ihre Militärausgaben 264 Milliarden Dollar; die Vergleichszahlen für die Russische Föderation und die Volksrepublik China liegen bei 47 Milliarden bzw. 32 Milliarden Dollar. Das Bruttosozialprodukt des Irak, aus dem dieser auch sämtliche Bedürfnisse seiner Bevölkerung befriedigen muß, lag dagegen bei 11,5 Milliarden Dollar - weniger als fünf Prozent der Militärausgaben der USA.

Mit einer Arroganz, die ihrer Gewalttätigkeit das Wasser reichen konnte, forderten die USA dann eine Untersuchung der vom Irak an US-Soldaten und Bürgern Kuwaits begangenen Verbrechen durch den UN-Sicherheitsrat. Dies war ein Vorläufer späterer Forderungen der USA nach strafrechtlichen UN-Anklagen gegen Serben, Hutus, Pol Pot sowie - nach dessen Tod - noch lebende Mitglieder der Roten Khmer, Saddam Hussein und andere, während sie sich gleichzeitig einem unabhängigen Internationalen Gerichtshof, der allen den gleichen Schutz des Gesetzes bieten könnte, widersetzten.

In Wirklichkeit gab es keinen Krieg. Keinen Kampf. Es gab lediglich einen planvollen, systematischen Völkermord an einer wehrlosen Bevölkerung, wobei die Täter kaum einen Fuß auf irakischen Boden setzen mußten. Als Dr. Martin Luther King 1967 kommentierte »der größte Anstifter zur

Gewalt auf der Welt« sei »meine eigene Regierung«, konnte er sich nicht einmal in seinen schlimmsten Alpträumen vorstellen, was die USA später dem Irak antun würden.

III. Die neue Eiszeit

Diejenigen, die den Luftangriff auf den Irak geplant haben, wollten damit weitaus größeren Schaden anrichten, als es die Bomben selbst unmittelbar konnten. Diejenigen, die den 42 Tage währenden Angriff durchführten, und diejenigen, die dem Angriff im Fernsehen zusahen, wußten, daß die Bomben und Raketen noch lange, nachdem die Waffen wieder schwiegen und der Staub ihrer Explosionen sich gelegt hatte, zu einer kontinuierlichen Bedrohung für das Leben im Irak führen würden.

Ein Planer des Pentagon gestand später freimütig den Hauptzweck des Bombardements ein: »Die Leute sagen: ›Ihnen war wohl nicht klar, daß sich das auf die Wasserversorgung und das Abwassersystem auswirken würde.‹ Aber was wollten wir denn mit den Sanktionen bewirken – dem irakischen Volk helfen etwa? Nein. Was wir mit den Angriffen auf die Infrastruktur erreichten, war die Beschleunigung der Auswirkungen der Sanktionen.«[26]

Schon am 23. Juni 1991 hieß es in einem Artikel der *Washington Post*, der auf ausgedehnten Recherchen über die Bombenziele sowie Interviews mit hohen Planern des Pentagon basierte: »Die Militärplaner hofften, das Bombardement werde den wirtschaftlichen und psychologischen Druck der internationalen Sanktionen auf die irakische Gesellschaft verstärken. ... Sie fügten der Überlebensfähigkeit des Irak als Industriegesellschaft absichtlich großen Schaden zu.«

Unmittelbar nach meiner Rückkehr aus dem Irak und zwei Wochen vor Ende der schweren Bombardements schrieb ich am 2. Februar 1991 einen Brief an UN-Generalsekretär Perez de Cuellar, Präsident Bush und andere, in dem ich unter anderem auf folgenden Gesichtspunkt hinwies:

Wenn das Bombardement fortgesetzt wird, wird die Zerstörung eines Großteils der physischen und wirtschaftlichen Basis des Lebens im Irak die Folge sein. Der Zweck des Bombardements kann rational nur als die Zerstörung des Irak als lebensfähiger Staat für eine Generation oder mehr erklärt wer-

den. Dürfen die Vereinten Nationen sich an dieser gesetzlosen Gewalttätigkeit beteiligen?"[27]

Seit Ende des Bombardements konnte man sich beständig und aus einer Vielzahl von Quellen über die tödlichen Auswirkungen der Sanktionen informieren. Jede der großen mit gesundheitlichen Fragen, Nahrung, Landwirtschaft oder Kindern befaßten UN-Institutionen, wie zum Beispiel die Weltgesundheitsorganisation WHO, die Organisation für Ernährung und Landwirtschaft FAO, das Welternährungsprogramm sowie UNICEF, hat wiederholt und oft plastisch über Zehntausende von Todesfällen jedes Jahr berichtet, die direkt auf die Sanktionen zurückzuführen sind. UNICEF berichtete schon im August 1991, als unmittelbare Folge der Sanktionen seien bereits mindestens 47.500 Menschen gestorben.

Unabhängige Ärzteteams aus mehr als 40 Ländern haben die tödlichen Bedingungen und den menschlichen Schrecken, denen die Bevölkerung des Irak absichtlich unterworfen wird, untersucht und in Berichten dargestellt. Sämtliche menschliche Erfahrung lehrte von allem Anfang an, daß die Hauptopfer der Sanktionen Babies, alte Menschen, Kinder im Kindergartenalter, schwangere und stillende Mütter und chronisch kranke Menschen sein würden. Das sind genau die Menschen, um deren Schutz sich jede würdige Gesellschaft immer am meisten bemüht hat.

Sowohl Präsident Clinton als auch Hillary Rodham Clinton, die ja für ihr Eintreten für den Kinderschutz bekannt ist, wurden bereits vor der Amtseinführung Clintons am 20. Januar 1993, und dann ein weiteres Mal im Februar 1993 über die tödlichen Auswirkungen der Sanktionen informiert. Präsident Clinton hat danach immer regelmäßig Berichte zu diesem Thema erhalten. Dabei wurde Hillary Clinton die Frage gestellt, wie sie die Welt ihrer Kinderliebe versichern und sich gleichzeitig weigern kann, sich für die Kinder im Irak einzusetzen. Präsident Clinton wurde darauf hingewiesen, wenn er sich weigere, eine Revision der US-Politik in die Wege zu leiten, werde er in Zukunft mitverantwortlich für deren völkermörderische Konsequenzen sein. Inzwischen sind wegen der Fortsetzung der US-Sanktionspolitik unter der Clinton-Administration mehr Iraker gestorben als unter der Bush-Administration durch das Bombardement und die Sanktionen zusammen.

Ich bin seit Verhängung der Sanktionen achtmal im Irak gewesen und habe seit meinem ersten Besuch jedesmal dem UN-Sicherheitsrat und anderen Institutionen über die sich ständig verschlechternden Bedingungen für die Menschen dort berichtet.

Das *1997 Britannica Book of the Year* gibt für den Irak eine jährliche Sterblichkeitsrate von 9,8 pro Tausend an. In einem armen Land wie dem benachbarten Jordanien lag sie bei drei pro Tausend. Das reiche Nachbarland Kuwait verzeichnete 1997 2,2 Todesfälle pro tausend Einwohner.

Laut dem *Britannica Book of the Year* von 1989 lag das Pro-Kopf-Einkommen des Irak Ende der 80er Jahre bei 2.420 Dollar. 1996 war es auf 720 Dollar gefallen. 1997 betrug es nur noch 540 Dollar und damit weniger als ein Viertel des durchschnittlichen Pro-Kopf-Einkommens von 1989.

Im Mai 1998 konnten wir Medikamente und medizinische Güter im Wert von mehr als vier Millionen US-Dollar direkt in die Krankenhäuser des Irak von Mosul bis Basra bringen. Die Delegation von 84 Personen brachte auf dem beschwerlichen Landweg von Amman, Damaskus und Beirut mehr als 140 Kisten der am dringendsten benötigten Medikamente und Güter in das Land. Ungeachtet des guten Willens Tausender von Bürgern in den USA, die beim Kauf und Transport der verzweifelt benötigten Medikamente halfen, waren diese Bemühungen kein Anlaß zur Zufriedenheit, weil sie nicht einmal ein Tausendstel des Jahresbedarfs befriedigten.

Die USA nutzten die Gelegenheit, die diese und andere Hilfslieferungen - wie ihr eigener, rasch zu Propagandazwecken organisierter und strategisch eingesetzter AmiCare-Flug - boten, um zu behaupten, der Irak benötige Medikamente weniger dringend als andere Länder. In Wirklichkeit gibt es, wenn überhaupt, nur wenige Länder, die so knapp an Medikamenten und medizinischen Güter sind wie der Irak. Andererseits ist der Irak das einzige Land, in dem es bei Vorhandensein eines umfangreichen medizinischen und gesundheitlichen Personals, das die Medikamente nutzbringend verwenden könnte, einen derartig drastischen Rückgang verfügbarer Medikamente gegeben hat. Und natürlich leidet kein anderes Land deswegen unter einem derartigen Mangel, weil es internationalen Sanktionen ausgesetzt wäre - »der Unmenschlichkeit des Menschen gegenüber dem Menschen«.

Die Beendigung der Sanktionen wäre der unbedingt notwendige erste Schritt zur Wiederherstellung, nicht nur des Irak, sondern auch der Ehre Amerikas. Wenn diese tragische Geschichte der Sanktionen gegen den Irak einmal umfassend untersucht werden wird, wird die schwierigste Frage die sein, weshalb die Mitgliedstaaten des Sicherheitsrats dem Druck der USA nachgegeben haben, die Sanktionen gegen den Irak weiter fortzuführen, und warum die Bevölkerung der Vereinigten Staaten ihrer Regierung deren Vorgehen erlaubt hat. Die verbrecherische Natur des Bombardements gegen den Irak war vollkommen offensichtlich. Während mittlerweile mehr als zehn Jahren haben die Mitglieder des Sicherheitsrats noch die zynischsten, unehrlichsten und absurdesten Argumente akzeptiert, die seitens der USA für die Fortführung der Sanktionen vorgebracht wurden. Während dieser ganzen Zeit befand das Sanktionskomitee der UNO größtenteils alle zwei Monate neu über die Fortführung der Sanktionen.

Als in der Öffentlichkeit immer mehr über die mörderischen und verbrecherischen Auswirkungen der Sanktionen ans Licht kam, brachten die USA die unsinnigsten und verlogensten Rechtfertigungen für die Fortsetzung des Embargos vor. Manchmal behaupteten sie unter Ausschlachtung der üblichen Vorurteile, Saddam Hussein habe exorbitante Summen für eine Yacht auf dem Euphrat ausgegeben, Gelder, die zum Kauf von Medikamenten hätten verwendet werden können. Zu anderen Zeiten appellierten sie an die Angst der Bürger und behaupteten, Saddam sei im Begriff, sich Raketen zu beschaffen, Atomwaffen zu entwickeln oder chemische und biologische Waffen zu produzieren, aufzustellen oder heimlich beiseite zu schaffen. Auf diese Behauptungen folgten dann Forderungen nach weiteren Inspektionen, bei denen die sensibelsten Örtlichkeiten der irakischen Regierung durchsucht und erneute Nachuntersuchungen gefordert wurden, um dann zu behaupten, der Irak kooperiere nicht, lüge und verberge Waffen oder die Beweise für deren Vorhandensein.

Manchmal ließen die USA durchblicken, die Einhaltung der Auflagen durch den Irak habe sich verbessert, und schoben dann gleich angebliche neue Entdeckungen, Täuschungsversuche und Waffenverstecke nach. Dabei wußten sämtliche Mitglieder des Sicherheitsrats die ganze Zeit, daß hier eine Farce gespielt wurde. Jedes einzelne Sicherheitsratsmitglied hat immer gewußt, daß die USA nur dann einem Ende der Sanktionen zustimmen werden, wenn man sie dazu zwingt. Ebenso klar auf der Hand liegt die Absicht der USA, ihre enorme militärische Präsenz am Golf, zu deren Rechtfertigung sie die UNO benutzen, beizubehalten. Ein 1997 in der Zeitschrift *Foreign Affairs* erschienener Artikel, dessen gemeinsame Autoren die nationalen Sicherheitsberater Carters bzw. Bushs, Zbigniew Brzezinski und Brent Scowcroft, waren, sprach das Offensichtliche ganz klar aus: »Sämtliche Präsidenten seit Richard Nixon haben erkannt, daß unser Eintreten für die Sicherheit und Stabilität am Persischen Golf vital für die Interessen der USA ist:[28] »... Es gibt eine wichtige strategische Realität, die sämtliche Parteien unbedingt verstehen müssen: Die Vereinigten Staaten sind am Persischen Golf und werden dort bleiben.«[29]

Die USA haben immer Saddam Hussein die Schuld für die schlimme Lage der Menschen im Irak gegeben. Madeleine Albright hat wiederholt behauptet, sie liebe das irakische Volk mehr als Saddam Hussein. Letzterem wird beständig der Einsatz von »Massenvernichtungswaffen« gegen seine eigene Bevölkerung vorgehalten.

Der Irak wurde auf unerträglich grauenvolle Art einem brutalen Angriff und danach dem langsamen, qualvollen Völkermord durch die Sanktionen ausgesetzt, und die amerikanische Bevölkerung hat es die ganze Zeit gewußt. Die Tatsachen stehen unverrückbar und unbestreitbar fest. Dennoch hat das Wissen, daß unsere Regierung den Irak in Trümmer gelegt hat, nur wenige Menschen empört, weil unsere Medien, unsere Regierung und unsere führenden Meinungsmacher uns in Verdrehung der Tatsachen weismachen, die USA seien mit Zustimmung der Vereinten Nationen mutig und selbstlos einem gefährlichen und bösartigen Feind entgegengetreten. Und die meisten Amerikaner schenken diesem Thema wenig Aufmerksamkeit.

Sie sind mit persönlichen Problemen und Ängsten beschäftigt und lassen sich von den vielen Spektakeln betäuben, die die Mächtigen für sie bereithalten, um ihre bewußte Zeit zu füllen und ihre Gewissenspein zu beruhigen - Fernsehen, Kino, den Profisport und den Kult um allerlei Berühmtheiten. Die amerikanische Kultur konditioniert die Menschen dazu, ihr eigenes materielles Wohlergehen höher zu stellen als ihre Gerechtigkeitsliebe. Als Individuen fühlen sich die Amerikaner ohnehin ohnmächtig, die Handlungsweise ihrer Regierung zu beeinflussen. Diese Faktoren erklären zumindest zum Teil, wie einige Millionen Amerikaner eine im Mai 1996 ausgestrahlte Folge der Fernsehsendung *60 Minutes* ansehen konnten, ohne ihre Fernsehgeräte zu zertrümmern und auf die Straße zu gehen: Es handelte sich um die Sendung, die den durch die US/UN-Sanktionen verursachten Tod von mehr als einer halben Million Kindern im Irak zeigte und beschrieb und dann den Kommentar der damaligen UN-Botschafterin der USA, Madeleine Albright, brachte, die dazu sagte »Wir denken, daß sie [die Sanktionen] diesen Preis wert sind«.

Schließlich erklärten sich die USA 1996 widerstrebend dazu bereit, in unzureichendem Maß Ölverkäufe durch den Irak zu erlauben. Aber sie verlangten, annähernd die Hälfte des Erlöses zur Bezahlung von Kriegsreparationen, zur Unterstützung von Gegnern des Irak und obendrein noch zur Finanzierung überzogener, sinnloser Inspektionen zu verwenden. Seitdem haben die USA systematisch die Umsetzung von der Zustimmung des UN-Sicherheitsrats bedürftigen Verträgen des Irak für den Import von Medizin, medizinischen Geräten und Nahrungsmitteln verzögert, behindert und oft ganz blockiert. Sie haben versucht, jede Einzellieferung von Gütern in den Irak zu kontrollieren und so auf eine weitere Art physisch und wirtschaftlich in die Belange des Irak zu intervenieren.

Da die USA alle zwei Monate eine neue Krise herbeiredeten, wurde all das schließlich so lästig und durchsichtig, daß sie 1996, als der Widerstand gegen die Sanktionen im Sicherheitsrat immer mehr wuchs, eine Übereinkunft für eine halbjährliche Überprüfung der Sanktionen durchsetzten. In der Zwischenzeit sterben weiterhin jeden Tag Hunderte von Kindern.

Einen besseren Beweis für die große Bedeutung der zweiten von mir in Kapitel 12 meines Buches *The Fire This Time* vorgeschlagenen Reform der UN-Charta - Ersetzung des Sicherheitsrats - kann es gar nicht geben.[30] Die ständige Mitgliedschaft von nur fünf Ländern ist undemokratisch, und das Vetorecht eine Garantie für Vorgehensweisen, die sowohl mißbräuchlich im Sinn der Charta als auch unmoralisch sind. Während er in den ersten 45 Jahren seiner Existenz weitgehend durch den Kampf zwischen USA und UdSSR paralysiert war, hat sich der Sicherheitsrat heute der Beherrschung durch die USA unterworfen, die dadurch sogar imstande sind, einen Völkermord zu diktieren.

Die ganzen Argumente für die Fortführung der Sanktionen gegen den Irak wollen einfach nicht anerkennen, daß keine Drohung und kein Fehlverhalten seitens der Regierung des Irak Sanktionen rechtfertigen kann, durch die Säuglinge, Kinder, schwangere und stillende Frauen, chronisch Kranke und alte Menschen getötet werden. Kein moralisch empfindsames Wesen kann glauben, daß die Sanktionen, wie Frau Albright verkündete, »den Preis wert sind«. Aber selbst in einer Welt, die so grausam und herzlos ist, wie die Außenministerin uns glauben machen will, gibt es keine rationale Rechtfertigung für derartige Sanktionen gegen ein kleines und erschöpftes Land wie den Irak, während die USA ihre Atomwaffen zur Schau stellen und weitere, alles vernichtende Waffensysteme entwickeln, und die UNO Gefahren eines Nuklearkrieges in Südasien ignoriert, die weitaus gefährlicher sind als je seit der Zeit von Hiroshima und Nagasaki.

Als ein Mensch, der trotz alledem immer noch daran glaubt, daß das Recht ein wesentliches Element des Strebens nach Frieden ist, schrecke ich doch davor zurück, die vertraglich niedergelegten internationalen Gesetze und die nationalen Gesetze meines eigenen Landes zu analysieren, die durch die dem Irak auferlegte Politik von Feuer und Eis verletzt werden. Es würdigt das Recht ebenso wie das Leben herab, detailliert herausarbeiten zu müssen, auf welche Weise derart furchtbare Handlungen gegen das Recht verstoßen. Es ist nur zu klar, daß das Recht in einer Situation, wo man seiner am meisten bedarf, wertlos, ja sogar gefährlich ist, wenn es das Verhalten der USA gegenüber dem Irak während dieser letzten Jahre nicht für kriminell erklärt. Der Luftangriff auf den Irak - das Feuer -, der mehr als 150.000 Menschenleben gekostet hat, verletzte die Charta der Vereinten Nationen; die Bestimmungen der Haager Abkommen von 1907; die Genfer Konventionen von 1949 und Artikel 51-57 von Protokoll I des Zusatzes zu den Genfer Konventionen von 1977, die Charta von Nürnberg aus dem Jahr 1945 einschließlich der Bestimmungen über Verbrechen gegen den Frieden, Kriegsverbrechen und Verbrechen gegen die Menschheit; die Vorgaben zahlreicher internationaler Abkommen, Konventionen und Erklärungen einschließlich der Allgemeinen Erklärung der Menschenrechte, der Internationalen Konventionen über bürgerliche, politische, wirtschaftliche, soziale und kulturelle Rechte sowie der Konvention gegen Völkermord; diverse Verträge; internationales Gewohnheitsrecht und schließlich eine große Anzahl strafrechtlicher Bestimmungen der USA sowie die für bewaffnete Konflikte geltenden Gesetze, die unter anderem in mehreren Diensthandbüchern des US-Militärs zitiert werden.

Die Sanktionen gegen den Irak, die mehr als eineinhalb Millionen Menschenleben gekostet haben - das Eis -, verletzten die Charta der UNO; die Nürnberger Charta von 1945 unter dem Artikel Verbrechen gegen die Menschheit; Artikel 54.1, Protokoll I des Zusatzes zur Genfer Konvention von 1977 (»das Aushungern von Zivilisten als Mittel der Kriegführung ist verboten«); Bestimmungen zahlreicher internationaler Abkommen, Konventionen, Erklärungen und Verträge; das internationale Gewohnheitsrecht sowie weitere Abkommen, darunter am explizitesten die Konvention gegen Völkermord, in der es heißt:

Völkermord ist jede der folgenden Handlungen, die in der Absicht durchgeführt wird, eine nationale, ethnische, rassische oder religiöse Gruppe als solche ganz oder zum Teil zu vernichten: ...

(c) das Herbeiführen ernsten körperlichen oder geistigen Schadens für die Angehörigen der Gruppe;

(d) die absichtliche Unterwerfung der Gruppe unter Lebensbedingungen, die darauf angelegt sind, ihre vollständige oder teilweise physische Vernichtung herbeizuführen, ...[31]

Das Aushungern von Zivilisten als Mittel der Kriegführung ist verboten.[32]

Es steht jenseits eines vernünftigen Zweifels fest, daß die Vereinigten Staaten mit den gegenüber dem Irak durchgesetzten Sanktionen die Absicht verfolgten, die überwiegend arabische und muslimische Bevölkerung des Irak vollständig oder teilweise zu vernichten, indem sie dieser Gruppe ernsten körperlichen und geistigen Schaden zufügten und sie Lebensbedingungen unterwarfen, die darauf angelegt sind, sie vollständig oder teilweise physisch zu vernichten. Leider ist die Komplizenschaft der Vereinten Nationen unübersehbar, taten sie doch in einer Zeit der moralischen Krise, die das Leben einer Nation bedrohte, nichts, um die Tragödie zu verhindern. Dante hat einige sehr heiße Orte in der Hölle beschrieben, die derartigem moralischem Versagen und seinen menschlichen Trägern vorbehalten sind.

Die Sanktionen gegen den Irak müssen unverzüglich und bedingungslos aufgehoben werden. Sanktionen, die sich gegen mittellose, schwache, hilflose, hungrige oder kranke Menschen richten, müssen unter allen Umständen verboten werden.

Und außerdem müssen wir uns alle für einschneidende Reformen bei den Vereinten Nationen und in den Vereinigten Staaten einsetzen, Reformen, die auf der Wahrheit und auf der Suche nach Versöhnung basieren.

Übersetzung: Michael Schiffmann

Anmerkungen

* Aus Ramsey Clark & andere, Challenge to Genocide. Let Iraq Live, New York, International Action Center, 1998, S. 2-32)

1 Gerard Chaliand und Ismet Seriff Vanly, *People Without a Country: The Kurds and Kurdistan* (London: Zed Press, 1980), S. 184. Siehe auch Daniel Schorr, »1975: Background to Betrayal«, *Washington Post*, 7. April 1981, D3 sowie Christopher Hitchens, »Minority Report«, *The Nation*, 6. Mai 1991, S. 582.

2 Christopher Hitchens, »Why We Are Stuck in the Sand - Realpolitik in the Gulf: A Game Gone Tilt«, *Harper's Magazine*, Januar 1991, S. 70.

3 Seymour Hersh, »U.S. Secretly Gave Aid to Iraq Early in Its War Against Iran«, *New York Times*, 26. Januar 1992, S. 1.

4 Sharam Chubinl und Charles Trip, *Iran and Iraq at War* (Boulder, CO: Westview Press, 1988), S. 207.

5 Leslie Gelb, »Bush's Iraqi Blunder«, *New York Times*, Gastkommentar, 4. Mai 1992.

6 Francis A. Boyle, »International Crisis and Neutrality: U.S. Foreign Policy Toward the Iraq-Iran War«, in *Neutrality: Changing Concepts and Practices* (New Orleans: Institute for Comparative Study of Public Policy, University of New Orleans, 1986).

7 Major der US-Armee i. R. James Blackwell, *Thunder in the Desert* (New York: Bantam Books, 1991), S. 80-85, 86-87.

8 US News & World Report, *Triumph Without Victory: The Unreported History of the Persian Gulf War* (New York: Time Books, 1991), S. 28-30, ferner Kapitel 2 des Buches *Challenge to Genocide*. Siehe auch Tom Mathews et al., »The Road to War«, *Newsweek*, 28. Januar 1991, S. 54, 57, 58, 60, 61.

9 *American Foreign Policy: Current Documents*, Dokument 260 (Washington DC: Außenministerium), S. 458.

10 John K. Cooley, *Payback: America's Long War in the Middle East* (London: Brassey's, 1991), S. 185.

11 »The Glaspie Transcript: Saddam Meets the U.S. Ambassador«, in *The Gulf War Reader*, Micah Sifry und Christopher Cerf, Hrsg. (New York: Times Books, 1991), S. 130.

12 Leslie H. Gelb, »Mr. Bush's Fateful Blunder«, *New York Times*, 17. Juli 1991, S. A21.

13 »Allied Strategy Follows Disgraced Dugan's Predictions«, *London Times*, 29. Januar 1991, S. 2..

14 Paul Walker, Direktor des Institute for Peace and International Security am MIT, zitiert in der *Los Angeles Times*, 5. Februar 1991.

15 Rick Atkinson und Anne DeVroy, »Allies Step Up Gulf Air Offensive; Strikes Focus on Iraquis in Kuwait«, *New York Times*, 12. Februar 1991.

[16] Alfonso Rojo, »Bombs Rock Capital as Allies Deliver Terrible Warning«, *The Guardian*, 20. Februar 1991.

[17] Depleted Uranium Education Project, *Metal of Dishonor: Depleted Uranium* (New York: International Action Center, 1997).

[18] Mike Erlich vom Military Counseling Network, Aussage bei den Anhörungen vor dem Europäischen Parlament, März-April 1991.

[19] *Globe and Mail*, 25. Februar 1991.

[20] *Washington Post*, 3. März 1991.

[21] *New York Times*, 8. April 1991.

[22] Patric Sloyan, »Buried Alive«, *Newsday*, 12. September 1991.

[23] *Newsday*, 12. September 1991.

[24] Knute Royce und Timothy Phelps, »Pullback a Bloody Mismatch«, *Newsday*, 31. März 1991.

[25] Bill Moyers, PBS-Sonderbericht: Nach dem Krieg, Frühling 1991.

[26] Barton Gellman, »U.S. Bombs Missed 70 % of the Time«, *Washington Post*, 16. März 1991.

[27] Brief von Ramsay Clark an den UN-Generalsekretär Perez de Cuellar, 12. Februar 1991.

[28] *Foreign Affairs*, Mai-Juni 1997, S. 20.

[29] Ebenda, S. 30

[30] Ramsay Clark, *The Fire This Time* (New York: Thunder's Mouth Press, 1992) [Deutsch *Wüstensturm. US-Kriegsverbrechen am Golf* (Göttingen: Lamuv, 1995) *A.d.Ü.*].

[31] Artikel II, Konvention über die Verhütung und Bestrafung des Verbrechens des Völkermords, 78 U.N.T.S. 277.

[32] Artikel 54.1, Protokoll I Zusatz, Genfer Konvention, 1977.

Noam Chomsky

Zur Irakpolitik der USA

Motive und Konsequenzen*

Es gibt durchaus eine vernünftige Methode zur Ermittlung der Motive für die amerikanische Irakpolitik. Dabei spielen wir einfach die Möglichkeiten durch und sehen zu, ob sich einige davon ausschließen lassen. Das Motiv, das einem sofort in den Sinn kommt und daher als erstes Aufmerksamkeit verlangt, ist genau das, das überall und lautstark als Erklärung unserer Politik hinausposaunt, aber nie in Frage gestellt wird. Nehmen wir nur ein einziges Beispiel, nämlich einen Leitartikel des *Boston Globe* mit dem Titel »Ein gerechtfertigter Angriff«. Laut *Boston Globe* ist Saddam Hussein »ein rachsüchtiger Despot, der bereits [chemische und biologische] Waffen gegen seine eigenen Bürger eingesetzt hat«, was der »Gipfel« des Grauens sei.[1] Und eine solche Kreatur muß selbstverständlich vernichtet werden. Er stellt eine enorme Bedrohung dar. Wir können ihn nicht tolerieren. Deshalb bombardieren wir ihn. Verhängen Sanktionen gegen ihn. Das ist im wesentlichen die Erklärung für unsere Politik, die man allenthalben hört.

Diese Rechtfertigung hat wenigstens ein Verdienst: sie ist sehr leicht zu überprüfen. Man muß einfach nur fragen: Wie haben die USA und Großbritannien reagiert, als Saddam Hussein chemische Waffen gegen sein eigenes Volk einsetzte? Und das hat er ja tatsächlich getan. Ganz zweifellos ist er ein rachsüchtiger Despot, der chemische Waffen gegen sein eigenes Volk eingesetzt hat. Die Beschuldigung besteht zurecht. 1988 führte er groß angelegte Giftgasangriffe gegen die Kurden durch. Außerdem setzte er im Krieg gegen den Iran, der damals kurz vor dem Ende stand, Nervengas und andere chemische Waffen ein. Gegen Ende dieses Krieges wurde sogar vermehrt Giftgas eingesetzt.

Die Tatsache an sich ist also unbestreitbar. Und sie führte auf Seiten der USA und Großbritanniens auch zu einer Reaktion. Sie bestand darin, daß diese beiden Staaten die Unterstützung für ihr Lieblingsmonster noch verstärkten. Schon bis dahin hatten sie Saddam Hussein auch noch während seiner schlimmsten Verbrechen begeistert unterstützt; nach den Gasangriffen unterstützten sie ihn noch mehr. Das ist kein Geheimnis und leicht zu beweisen.

Wie sah diese verstärkte Unterstützung aus? Das ist in mancher Hinsicht sehr aufschlußreich. Die USA hatten den Irak schon vorher auf alle möglichen Arten unterstützt, aber gerade in diesem Stadium verstärkten die Reagan- und dann die Bush-Administration die Subventionen für Nahrungsmittelhilfe an den Irak. Der Irak war damals ein Agrarproduzent, eines der wenigen Länder der Region, die tatsächlich effizient Nahrungsmittel produzieren konnten. Wozu brauchten sie also landwirtschaftliche Exporte aus den USA? Das hängt zum Großteil mit den Gasangriffen gegen die Kurden zusammen. Der rachsüchtige Despot Saddam Hussein vernichtete landwirtschaftliche Anbauflächen samt der in diesen Gebieten lebenden Menschen, so daß es tatsächlich zu Engpässen bei der Nahrungsmittelversorgung kam. Daher mußten wir einspringen, um ihm bei diesem Projekt der Vergasung von Kurden im Nordirak behilflich zu sein. Und das taten wir, indem wir, im wesentlichen aus dem gerade genannten Grund, den Export subventionierter Agrargüter in den Irak erhöhten. Und genauso ging es weiter. So nahm sich beispielsweise George Bush während der Panamainvasion im Dezember Zeit für die Mitteilung, die USA würden dem Irak erhöhte Kredite gewähren, um ihm die Möglichkeit zu geben, Einkäufe bei US-amerikanischen Produzenten von Agrar- und sonstigen Gütern zu tätigen.[2]

Vergessen wir hier solche Kleinigkeiten wie die Förderung von US-Exporten und die damit einhergehenden erhöhten Gewinne für die Agrarkonzerne und die Hightech-Industrie. Seinerzeit hieß es, die Subventionierung Husseins verschaffe uns bessere Möglichkeiten, uns für die Menschenrechte im Irak einzusetzen. Ein Jahr später stellte sich dann heraus, daß wir besser für die Menschenrechte im Irak eintreten können, wenn wir die Bevölkerung des Landes bis zu ihrer Unterwerfung aushungern. Dabei scheint man davon auszugehen, daß niemand merkt, daß wir aus irgendwelchen Gründen etwas ganz anderes vertreten als vorher.

1996 wurde Madeleine Albright in einer landesweit ausgestrahlten Fernsehsendung nach ihrer Meinung zu der Tatsache gefragt, daß infolge der Sanktionen 500.000 irakische Kinder gestorben waren. Sie gab zu, daß dies eine »sehr schwere Entscheidung« sei, meinte aber dennoch, daß »wir der Meinung sind, daß es den Preis wert ist.«[3] So setzen wir uns also gegen

Menschenrechtsverletzungen im Irak ein – indem wir 500.000 irakische Kinder umbringen. »Wir« sind bereit, den Preis zu zahlen. Ist das nicht opferbereit von »uns«?

Die Hilfe, die unser Lieblingsmörder zu der Zeit von uns erhielt, als er zum »Gipfel« des Grauens überging, beschränkte sich nicht auf die Subventionierung von Agrarexporten. Sie schloß außerdem technische Ausrüstungen, militärisch verwendbare »Dual-use«-Technologie wie zum Beispiel Hubschrauber und eine Menge von Materialien ein, die zur Produktion chemischer und biologischer Waffen benutzt werden konnten. All das kam später ans Licht der Öffentlichkeit. Schon damals bestand der Verdacht, daß Saddam Hussein im Besitz von Einrichtungen zur Produktion von Biowaffen ist. Die USA stritten das ab. Er war ja schließlich unser Freund. So etwas würde er bestimmt nicht tun. Aber die Tatsachen wurden von Charles Glass aufgedeckt, einem sehr guten Journalisten, der damals Nahostkorrespondent des Fernsehsenders ABC war. Es gelang ihm, hochrangige irakische Überläufer in London ausfindig zu machen, und aufgrund der Informationen, die sie ihm gaben, konnte er mittels kommerzieller französischer Satelliten – die den Satelliten des amerikanischen Verteidigungsministeriums gewiß nicht das Wasser reichen können – Einrichtungen zur Produktion von Biowaffen lokalisieren und identifizieren. Er durfte bei ABC einen Nachrichtenfilm zeigen, in dem Betriebe zur Produktion von Biowaffen zu sehen waren und die Äußerungen eines desertierten irakischen Generals berichtet wurden.[4] Dann schaltete der Sender direkt zu seinem Pentagonkorrespondenten um, der sich über den Bericht lustig machte und ihn als unsinnig abtat. Damit war die Geschichte gestorben. Und jetzt werden genau dieselben Produktionsanlagen für Biowaffen als Beweis dafür präsentiert, daß Saddam, diese Wiedergeburt Attila des Hunnen, vernichtet werden muss, indem die Bevölkerung seines Landes massakriert wird. Auch das sollen wir natürlich alles vergessen.

Im April 1990 begab sich eine Gruppe hochrangiger US-Senatoren in den Irak. Sie trafen sich in der kurdischen Stadt Mosul mit Saddam Hussein. Erinnern wir uns daran, daß es Kurden waren, die kurz zuvor vergast worden waren. Leiter der Delegation war Robert Dole, der Saddam Hussein die Grüße von Präsident Bush übermittelte. Auch Alan Simpson war Mitglied der Delegation. Er versicherte Hussein, seitens der amerikanischen Regierung habe er keine Probleme zu befürchten, da diese nichts gegen ihn einzuwenden habe.[5]

Das war also die Situation im April 1990, zwei Jahre nach dem Massaker von Halabja. Und so ging es weiter bis zum Tag der Invasion in Kuwait. Während dieser Zeit beging Saddam Hussein seine größten und schwersten Verbrechen, was die USA nicht daran hinderte, ihn enthusiastisch zu unterstützen. Dasselbe gilt für Großbritannien. Schon elementarste logische Erwägungen zeigen also, daß die Verbrechen Saddams nicht der wahre Grund dafür sein können, daß wir dieses Ungeheuer vernichten müssen.

Was ist mit der Bedrohung, die Saddam Hussein darstellt? Sie ist durchaus real. Diese Bedrohung erreichte Ende der achtziger Jahre ihr größtes Ausmaß, dank unserer Unterstützung Saddam Husseins. Das war die Zeit, zu der er am gefährlichsten und mächtigsten war. Es gibt Kriterien dafür, wie groß das Ausmaß der Bedrohung war. Hussein hatte, mit unserer Unterstützung, den Iran angegriffen. Er war nicht imstande, den Iran zu besiegen - ein Land, das nach der Revolution von 1979, die zur Machtergreifung Ayatollah Khomeinis führte, einen Großteil seines Offizierskorps und seiner militärischen Spitze liquidiert hatte. Nicht einmal gegen das stark geschwächte Militär des Iran konnte der Irak einen Krieg gewinnen - trotz Unterstützung durch die Vereinigten Staaten, Rußland, Großbritannien, das restlichen Europa und die arabischen Staaten. Damit haben wir einen ungefähren Maßstab für die Gefährlichkeit des Irak auf ihrem Höhepunkt. Heute dagegen ist die irakische Armee ungefähr auf das Niveau ihrer Gründungszeit zurückgefallen, als die Briten sie als Werkzeug zur gewaltsamen Unterdrückung der Bevölkerung etablierten, um den Herrschern zu ermöglichen, Öl in den Westen zu exportieren, und um sicherzustellen, daß der Westen die Profite ernten würde.

Wie reagierten die USA und Großbritannien, als die vom Irak ausgehende Gefahr ihren Höhepunkt erreichte? Ihre Hauptreaktion bestand darin, die Gefahr noch zu vergrößern.

Erinnern wir uns beispielsweise an den Mai 1987, als der US-Zerstörer *Stark* von irakischen Raketen getroffen wurde und siebenunddreißig Besatzungsmitglieder getötet wurden. Der Irak wurde milde kritisiert, das war alles. Die Reaktion zeigt, daß die USA sich Saddam wirklich verpflichtet fühlten. Was hatte die *USS-Stark* in der Region zu suchen? Die US-Marine schickte damals Schiffe in den Golf, um Irak den Rücken frei zu halten und ihn in seinem Krieg gegen den Iran - und, natürlich, gegen die irakische Bevölkerung selbst - zu unterstützen. Dieses Bündnis wurde ein Jahr später, im Juli 1988, noch enger. Das US-Kriegsschiff *USS-Vincennes* schoß ein iranisches Linienflugzeug ab, das gerade von einem iranischen Flughafen losgeflogen war. Dabei wurden 290 Menschen getötet. Das Flugzeug befand sich eindeutig in einem zivilen Luftkorridor. Ja, es war sogar so, daß die *Vincennes* selbst sich in iranischem Territorialgewässer befand. Das war der Punkt, an dem der Iran seine wirkliche Lage erkannte. Er mochte zwar in der Lage sein, einen Krieg gegen den Irak zu führen, aber gegen ein Bündnis zwischen den USA und dem Irak, in dessen Rahmen die US-Marine nunmehr zu aggressiven Aktionen überging, war er machtlos. Die USA behaupten, man habe die Linienmaschine für ein iranisches Militärflugzeug gehalten - aber das ist weder sehr glaubwürdig noch sehr ernst gemeint. Viele Beobachter wiesen darauf hin, daß die USA deutlich sichtbare iranische Tiefflieger, bei denen es sich tatsächlich um Kampfflugzeuge handelte, nicht abschossen. Die iranische Führung erkannte, daß das Spiel vorbei war, und kapitulierte kurze Zeit später in den wesentlichsten Punkten.[6] Zu dieser Zeit erreichte die vom Irak ausgehende Gefahr ihren Höhepunkt, und das nicht zuletzt aufgrund unserer Hilfe.

In der Tat setzte Saddam Hussein seine gewachsene Macht sehr bald ein. Fünf Tage nach Abschluß des Waffenstillstands mit dem Iran leitete er einen weiteren großen Gasangriff gegen die Kurden im Norden in die Wege.[7] Die US-Reaktion darauf habe ich bereits beschrieben. Allein angesichts dieser Tatsachen können wir bereits eine mögliche Motivation des US-Verhaltens gegenüber dem Irak ausschließen, nämlich genau das Motiv, das überall ohne einen Anflug von Zweifel und sehr vehement als das treibende präsentiert wird.

Es gibt natürlich ein Ereignis, das tatsächlich für die Verwandlung Saddam Husseins aus einem begünstigten Freund in die »Bestie von Bagdad« verantwortlich war, nämlich den Einmarsch des Irak in Kuwait am 2. August 1990. Wie steht es damit? Ist das der Grund, weshalb wir dem Irak Sanktionen aufzwingen müssen, aufgrund derer Menschen sterben müssen? Dieses Argument ist kaum überzeugend. Lag hier ein schweres Verbrechen vor? Gewiß. Der Überfall auf ein anderes Land ist ein Kriegsverbrechen. Immerhin wurden dafür in Nürnberg Menschen gehängt. Handelt es sich um ein aussergewöhnlich schlimmes Verbrechen? Doch wohl kaum. Im Vergleich mit der restlichen Bilanz der – von uns unterstützten – Verbrechen Husseins nimmt sich diese Aktion wie ein Tropfen im Ozean aus. Davon abgesehen waren auch die Vereinigten Staaten selbst nicht der Ansicht, daß es sich um ein sonderlich ernstes Verbrechen handelte. In Wirklichkeit war nach der Invasion die große Befürchtung der führenden US-Politiker die, der Irak könnte sich rasch aus Kuwait zurückziehen und dort ein Marionettenregime hinterlassen, ein Vorgehen, das die anderen arabischen Staaten völlig zufriedengestellt hätte. Damit wurde damals ernsthaft gerechnet – eine Erwartung, die man als das »Alptraumszenario« bezeichnete.[8]

Dann kam der Februar 1991: das Massaker am Golf, das Ende des Monats abgeschlossen war. Innerhalb weniger Tage begann Saddam Hussein mit dem – nach dem Einsatz chemischer Waffen gegen die Bürger seines eigenen Landes – zweitschlimmsten Verbrechen seiner Karriere. Unmittelbar nach dem Krieg gegen den Iran kam es in den schiitischen Gebieten im Südirak zu einem Aufstand, der von rebellierenden irakischen Generälen angeführt wurde. Dies spielte sich direkt vor den Augen der US-Armee ab, die das gesamte Gebiet kontrollierte. »Stormin'« Norman Schwarzkopf saß in seinem Kommandoposten und sah zu: Er befolgte seine Befehle aus Washington. Die aufständischen Generäle baten gar nicht um Hilfe. Sie baten lediglich um Zugang zu den eroberten irakischen Waffen. Diese Forderung wurde auch von Saudi-Arabien unterstützt, das die Vereinigten Staaten ebenfalls bat, den Aufständischen wenigstens eroberte irakische Waffen zu überlassen. Die USA lehnten ab. Tatsächlich weigerten sie sich, auch nur irgend etwas zur Abschreckung der grausamen irakischen Reaktion auf den Aufstand zu tun – einer Reaktion, die brutal und mörderisch war. Es war der eindeutige und offen ausgesprochene Wunsch der USA, daß die Revolte scheitert. Und das tat sie denn auch. Sie wurde unter extremer Gewaltanwendung niedergeschlagen. Unmittelbar danach brach auch in den kurdischen Gebieten im Norden eine Revolte aus, und dasselbe Schauspiel wiederholte sich. Bis zu den dadurch ausgelösten starken Protesten der internationalen Öffentlichkeit weigerte sich die Bush-Administration, den Rebellen auch nur den geringsten Schutz zu gewähren – aus Angst, sie könnten Erfolg haben und »die Bestie von Bagdad« tatsächlich stürzen. So kehrten die USA unmittelbar nach Ende des Krieges letztlich zur Politik der Unterstützung für ihren Lieblingsmörder zurück, während dieser erneut scheußliche und bösartige Verbrechen beging.[9]

All das war damals zu offensichtlich, um unter den Tisch gekehrt zu werden, also gab es eine offizielle Rechtfertigung, an der bis heute festgehalten wird: Eine derartige Politik verletze zwar in der Tat unsere Sensibilitäten, sei aber dennoch notwendig zur Aufrechterhaltung eines politischen Guts namens »Stabilität«.

Um besagte Stabilität aufrechtzuerhalten, müßten wir die »Bestie von Bagdad« an der Macht halten, obwohl Saddam - mit unserer Unterstützung - im Norden wie im Süden enorme Massaker durchführte. Die Linie des Außenministeriums, wie sie seinerzeit vom diplomatischen Chefkorrespondenten der *New York Times,* Thomas Friedman, erläutert wurde, besagte, die »beste aller möglichen Welten« für die USA bestünde in einer »mit eiserner Faust herrschenden irakischen Junta«, die Irak auf dieselbe Weise regieren würde wie Saddam Hussein, allerdings lieber ohne diesen selbst, da er inzwischen zur Zumutung geworden war. Friedman kommentierte, eine solche Lösung würde »die amerikanischen Verbündeten Türkei und Saudi-Arabien weitgehend zufriedenstellen«, und das trifft vermutlich zu.[10] Den bemerkenswertesten hier relevanten Fall läßt Friedman unerwähnt, weil es peinlich wäre, ihn zu nennen. Dabei weiß er ebensogut wie jeder andere Reporter, der die Verhältnisse im Nahen Osten aufmerksam beobachtet, daß eine solche Lösung auch sehr nach dem Geschmack unseres Verbündeten Israel wäre. Israel ist das einzige mir bekannte Land, in dem die Niederschlagung des kurdischen Aufstands über das gesamte politische Spektrum hinweg offene Unterstützung genoß. Darüber wurde beispielsweise in der *Jerusalem Post* berichtet.[11] Dafür gab es leicht auszumachende Gründe, denn ein unabhängiger kurdischer Staat würde einen Landkorridor zwischen Syrien und dem Iran schaffen, beides Staaten, die Israels Feinde sind. Von Seiten Israels ist das unerwünscht, und daher zog man es dort vor, daß die USA Saddam Hussein gestatteten, die Kurden niederzuschlagen.

Außerdem intensivierte zu genau dieser Zeit die Türkei, unser geliebter Verbündeter, der eine der schlimmsten Menschenrechtsbilanzen der Welt hat, seinerseits seinen mörderischen Angriff auf die Kurden im Südosten der Türkei. Eine gewisse Vorstellung dieses Terrors vermittelt die Tatsache, daß

Anfang der neunziger Jahre etwa eine Million Kurden nach Diyarbakir, die inoffizielle kurdische Hauptstadt im Südosten der Türkei, flohen.[12] 1994 war ein Jahr, in dem zweierlei Entwicklungen ihren Höhepunkt erreichten: zum einen war es das Jahr des größten Terrors der Türkei gegen die Kurden, und zum andern war es das Jahr, in dem die Militärhilfe der USA für die Türkei Rekordhöhen erreichte.[13] Der Gleichschritt dieser beiden Entwicklungen ist ein typisches Phänomen. Es besteht eine enge Korrelation zwischen der Anwendung von Terror und Gewalt auf der einen und US-Hilfe für den entsprechenden Staat auf der anderen Seite, und zwar nicht nur in dieser Region. Aus irgendeinem Grund wurde daraus nicht der Schluß gezogen, daß wir Sanktionen über die Bevölkerung der Türkei hätten verhängen müssen, um Hunderttausende türkischer Kinder zu töten. Hier handelt es sich um gutartigen Terror, Terror, der von unserem Verbündeten durchgeführt wird. Daher mußten wir dafür sorgen, daß er weitergeht.

Es liegt auf der Hand, daß es keinerlei moralisches oder humanitäres Motiv hinter all diesen Entwicklungen gegeben haben kann. Es können nicht Saddam Husseins Verbrechen sein, welche die US-Politik gegenüber dem Irak motivieren.

Wie ist es mit der Bedrohung durch Massenvernichtungswaffen? Auch hier sehen wir uns wieder einer Reihe von Problemen gegenüber. Nehmen wir einmal an, unsere Politiker machten sich Sorgen um die Massenvernichtungswaffen. Dann stellt sich zum einen die Frage, warum sie 1988 nicht besorgt waren, als die Bedrohung ernster war ,als es heute der Fall ist? Eine zweite Frage stellt sich im Hinblick auf das Bombardement vom Dezember 1998. Diese Bombardierungen wurden zum Teil mit der Notwendigkeit gerechtfertigt, Saddam Husseins Möglichkeiten zur Produktion von Massenvernichtungswaffen zu beschränken. Dabei gab jedermann zu, daß das Bombardement genau das Gegenteil bewirken würde, daß die Hauptwirkung darin bestehen würde, ein Ende der UNSCOM-Inspektionen herbeizuführen, und das, obwohl doch die UNSCOM-Inspektionen das einzige waren, was tatsächlich zur Reduktion dieser Waffen geführt hat. Das Programm war sehr erfolgreich und hätte weiterhin seine Funktion erfüllen können.

Nun gibt es in der Tat eine Methode, und zwar nur eine einzige Methode, die *Fähigkeit* eines Landes zur Produktion von Massenvernichtungswaffen zu beseitigen, nämlich die Lösung à la Karthago: die totale Zerstörung der Gesellschaft. Wenn man das tut, wird diese Gesellschaft auch nicht mehr in der Lage sein, Massenvernichtungswaffen herzustellen. Wenn man eine Infrastruktur übrigläßt, wenn man schulische und wissenschaftliche Einrichtungen gleich welcher Art bestehen läßt, wenn es wirtschaftliche Überschüsse gibt, dann liegt auch eine Fähigkeit zur Produktion von Massenvernichtungswaffen vor. Und so besteht die einzige Möglichkeit, diese Fähigkeit zu beseitigen - und wir sprechen hier von »endgültiger Beseitigung« - darin, das Land auszuradieren. Das wird nicht passieren, und zwar aus dem einfachen Grund, daß der Irak der zweitgrößte Ölproduzent der Welt und daher viel zu wichtig ist, um ihn auszuradieren. Aber man kann die Bevölkerung des Landes auslöschen. Tatsächlich ist es in gewisser Hinsicht ganz nützlich, das zu tun. Wenn man sich die Geschichte der weltweiten Ölproduktion ansieht, findet man, daß diese größtenteils in dünn besiedelten Ländern stattfindet. Unter solchen Bedingungen gibt es nur wenig Druck, der verhindern könnte, daß die Profite an die Leute fließen, denen sie in Wahrheit zustehen, nämlich den Ölgesellschaften des Westens und dem amerikanischen Staatshaushalt. Wenn also die Bevölkerung des Irak reduziert oder marginalisiert würde, und vielleicht sogar so weit reduziert werden kann, daß sie kaum noch eine echte Rolle spielt, dann wird sie, wenn es - und das wird irgendwann der Fall sein - soweit ist, die irakische Ölproduktion wieder auf ihr altes Niveau zu bringen, sich den Zielen des Westens nicht mehr sehr in den Weg stellen können. Irak würde dann eher das Aussehen eines Staates wie Saudi-Arabien haben, wo es eine Menge Öl gibt, aber nicht viele Menschen, die Druck zugunsten wirtschaftlicher Entwicklung, Erziehungs- und Ausbildungsmöglichkeiten usw. ausüben könnten.

Nach alldem können wir die Standardgründe für die Aufrechterhaltung des Embargos offenbar schon aufgrund ziemlich elementarer Überlegungen ausschließen. Was bleibt übrig? Natürlich genau das worauf eigentlich jeder sofort kommen sollte, sobald vom »Nahen Osten« die Rede ist. Wenn diese Worte fallen, denkt man sofort an Öl - oder zumindest sollte man das. In den vierziger Jahren erkannten die Vereinigten Staaten in der arabischen Halbinsel und dem Persischen Golf und hier insbesondere Saudi-Arabien, ein Gebiet, das sie als »gewaltige Quelle strategischer Macht und einen der bedeutendsten materiellen Schätze der Weltgeschichte« bezeichneten.[14] Das bedeutete, daß unsere Rivalen verdrängt werden mußten. Frankreich wurde so gut wie komplett ausgeschaltet, während Großbritannien eine zweitrangige Rolle als Kampfhund spielen sollte, zumindest solange es den erforderlichen Gehorsam an den Tag legte. Aber im wesentlichen sollte die Kontrolle über die Region in den Händen der USA selbst liegen.

Dieser Sicht zufolge müssen die USA also die Kontrolle über den Nahen Osten ausüben. Aber dabei gibt es ein Problem, und es besteht darin, daß in dieser Region Menschen leben. Sie lassen sich nicht alles diktieren, und manchmal wollen sie sogar selbst etwas von ihren Ressourcen haben. Das führt zu einer Situation ständigen Konflikts. Im Augenblick haben wir eine Ölschwemme. Das ist einer der Gründe, weshalb es für die USA nützlich ist, das irakische Öl vom Markt fernzuhalten. Die USA wollen verhindern, daß der Ölpreis zu tief sinkt. Es war immer die Politik der USA, den Ölpreis innerhalb eines ganz bestimmten Rahmens zu halten, der nicht zu hoch sein sollte, weil das die US-Industrie schädigen würde, aber auch nicht zu tief fallen durfte, weil das für die hauptsächlich in den USA ansässigen Energiegesellschaften, deren Profite dann sinken würden, negativ wäre. So ist es zumindest im Augenblick für die USA von Nutzen, das irakische Öl vom Markt fernzuhalten, weil der Ölpreis sinken würde, wenn es auf den Markt käme. Das andere Problem mit dem irakischen Öl ist die Tatsache, daß der interne Zugang zur Entwicklung des irakischen Ölpotentials gegenwärtig in den Händen Frankreichs und Rußlands liegt, nicht in denen der großen US-Kapitalgesellschaften. Das gefällt uns gar nicht. Also ist es aus US-Sicht wenigstens im Moment durchaus sinnvoll, die Entwicklung des irakischen Ölpotentials zu blockieren. James Akins, ein Veteran des Ölgeschäfts und ehemaliger US-Botschafter in Saudi-Arabien, sagte kürzlich nur halb im Scherz, sobald der Ölpreis wieder auf 30 Dollar pro Barrel steigen würde, werde Saddam Hussein sich umgehend in Mutter Theresa verwandeln.[15] Das bringt die Sache meines Erachtens gut auf den Punkt.

Der Nahe Osten ist eine Region vielfältiger Krisen und Konflikte, von denen viele mit genau dieser Tatsache zu tun haben. Die dort lebenden Menschen haben nie akzeptiert, daß die Profite aus ihrer einzigen Ressource in den Westen fließen sollen. Das führt zu den verschiedensten Problemen. Wenn man die Kontrolle über die Region ausüben will, braucht man dazu vor Ort brutale Regimes, die ihre eigene Bevölkerung unterdrücken. Die

Familiendiktaturen am Golf sind für diese Aufgabe zu schwach. Einerseits muß man sie schwach halten, damit sie tun, was man ihnen sagt, aber sie können sich nicht auf Gewalt stützen, um ihre Bevölkerung niederzuhalten. Daher hat es neben diesen Regimes immer das gegeben, was der Verteidigungsminister der Nixon-Administration Melvin Laird als die »Streifenpolizisten« bezeichnet hat, eine hart zuschlagende örtliche Polizeitruppe, die für Ordnung in der Region sorgt.[16] Das war die Hauptrolle des Iran, solange dort der Schah an der Macht war. Es ist auch die Hauptrolle Israels, besonders seit 1967. Die Türkei fällt in dieselbe Kategorie, Pakistan ebenso. Dieser Ring nichtarabischer Staaten soll Ordnung in der Region garantieren.

Wir dürfen auch nicht vergessen, daß die Vereinigten Staaten und Großbritannien heute international wie regional isoliert sind, und zwar nicht nur in der Frage des Irak, sondern auch in bezug auf den Iran. Wie werden die USA mit dieser Tatsache umgehen? Es gibt ein Gebiet, auf dem die USA gegenüber den anderen Mächten im Vorteil sind, nämlich auf dem Gebiet der Macht- und Gewaltmittel. Was diese beiden Faktoren betrifft, kann ihnen keiner das Wasser reichen. Von daher gesehen ist es ganz logisch, wenn die Planer der US-Politik versuchen, diese Karte auszuspielen und das gesamte Spiel in diese Arena zu verlagern – und das ist genau das, was sich vor unseren Augen abspielt. Es ist dasselbe, was wir gesehen haben, als die USA den Sudan bombardierten und dabei dessen bedeutendste pharmazeutische Fabrik zerstörten.[17] Es ist bemerkenswert, wie wenig Interesse dieser Vorfall in den Vereinigten Staaten erregte.

Ich denke, daß die damit übermittelte Botschaft von den wahrscheinlichen Adressaten, nämlich den Menschen in Saudi-Arabien und im Iran, verstanden wurde. Washington sagte damit: »Vorsicht, wir sind ein gewalttätiger, gesetzloser Staat, und wir werden Gewalt anwenden, um zu bekommen, was wir wollen.« Meiner Ansicht nach war das auch der Hauptgrund für die Bombardierung des Irak im Dezember 1998. Das eine Gebiet, auf dem wir eine gewaltige Überlegenheit besitzen, ist der Bereich der Gewaltmittel, und es spielt keine Rolle, wenn die Vorwände für deren Anwendung nicht glaubwürdig sind. Es spielt keine Rolle, wenn das Bombardement das Gegenteil dessen bewirkt, was wir angeblich erreichen wollen. »Was wir sagen, geschieht« – das war schon 1991 George Bushs Definition der Neuen Weltordnung, während die Bomben auf den Irak herabregneten.[18]

Daraus erklärt sich meiner Meinung nach auch die klar und offen demonstrierte Verachtung für das internationale Recht. Im Fall des Irak hat sich diese Verachtung auf sehr dramatische Art gezeigt. Nicht daß es sich dabei um etwas Neues handelte, aber diese Art der Zurschaustellung ist extrem. Es kann schlicht und einfach kein Zweifel daran bestehen, daß die Bombardierungen des Irak und des Sudan flagrante Verletzungen der UN-Charta darstellen - und damit Kriegsverbrechen. Es ist bemerkenswert, daß die Frage, ob dieses Vorgehen die UN-Charta verletzte, kaum diskutiert worden ist.

In England löste dieses Vorgehen einige Diskussionen aus und wurde auch von Vertretern des Mainstream kritisiert, aber nicht bei uns, denn bei uns herrscht viel größere Disziplin. Falls das Thema, was selten genug war, überhaupt einmal angeschnitten wurde, wurde es als rein technische Frage abgetan. Diese Tatsache ist wichtig. Es gibt mittlerweile eine bemerkenswerte Fülle expliziter doktrinärer Äußerungen, denen zufolge die USA nicht an internationales Recht gebunden seien.

Während der Clintonjahre ist die Verachtung der USA für das internationale Recht völlig offen zutage getreten. Während ihrer Amtszeit als UN-Botschafterin der USA teilte Madeleine Albright den Vereinten Nationen schlicht und einfach mit: »Wir werden multilateral vorgehen, wo es möglich ist, und unilateral, wo es notwendig ist.«[19] Und wem das nicht paßt, der möge sich in acht nehmen. Selbst das Timing der Bombenangriffe vom Dezember 1998 war darauf abgestimmt, daran keine Zweifel aufkommen zu lassen. Den Presseberichten zufolge begann das Bombardement während der Sondersitzung des Sicherheitsrats, auf der über die Frage des Irak diskutiert werden sollte. Die USA und Großbritannien hielten es nicht einmal für nötig, die Mitglieder des Sicherheitsrats vor ihrer Entscheidung zum Angriff auf den Irak zu benachrichtigen.[20] Das war eine deutliche Botschaft der Verachtung für die UNO.

Es ist außerordentlich wichtig, daß wir darüber mitentscheiden, ob das - so die Sprache interner Dokumente - der »nationale Charakterzug« ist, den wir »projizieren« wollen.[21] Einem Schurkenstaat dagegen bedeuten internationales Recht und die Charta der UN natürlich nicht das Geringste - besonders nicht einem Schurkenstaat, der gewalttätig und gesetzlos ist und genau das demonstrativ als »nationalen Charakterzug« zur Schau stellt. All das gewinnt noch zusätzliche Bedeutung, wenn dieser Schurkenstaat außerdem auch noch der mächtigste Staat der Welt ist.

Wenn wir uns diesem Trend nicht entgegenstellen, können wir meines Erachtens ziemlich sicher davon ausgehen, daß uns schlimme Zeiten bevorstehen, insbesondere, falls die von vielen prophezeite Ölkrise im Nahen Osten tatsächlich eintritt. Wie ernst wir diese Dinge wirklich nehmen, bemißt sich nicht danach, was hier in diesem Raum geschieht, sondern danach, was anschließend geschieht. Was anschließend getan werden wird, ist das, worauf es ankommt. Ich bitte euch alle wirklich sehr dringend, euch an diesen Aktivitäten zu beteiligen.

Übersetzung: Michael Schiffmann

Anmerkungen

* Nach einer Rede am 30. Januar 1999 in Cambridge, Massachusetts. Aus *Iraq Under Siege. The Deadly Impact Impact of Sanctions and War,* Hrsg. Anthony Arnove (Cambridge: South End Press, 2000), Seiten 47 - 56.

1 Editorial, »A Just Attack«, *Boston Globe*, 17. Dezember 1998, S. A30.

2 Siehe Noam Chomsky, *Deterring Democracy*, aktualisierte Ausgabe (New York: Hill and Wang, 1992), S. 152, und »›What We Say Goes‹: The Middle East in the New World Order«, in *Collateral Damage: The ›New World Order‹ at Home and Abroad*, herausgegeben von Cynthia Peters (Boston: South End Press, 1992), S. 61-64 und dort zitierte Quellen; Andrew Cockburn und Patrick Cockburn, *Out of the Ashes: The Resurrection of Saddam Hussein* (New York: HarperCollins, 1999); außerdem Mark Pythian, *Arming Iraq: How the U.S. and Britain Secretly Built Saddam's War Machine* (Boston: Northeastern UP, 1996).

3 Leslie Stahl, »Punishing Saddam«, produziert von Catherine Olian, *CBS, 60 Minutes*, 12 Mai 1996.

4 Charles Glass, »The Emperors of Enforcement«, *New Statesman* 127/4373 (20. Februar 1998), S. 14-15.

5 Peter Pringle, »Bush Plays a Delicate Game with Baghdad«, *The Independent*, 24. April 1990, S. 16; Jackson Diehl, »US Maligns Him, Iraqui Tells Senators«, *Washington Post*, 12. April 1990, S. A26; Dilip Hiro, *The Longest War: The Iran-Iraq Military Conflict* (New York: Routledge, 1991), S. 237-240; Miron Rezum, *Saddam Hussein's Gulf War* (Westport, Connecticut: Praeger, 1992), S. 58f. und Cockburn und Cockburn, *Out of the Ashes*, S. 245.

6 Siehe Chomsky, »›What we Say Goes‹«, in *Collateral Damage*, S. 58.

7 Siehe Saul Bloom, John M. Miller, James Warner und Philipa Winkler, Heraus-

geber, *Hidden Casualties: Environmental, Health, and Political Consequences of the Persian Gulf War* (Berkeley: Arms Control Research Center and North Atlantic Books, 1994), S. 335. Siehe auch Christopher Walker, »Saddam's Forces Seize Thousands of Kurds«, *The Times* (London), 21. März 1991.

[8] Editorial, »Hussein's Nightmare Scenario, *Boston Globe*, 24. Dezember 1990, S. 12. Siehe auch Chomsky, *Deterring Democracy*, S. 179-214; Hiro, *The Longest War*, und Michael R. Gordon und Bernard E. Trainor, »How Iraq escaped to Threaten Kuwait Again«, *New York Times*, 23. Oktober 1994, S. 1: 1.

[9] Siehe die Berichte von Charles Glass für ABC News zur damaligen Zeit, darunter *Nightline*, 18. April 1991; *World News Tonight*, 16. April 1991; *Nightline*, 11. April 1991; *World News Tonight*, 2. April 1991; *Nightline*, 2. April 1991; *World News Tonight*, 29. März 1991; *Nightline*, 29. März 1991; *World News Tonight*, 26. März 1991; *Nightline*, 26. März 1991; *World News Tonight*, 22. März 1991; *Weekend Report*, 16. März 1991.

[10] Thomas L. Friedman, »A Rising Sense that Iraq's Hussein Must Go«, *New York Times*, 7. Juli 1991, S. A1.

[11] Siehe unter anderem Moshe Zak, »Israel and the Kurdish Minefield«, *Jerusalem Post*, 4. April 1991. Für weitere Kommentare aus der hebräischen Presse siehe das Nachwort zu *Deterring Democracy*, S. 407-440.

[12] Jonathan C. Randal, *After Such Knowledge, What Forgiveness? My Encounters With Kurdistan* (Boulder: Westview Press, 1999), S. 268. Siehe auch Human Rights Watch, *Forced Displacements of Ethnic Kurds from Southeastern Turkey* (Oktober 1994) und *Weapons Transfers and Violations of Laws of War in Turkey* (November 1995); David McDowall, *The Destruction of Villages in South-East Turkey* (London: Medico International und Kurdish Human Rights Project, Juni 1996); John Tirman, *Spoils of War: The Human Cost of America's Arms Trade* (New York: Free Press, 1997), außerdem Noam Chomsky, *The New Military Humanism: Lessons from Kosovo* (Monroe, Maine: Common Courage Press, 1999), S. 52-59 und dort angegebene Quellen [deutsch: *Der Neue Militärische Humanismus: Lektionen aus dem Kosovo* (Zürich: Edition 8, 2000), S. 78-88].

[13] Bruce Clark, »Nato Arms Pour Into Greece and Turkey«, *Financial Times*, 7. Juni 1994, S. 7; Editorial, »America Arms Turkey's Repression«, *New York Times*, 17. Oktober 1995, S. A24 und Chomsky, *The New Military Humanism*, S. 52-59 und dort angegebene Quellen [*Der Neue Militärische Humanismus* S. 78-88].

[14] US-Außenministerium (1945), zitiert in Joyce und Gabriel Kolko, *The Limits of Power* (New York: Harper and Row, 1972), S. 242. Siehe Noam Chomsky, *Fateful Triangle: The United States, Israel, and the Palestinians*, aktualisierte Ausgabe (Cambridge: Southend Press Classics, 1999), S. 17-20.

[15] Joel Bleifuss, »Deadly Diplomacy«, *In These Times*, 7. Februar 1999, S. 8.

[16] Siehe Chomsky, *Deterring Democracy*, S. 54-55. [Ferner auch: »Israel: Belohnungen für den ›Streifenpolizisten des Nahen Ostens‹«, Kapitel 6 von Noam Chomsky, *Haben und Nichthaben* (Philo 1998), S. 187-200. *A.d.Ü.*]

[17] Siehe James Risen, »Question of Evidence«, *New York Times*, 27. Oktober 1999, S. A1.

[18] Siehe Chomsky, »›What We Say Goes‹«, in *Collateral Damage*, S. 49-92.

[19] Mark Tran, »US Tells Iraq to Pull Back Troops or Face Air Strikes«, *Guardian*, 17. Oktober 1994, S. 20.

[20] Siehe Richard Butler, »Iraqi Bombshell«, *Talk* 1: 1 (September 1999), S. 240.

[21] Siehe John Diamond, Associated Press, »Military Study Prescribes Irrational, Vindictive Strike in Nuclear Policy«, 1. März 1998. Für weitere Einzelheiten siehe Chomsky, *The New Military Humanism*, S. 144-47 [*Der Neue Militärische Humanismus*, S. 208-212].

III.
Augenzeugenberichte zur Situation im Irak

Ali Mansoor

Wir wollen nicht länger den Heldentod sterben*

Seit zehn Jahren ist mein Land international isoliert und abgeriegelt. Diese Blockade trifft uns sehr, sehr hart. Ist für Außenstehende nachvollziehbar, was es heißt, ein Land zuzusperren? In unserer deutschen Abteilung der Fremdsprachenfakultät in Bagdad fehlt es an allem, selbst an Bleistiften. Schreibmaterial darf nicht eingeführt werden, aus Angst, wir könnten das Blei extrahieren, es zum Bombenbau verwenden und die Welt zerstören. Hat man so etwas schon einmal gehört?

Sowohl die Professoren als auch die Studenten an der Universität leiden unter diesen Bedingungen, die eine wissenschaftliche Arbeit eigentlich unmöglich machen. Und so wie die Bildung unseres Landes systematisch unterminiert wird, werden auch die irakische Wirtschaft, ja das gesamte Land durch den Sanktionskrieg zerstört. Der Bombenkrieg vor zehn Jahren war im Vergleich dazu weitaus weniger verheerend.

Die Entwicklung im Irak, in Wissenschaft und Forschung, stagniert nicht nur, infolge des Embargos entwickeln wir uns sogar zurück. Darüber hinaus werden wir in aller Welt dämonisiert. Das ist ein Dilemma, und wir fragen uns unaufhörlich, wie schaffen wir es, nicht als Teufel zu erscheinen, sondern als normale Menschen?

Wir Iraker haben eine lange Geschichte der Wissenschaften. Die verschiedenen Disziplinen in den Natur- und Geisteswissenschaften stehen in unserem Land gleichberechtigt nebeneinander. Medizin oder Germanistik haben mithin den gleichen Stellenwert. Als Germanist brauche ich natürlich deutsche Literatur. Ich leide darunter, keine Mittel zu haben, um Bücher und Fachzeitschriften zu kaufen zu können. Infolge der Sanktionen fehlen die notwendigen Devisen. Deshalb haben wir vor fünf Jahren von der germanistischen Abteilung ein Rundschreiben an deutsche Universitäten gerichtet – in deutscher Sprache. Wir legten dar, wie viele Studenten im Irak Germanistik studieren, daß wir aber keine Bücher, keine Geräte, kein Papier, ja nicht einmal Bleistifte haben. Es fanden sich sehr viele Freunde in Deutschland - in Berlin, in Göttingen, in Heidelberg etwa -, die uns mit Büchern, Kassetten und Videofilmen halfen und noch heute helfen. Das ist zwar nicht ausreichend, doch besser als nichts.

Meine Kollegen in der medizinischen Fakultät sind nicht besser dran. Sie können keine neuen Geräte kaufen. Die Folgen dort sind natürlich verheerend. Aber wir alle machen weiter. Wir glauben, daß diese Krise nicht bis in Ewigkeit weitergeht.

Doch derweil sterben in den Krankenhäusern unsere Kinder. Monat für Monat 5000, Jahr für Jahr. Die anderen sind zu Tausenden aus der Not heraus auf die Straßen gezwungen - Kinder, die eigentlich in der Schule sein müßten. Sie versuchen, eine kleine Arbeit zu finden, um zu überleben. Täglich wiederholt sich diese Tragödie auf der Straße, in den Klassenzimmern, den Hörsälen der Universität, überall im Land.

Dabei ist der Schulbesuch für Kinder Pflicht. Jeder Vater soll all seine Söhne in die Schule schicken. Die Töchter natürlich auch. Er wird bestraft, wenn er das nicht tut. Unvorstellbar, daß ein Kind vor Jahren die Schule schwänzte. Jedes ging zum Unterricht. Wenn ich heute von der Universität nach Hause gehe, dann sehe ich viele Kinder in den Straßen Zigaretten verkaufen. Einige betteln. Und sie wissen, was mit einem kleinen Kind passiert, wenn es Tag und Nacht auf der Straße ist. Noch schlimmer, wenn einige Mädchen auf der Straße sind. Aber sie sind gezwungen dazu. Das sind Auswirkungen der Blockade. Wenn diese Blockade weiter andauert, ist nicht nur diese, sondern auch die kommende Generation verloren.

Wir haben all das nicht verdient. Deshalb sage ich immer und überall, man muß ganz laut schreien: Laßt den Irak in Frieden, hebt die Sanktionen auf. Wir gehen verloren und verdienen dieses Schicksal nicht. Das irakische Volk hat sehr viel für die Welt getan, bei den Babyloniern und Akkadern angefangen. Der Irak ist ein Kulturland. Viele Heilige sind in Irak begraben. Der Vater aller Propheten in der Geschichte, ist hier geboren. Wenn Sie so wollen, ist Abraham ein Iraker. Er wohnte im heutigen Süden des Landes und wanderte nach Palästina aus. Die ersten geschriebenen Gesetze gab es bei uns!

Heute ist die Stimme des Imperialismus in der Welt sehr laut und die des Widerstandes sehr leise. Eine wichtige Rolle spielen dabei die großen westli-

Studenten der Universität Bagdad (Foto: Sharon Ayling, Challenge to Genocide, IAC)

chen Medien. Im Irak haben wir sehr schlechte Erfahrungen gemacht mit diesen Medien und ihren Vertretern. Viele kamen zu uns und sagten, sie würden alles tun, um uns zu helfen. Sie würden dafür sorgen, daß die Welt von unserem Unglück erfährt. Zu Hause schrieben sie dann vier Seiten. Drei Seiten handelten vom »Diktator Saddam Hussein«. Auf der letzten erfuhren die Leser als Beiwerk, daß das irakische Volk leidet. So nützen uns die Berichte nicht viel.

Dabei haben doch alle diese Geschichten über das irakische Regime schon oft genug gehört. Wir möchten, daß ein Journalist zu uns kommt und über die Leiden des irakischen Volkes schreibt, darüber, wie ein Iraker sein tägliches Leben führt. Journalisten könnten zum Beispiel unsere Krankenhäuser besuchen und das Leid so vieler Kinder und die Trauer ihrer Eltern sehen und die Hilflosigkeit der Ärzte. Sie könnten Statistiken aufstellen über die Zahl der Kinder, die während ihres Besuchs starben.

Die gegenwärtige Reduktion des Irak bei vielen Medien und Politikern auf eine Person, auf Saddam Hussein, lasse ich nicht gelten. Was erwarten diejenigen von uns, die nichts anderes zu tun haben, als diesen Mann zu verteufeln? Was wollen sie – Saddam Hussein stürzen? Das können sie nicht, wo doch ein Großteil der Bevölkerung mit ihm in irgendeiner Weise einverstanden ist. Saddam Hussein hat sehr viel für den Irak getan, er hat das irakische Öl verstaatlicht und dem Land zu Prosperität verholfen. In den 70er Jahren war der Irak ein Paradies. Für einen Dinar mußte man 3,8 US-Dollar zahlen. Heute liegt der Dollar bei 2000 Dinar und die irakische Wirtschaft am Boden. Die irakische Bevölkerung leidet der Sanktionen wegen, nicht wegen Saddam Hussein.

Vor der Blockade und der Hyperinflation hat ein irakischer Professor sehr gut gelebt. Doch durch die neuen Wechselkurse hat der irakische Dinar keinen Wert mehr. Ich verdiene nominell dasselbe wie vor zehn Jahren, aber mein Gehalt hat keinen Wert. Ich kann mir nichts davon kaufen. Es ist wie seinerzeit in Deutschland, als man drei Millionen Reichsmark für einen Laib Brot bezahlen mußte.

Natürlich hat jede Familie im Irak eine Lebensmittelkarte. Seit zehn Jahren bekommt jeder jeden Monat die Grundlebensmittel – fast umsonst und unabhängig vom realen Einkommen. Nur so können wir – meine Frau, unsere vier Söhne und ich – den notwendigen Reis, den Tee, Milch zum Kochen, Seife und ab und an auch etwas Käse für umgerechnet weniger als zwei Mark kaufen. Eigentlich reichen die zugeteilten Mittel auf den Lebensmittelkarten nur für die ersten zwei Drittel des Monats. Den Rest muß man sich irgendwie durchschlagen. Doch die Lebensmittelrationen erhalten alle im Land, egal ob sie Moslems sind oder Christen, Juden oder Atheisten.

Auch wenn wir manchmal stark wie Felsen erscheinen, wissen wir, daß es so nicht weitergehen kann. Das wollen und das können wir nicht. Wir Iraker wollen nicht länger den Heldentod sterben.

Eine ganze Generation ist praktisch schon gestorben, so krank ist sie. Bei der nächsten Generation und den Nachgeborenen wird es noch schlimmer. Waffen, die gegen den Irak eingesetzt wurden, waren zum Teil mit abgereichertem Uran versehen. Ganze Landstriche sind für unabsehbare Zeit verseucht, der Sand, das Wasser, alles Leben, Mensch wie Tier.

Wer die Möglichkeit hat, den Irak zu besuchen, der sollte in den Süden des Landes fahren, zu den Friedhöfen der irakischen Soldaten. Zehntausende wurden vor zehn Jahren lebendig begraben. Sie wurden in ihren Schützengräben einfach mit Sand zugeschüttet – nachdem sie sich ergeben hatten.

Natürlich konnte der Irak gegen die Angriffe nicht wirklich etwas tun. Man hat sich verteidigt, aber auch die Verteidigung ist uns nicht gelungen.

Der Krieg war eine einzige Grausamkeit und stand im Gegensatz zu der Kultur in Europa, mit all ihren Instituten und Forschungszentren, ihren Philosophen und Denkern. Wer den Golfkrieg persönlich hat miterleben müssen, ist tief enttäuscht. Ich persönlich habe mehr als zehn Jahre in europäischen Ländern verbracht, in Österreich, in Großbritannien und in Deutschland. Ich habe viel von Europäern gelernt. Meine Professoren sind mir gut in Erinnerung und ich verehre sie. Darüber hinaus habe ich viele Freunde gewonnen, darunter Familien, die ich nun schon seit 42 Jahren kenne. Deshalb war ich tief enttäuscht, als die europäischen Raketen auf uns abgefeuert wurden.

Der Krieg hat alles zerstört, auch Milchfabriken. Noch heute steht die Ruine einer Milchfabrik als Mahnmal. Meine Wohnung ist nur einen Kilometer vom Amariya Bunker entfernt, wo 450 Frauen und Kinder starben. Sie wurden im Januar 1991 ermordet mit Hilfe komplizierter Waffen: Die erste Rakete riß ein großes Loch, in das eine zweite eindringen konnte. Die Hölle brach über die Menschen dort unten herein. Die 450 Menschen , – Frauen, Kinder und ältere Menschen waren dort, um dem Tod zu entgehen, aber sie wurden gegrillt. Zwei Tage lang. Wir haben die Stimmen gehört, Schreie. Es war eine Hölle, und niemand konnte hingehen. Das war eines der schlimmsten imperialistischen Verbrechen.

Es war vier Uhr früh, als mein Haus vom Einschlag der beiden Raketen erzitterte. Wir rannten sofort alle hin und schauten, konnten aber nichts tun. Es war einfach fürchterlich. Viele Feuerwehrleute kamen, aber die konnten auch nichts tun. Den ganzen Tag über hörten wir die Schreie. Erst am Mittag des folgenden Tages wurde es still: Sie waren alle tot. Warum mußten diese 450 Menschen sterben? Konnten die Iraker aus diesem Bunker heraus die Welt zerstören?

Es war ein dunkles Kapitel in der Geschichte der Europäer – wenn ich Europäer sage, meine ich die europäischen Imperialisten, nicht die einfachen, guten und gebildeten Menschen, die ich getroffen und kennengelernt habe. Dem Krieg selbst ging natürlich der Einmarsch irakischer Truppen voraus. Ich will nicht sagen, daß wir keine politischen Fehler gemacht haben. Aber welche Länder haben in ihrer Geschichte keine gemacht? Saudi-Arabien zum Beispiel hat mehrere Kriege gegen den Jemen und die Emirate geführt, um Land und Wasser, doch es ist ein enger Verbündeter der USA.

Ein unglücklicher Fehler beider Seiten war auch der Krieg mit dem Iran. Dieser Krieg war allein im imperialistischen Interesse, denn beide Seiten haben nur verloren: der Iran wurde zerstört, und auch die irakische Wirtschaft lag danach am Boden. Wie konnte es dazu kommen? Khomeini hatte gezeigt, daß er gewillt war, die »islamische Revolution« zu exportieren. Saddam Hussein fühlte sich berufen, sich dem entgegenzustellen, und ausländische Kräfte haben Öl darauf gegossen. Es entstand dadurch auch ein für den Westen sehr lohnender Fluß von Öl, Geld und Waffen. Glücklicherweise haben der Iran und der Irak heute wieder bessere Beziehungen. Beide haben begriffen, daß sie »Targets« der imperialistischen Staaten sind.

Kuwait hat, wie auch Saudi-Arabien, den Irak während des irakisch-iranischen Krieges kräftig unterstützt. Kuwait hat aber die Lage auch ausgenutzt, um Teile des Südirak zu annektieren, und aus dem gemeinsamen Ölfeld mehr gefördert, als ihm zustand. Auch über die Rückzahlung der für den Krieg gegen den Iran erhaltenen Summen gab es nach dessen Ende Streit. Der Irak ist daraufhin in Kuwait einmarschiert. Wir nannten das Wiederanschluß beziehungsweise Wiedervereinigung – und das nicht ohne Grund. Die Grenzen in der Region haben bekanntlich die Engländer gezogen. Zum Teil haben sie einfach ein paar Ölfelder »eingezäunt« und den erstbesten Stammesführer zum Emir gemacht. So entstanden Kuwait, Kathar und die anderen Emirate. Die Mehrheit der Bevölkerung der arabischen Länder wurde so vom Reichtum der Bodenschätze ausgeschlossen, und England konnte sie unter eigener Kontrolle halten. »Teile und herrsche«, das ist eine alte britische Methode.

Heute gibt es 22 arabische Staaten – darunter sehr arme und unvorstellbar reiche. Am Golf leben die Leute wie Könige, während im Sudan, in Palästina oder in Algerien beispielsweise mehr als die Hälfte der Bevölkerung ohne Arbeit und Einkommen ist. Wir träumen daher von einer Föderation, von einer einheitlichen Führung in der arabischen Welt und einem gerechten Ausgleich zwischen den armen und den reichen Regionen.

Wir sind ein reiches Land. Wir betteln nicht. Und wir hoffen, daß die gierigen, imperialistischen Geschäftsleute unser Land in Ruhe lassen und das Öl kaufen und nicht rauben.

Es ist sehr wichtig für den Irak, neben Rußland und China auch mit den Staaten der Europäischen Union und den USA Kontakt zu haben. Die

Beziehungen des Irak mit den anderen Staaten der Welt sind gut, auch mit den arabischen – von Kuwait einmal abgesehen.

Jordanien läßt mittlerweile vieles über die Grenze passieren. Das ist immerhin ein kleiner Weg für uns. Auch die Beziehungen zum Iran und zu Syrien haben sich mittlerweile wieder verbessert. Doch eine wirkliche Umkehr der desolaten Situation in unserem Land ermöglicht all das nicht. Die Sanktionen müssen von oben aufgehoben werden. Den Schlüssel dazu haben die Amerikaner und Briten in der Hand. Nur sie allein.

Und doch hoffen wir auch darauf, daß eines Tages eine Delegation aus Deutschland die Blockade durchbricht und mit einem Flugzeug nach Bagdad kommt. So wie das Russen, Franzosen und US-Amerikaner guten Willens schon getan haben. Ständiges Reden und Lamentieren über das Embargo reichen nicht. Bringen Sie eine symbolische Menge an Medikamenten mit, ein paar Bücher und Bleistifte. Das wird seine Wirkung haben und uns wissen lassen, daß wir nicht gänzlich vergessen und verloren sind.

Anmerkung

* Aus Gesprächen mit Rüdiger Göbel, Joachim Guilliard und Michael Schiffmann im September 2000 in Heidelberg

Felicity Arbuthnot

Die furchtbaren Auswirkungen der Wirtschaftssanktionen

Augenzeugenberichte aus dem Irak*

I. ... nicht einmal ein Foto zur Erinnerung

Ich bin letzten Monat von meinem siebzehnten Besuch im Irak seit dem Golfkrieg zurückgekommen, und nächsten Monat gehe ich wieder hin. Mein erster Besuch war Ende 1991, weniger als ein Jahr nach Ende des Krieges. Ich habe gesehen, wie ein Land vom Unglück in die Katastrophe abgleitet. So einfach ist das. Ich habe schon eine ganze Menge Kriegsgebiete gesehen und bin bestimmt nicht naiv. Aber als ich dort war, habe ich gedacht, das ist einzigartig. Ich kann ehrlich sagen, daß ich noch nie eine solche Verwüstung gesehen habe - Orte, die praktisch über Nacht ins vorindustrielle Zeitalter zurückgeworfen worden sind, so wie es jetzt in Jugoslawien passiert. Die gesamte Infrastruktur wurde zerstört - Wasser, Strom, Telefon -, was bedeutet, daß sie wirklich alles verloren haben.

Ein Beispiel: In letzter Zeit hat es viel Kritik gegeben, daß die Nahrungsmittel im Irak nicht verteilt würden. Aber außerhalb Bagdads gibt es kein Telefon, deshalb besteht keine Möglichkeit, mit dem Rest des Landes zu kommunizieren. Sie haben noch nicht einmal mehr Kühllastwagen, deshalb müssen sie alles sehr schnell zu einem Verteilungspunkt bringen. Aber es muß dort ein gekühltes Lagerhaus geben. Sie können nicht in Erfahrung bringen, woran gerade Bedarf besteht, und sie wissen nicht, ob es gerade Strom gibt oder nicht. Während des Golfkrieges ist alles zerstört worden, was vorher normal war, und seitdem ging es nur noch bergab.

Die Lebensbedingungen der Kinder sind herzzerreißend. Das ist ein Land, in dem die Kinder auf Müll angewiesen sind. Die meisten seit 1990 im Irak geborenen Kinder wissen nicht, wie Schokolade schmeckt. Spielsachen durften nicht importiert werden. Ping-Pong-Bälle durften nicht importiert werden - alles hat das für Sanktionen zuständige UNO-Komitee verboten. Man kann das alles beweisen. Papier, Bilderbücher, Schulbücher - alles, was Kinder zu einem normalen Leben brauchen, ist ihnen verweigert worden.

Und es ist noch schlimmer. Laut dem jüngsten UNICEF-Bericht hat der Irak die höchste Kindersterblichkeitsrate der Welt. Und wenn Kinder sterben, weil sie unterernährt sind oder nicht medizinisch versorgt werden können, haben die Eltern noch nicht einmal ein Foto von ihnen, wenn die Kinder nach 1990 geboren wurden. Fotomaterial ist nämlich auch verboten. Filme sind verboten, Entwicklungs-Chemikalien sind verboten. Wenn das Kind also stirbt, verschwindet es einfach, man hat noch nicht einmal ein Foto zur Erinnerung.

Natürlich kann man nicht sagen, welche schreckliche Situation die schlimmste ist. Aber ich kann sagen, warum ich mich so stark mit dem Irak beschäftige: In allen anderen Kriegsgebieten, in denen ich war, hatte ich immer diese kleine Stimme im Kopf, die sagte: »Das ist nicht meine Schuld. Es ist irgendein Macheten schwingender Schlächter in Ruanda oder ein mörderischer Diktator.« Aber das hier ist einzigartig, weil die Zerstörung und das Leid im Namen der UNO verursacht werden.

In Basra macht der sarkastische Witz die Runde, daß im Falle eines Krieges zwischen Frankreich und Großbritannien Basra bombardiert würde, weil Basra nämlich immer bombardiert wird.

Ich werde etwas über ein Krankenhaus berichten, das ich letzten Monat in Basra im Süd-Irak besucht habe. Ich habe eine Ärztin gefragt: »Darf ich mir euer Krankenhaus ansehen?«, und sie sagte »Ja« und ging mit mir herum. Der Irak hat jetzt die höchste Rate von Frühgeburten und die höchste Rate von Säuglingen, die mit Untergewicht zur Welt kommen, aufgrund von Umwelteinflüssen, Unterernährung usw. Wir waren in einem Raum, da lagen 17 frühgeborene Babies, alle gesund zur Welt gebracht. Es gab aber keine ordentlich funktionierenden Brutapparate, keinen Sauerstoff und keine Geräte für die Wiederbelebung. Es gab absolut nichts. All diese Babies würden in Großbritannien oder irgendeinem normalen Land überleben.

Als wir in diesem Raum waren, ist gerade eines von ihnen gestorben - ein ganz gesundes Baby - ,und ich habe plötzlich gemerkt, wie ich wie eine Verrückte immer wieder sein kleines Gesicht streichelte, immer wieder. Es war noch warm, und ich hatte das seltsame Gefühl, daß ich es vielleicht irgendwie zurückholen könnte. Als wir den Raum verließen, sagte die Ärztin zu mir: »Wissen Sie, seit 1994 hat bei uns kein Frühgeborenes mehr überlebt.«

Ich weiß, daß viele skeptisch sind, und manche Leute sagen mir: »Ach, du wirst doch einfach nur manipuliert«, aber ich war schon so oft im Irak, daß ich an Orte komme, die völlig ab vom Schuß liegen. Deshalb meine ich, daß das, was ich sehe, wahr ist, und ich rede nicht über etwas, dessen ich mir nicht sicher bin.

Im selben Krankenhaus in Basra passierte dann folgendes: Ein Fotograf, ein Übersetzer und ich waren gerade wieder auf die Straße hinaus gegangen, als zwei Ärzte hinter uns herrannten. Sie fragten: »Hat jemand von euch Blutgruppe Null negativ?« Ich geriet in Panik und konnte mich nicht an meine Blutgruppe erinnern, aber ich fragte die Ärztin, warum sie es wissen wolle. Sie sagte, daß ein neugeborenes Baby eine Bluttransfusion brauche, und sie hätten noch nicht einmal mehr eine ordentliche Blutbank, bräuchten aber sofort Blut für dieses kleine Baby. Es ging um eine ganz einfache Sache. Mein eigener Sohn, als Frühgeburt auf die Welt gekommen, hatte das

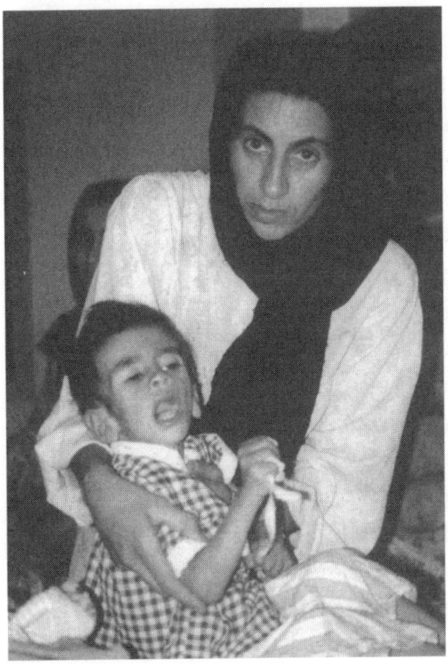

Mustafa Hussein, zwei, im Al-Mansour-Lehrkrankenhaus in Bagdad. Diarrhöe löste Nierenversagen aus, das zur Verkrüppelung des Kindes führte (Foto: Lauren Cannon, aus Challenge to Genocide, IAC)

gleiche Problem gehabt. Ich sagte: »Versucht es mal mit mir, es ist nur, daß mir im Moment meine Blutgruppe nicht einfällt.« Aber es ging nicht, weil sie nicht einmal die Laborgeräte hatten, um meine Blutgruppe zu bestimmen.

Dieses Baby litt an Gelbsucht, das konnte man sehen. Der Junge war hellgelb - und nur einen Tag alt. Seine Mutter war fast verrückt vor Angst. Der britische Verteidigungsminister George Robertson hat kürzlich über Kollateralschäden gesprochen. Das ist obszön. Was ich im Irak gesehen habe, waren solche »Kollateralschäden« - dieses Baby, in einem so armen Land, das auf den größten Ölreserven unseres Planeten sitzt.

II. Über den Niedergang des Landes

Wie viele andere habe ich mich an der Opposition gegen den Golfkrieg beteiligt. Ich wußte, daß es in diesem Krieg wie in dem Krieg gegen Jugoslawien um die strategischen Interessen der westlichen Mächte ging und nicht um Saddam Hussein oder »das kleine Kuwait«. Als der Krieg zu Ende war, dachte ich: »Wir haben unser Bestes getan und haben keinen Erfolg gehabt. Jetzt wird der Wiederaufbau des Landes beginnen.«

Einige Monate später besuchte ich eine Pressekonferenz von Magne Raundalen, einem norwegischen Professor für Kinderpsychologie, und Eric Hoskins, einem kanadischen Experten für das öffentliche Gesundheitswesen, zur Traumatisierung von Kindern im Irak. Sie waren die ersten, die darüber berichteten, was im Irak tatsächlich vor sich ging.

Es wurde nichts getan, um dem Land zu helfen, und so fühlte ich mich verpflichtet, in den Irak zu fahren und mir die Lage selbst anzusehen. Eine Woche später war ich in Bagdad und was ich dort sah, schockierte mich. Der Irak war ein Land, das, wie der amerikanische Außenminister James Baker es angedroht hatte, buchstäblich in ein vorindustrielles Zeitalter zurückgeworfen worden war; ein Land, das in hohem Maße von moderner Technologie abhängig gewesen war, wurde dem völligen Niedergang überlassen. Das Einzigartige daran war die Tatsache, daß dies im Namen der Völker der Vereinten Nationen getan wurde. Es wird als eines der großen Verbrechen des Zwanzigsten Jahrhunderts in die Geschichte eingehen.

Dies war mein 18. Besuch im Irak seit dem Golfkrieg. Die letzten vier

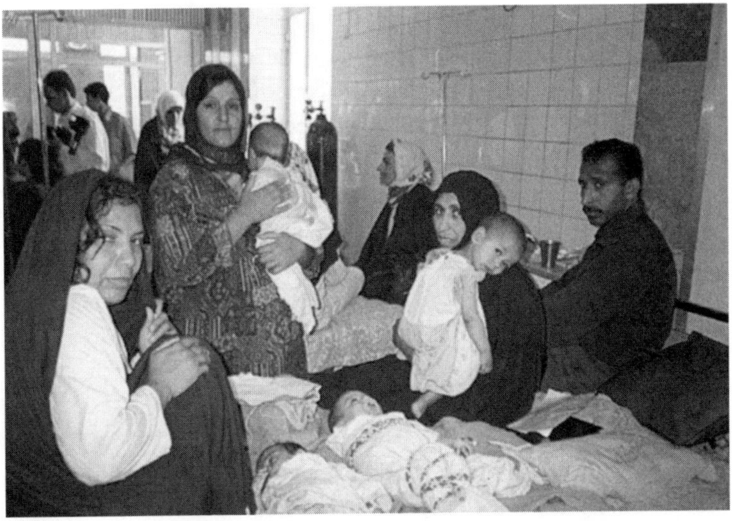

Notfallstation im Saddam-Kinderkrankenhaus, Bagdad. »Wir sahen ein modernes Krankenhaus ohne ausreichende Beleuchtung, funktionierende Aufzüge, Röntgenfilme, Narkose- oder Dialysegeräte.« (Foto: Sharon Ayling, Challenge to Genocide, IAC)

davon folgten sehr schnell aufeinander: nach meinen Reisen im letzten Oktober und im Januar/Februar besuchte ich das Land erneut Ende März und dann noch einmal im Mai.

Ich bin jedesmal von Neuem über den Niedergang des Landes erschrokken. Jedesmal gibt es neue grauenhafte Dinge. Im März war es die tägliche Bombardierung der Infrastruktur. Es gab praktisch keine Elektrizität mehr. Viele Leute können sich keine Kerzen leisten und verwenden behelfsmäßige Lampen. Sie stecken einen Lumpen in eine Flasche mit Öl, und solche Flaschen platzen dann häufig. Von daher stammende Verletzungen haben rasend zugenommen. Die Verbrennungen sind furchtbar, und es gibt keine Möglichkeit, sie zu behandeln, nicht einmal Haftfilm als Notmaßnahme zur Schließung der Wunden. Es gibt keine Schmerzmittel. Es gibt keine plastische Chirurgie.

Dann bemerkte ich noch zwei andere Dinge. Wie bei jedem anderen Embargo der Geschichte gab es ein gewisses Maß an Kriegsgewinnlerei mit

Geldgeschäften. Es gibt einen kleinen Teil der Bevölkerung an der Spitze des Regimes, der Familienangehörige im Ausland hat, die Dollars schicken. Neue Restaurants werden gegründet. Man kann Sonnenbrillen von Christian Dior und überhaupt absolut alles bekommen. Aber für 98 Prozent der Bevölkerung gibt es nicht einmal die Möglichkeit, Verbrennungen zu sterilisieren.

Der Irak befindet sich jetzt mehr oder weniger seit 20 Jahren im Krieg, nämlich seit Beginn des Iran-Irak-Krieges. Er ist ein Land, das seit zehn Jahren hungert. Die Ärzte sagen, daß immer mehr Menschen sterben, besonders junge Männer im Alter zwischen 30 und 35. Das sind die jungen Männer, die ihre gesamte Zeit als Erwachsene unter dem Embargo erlebt haben. Jetzt sehen sie die Mitte des Lebens auf sich zukommen und sie geben einfach auf und sterben.

Bombardierung von Schafen und Hirten

Mosul befindet sich in der »Flugverbotszone«. Was für eine Fehlbenennung! Die Briten und die Amerikaner bombardieren dort an jedem einzelnen Tag des Jahres – abgesehen von einer zweiwöchigen Pause im März und einer Pause von 4 Tagen im Mai. An einem Tag letzte Woche wurden 100 Einsätze geflogen. Nachts kann man wegen des Lärms der Flugabwehrgeschütze nicht schlafen.

Ich war in die Gegend um Mosul gegangen, weil ich gehört hatte, daß dort Schafherden bombardiert würden. Freunde aus dem Nahen Osten hatten mir erzählt, daß das mittlerweile zu einer Art Zielübung für die Piloten geworden sei. Sie bombardieren auch Basra, aber in Basra war ich im März. Mosul beherbergt die größte Zahl an Christen im Irak. Es gibt dort christliche Klöster und wunderbare Gebäude, die bis auf die Zeit von Petra zurückgehen. Ich machte mich auf, um die Schafherden zu suchen, und fand mitten in der Ebene in einer gottverlassenen Gegend eine solche Herde, die am 13. April bombardiert worden war.

Wir gingen mit in das Dorf, wo die Familie der Schäfer wohnte. Ein winzig kleines ländliches Dorf von Christen und Muslimen, in dem es keine Ölinstallationen und kein Militär gab. Die Häuser waren wie die Lehmhäuser in Arizona gebaut. Diese Menschen hatten seit Jahrhunderten in einer gemischten Gesellschaft von Christen und Muslimen zusammengelebt.

Das Bombardement fand an einem Freitag (dem muslimischen Sonntag) statt, einem Tag, an dem es sehr heiß war. Die Herde umfaßte 105 Schafe und Böcke. Ungefähr 50 Leute waren mit den Schäfern in die Ebene hinab gestiegen. Am frühen Morgen, bevor es heiß wurde, feierten sie eine Art Sonntagszeremonie, bei der es zu Essen und zu Trinken gab. Dann gingen die Dörfler allmählich wieder nach Hause, während die sechsköpfige Schäferfamilie zurückblieb: der 60jährige Großvater, der 37jährige Sohn, und die vier Kinder, darunter als jüngstes ein sechsjähriger Junge.

Während die Dörfler fortgingen, hörten sie ein Flugzeug in der Luft kreisen. Es kreiste dort ungefähr drei Stunden lang, und die Dörfler lauschten aufmerksam, weil die Gegend schon so oft bombardiert worden war. Dann hörten sie das Bombardement und rannten hin, um zu sehen, ob jemand Hilfe brauche. Sie suchten den ganzen Tag lang, und bis Einbruch der Nacht konnten sie lediglich genügend Reste von der Familie finden, um sie in zwei - statt sechs - Gräbern zu bestatten. Sie konnten den Torso des alten Mannes identifizieren, und das war alles, was sie fanden. Sein Kopf, seine Arme, seine Beine waren abgerissen worden.

Der sechsjährige Junge, Soultan, hatte gerade die zweite Klasse in der Schule beendet. Er hatte sehr gute Noten gehabt und war auch sehr stolz darauf gewesen. Im Irak herrscht immer noch eine unglaubliche Begeisterung und Leidenschaft für Kultur und Bildung. Er hatte einen Kugelschreiber (von den UN mit Embargo belegt) und ein Stück Papier (ebenfalls mit Embargo belegt) mit sich hinunter ins Feld zu den Schafen genommen, um Schreiben und Rechnen zu üben. Die Dorfbewohner konnten nicht den kleinsten Fetzen mehr von ihm finden. Einer seiner Verwandten sah mich an und griff nach meinem Notizbuch. Es war ein sehr persönlicher Augenblick - dieser Verwandte war fast so eine Art »Zeuge«. Er sagte: »Ich muß schreiben, nicht Sie. Ich muß ihre Namen in Ihr Buch schreiben.« Seine Hand zitterte, und die Tränen standen ihm im Gesicht. Als er den Namen des kleinen Jungen hinschrieb, fragte er: »Was wollen die denn von uns? Er hatte doch nichts als seinen Kuli. Ist es das, was sie wollen?«

Dieses Gebiet liegt in der Mitte einer großen, von Bergen umgebenen Ebene, in deren Nähe es ein kleines Dorf gibt. Die Schafe müssen dort klar und deutlich zu sehen gewesen sein. Die Familie hatte einen roten Traktor und einen zerbeulten weißen Toyota-Kleinlaster dabei, auf dem ein Wasserfaß für die Schafe war. All das muß sehr deutlich sichtbar gewesen sein.

Ich sprach mit einem Dominikanerpriester, der aus dem Libanon stammte. Er war 60 Jahre alt und sehr akademisch und gemäßigt, aber nichtsdestoweniger schäumte er vor Wut. Er sagte mir, die Iraker seien ein sehr moralisches Volk undjetzt seien ihnen nur noch ihr Anstand und ihre Würde geblieben. Er sagte: »Kurz bevor Sie kamen, wurden 24 Menschen in einem christlichen Dorf, einer kleinen ländlichen Gemeinschaft, die ausschließlich vom Land lebte, von einer amerikanischen Bombe getötet. Es sind Amerikaner und Briten, die das machen.«

Das hörte ich immer wieder. »Die Flugzeuge fliegen meistens von den türkischen Stützpunkten los«, fuhr mein Gesprächspartner fort. »In den westlichen Medien lesen wir immer, hier würden legitime Ziele - wie Radarstationen zur Observierung - bombardiert. Warum sagen sie nicht, daß sie einfach um des Bombardierens willen bombardieren, wo das doch deutlich zu sehen ist? Jeden Tag verlieren Mütter ihre Kinder, Kinder verlieren ihre Mütter und Väter, Brüder verlieren ihre Schwestern und Schwestern ihre Brüder. Das ist der Preis der Bombardierungen«

Er machte auf einen interessanten Punkt aufmerksam, über den weder das [britische] Verteidigungsministerium noch die Amerikaner reden wollen. Er sagte, »Sie bombardieren aus einer Höhe von fünfzehn Kilometern, aber unsere Luftabwehrkanonen haben nur eine Reichweite von fünf Kilometern. Wie können wir sie da bedrohen?

Ich rief beim Verteidigungsministerium an und sagte: »Ich bin gerade aus dem Irak zurückgekommen und habe dort Beweise dafür gesehen, daß Sie Schafe bombardieren. Möchten Sie dazu einen Kommentar abgeben?« Der Sprecher des Ministeriums antwortete: »Wir behalten uns das Recht auf robuste Aktionen vor, wann immer wir bedroht werden.« Ich fragte: »gegen Schafe?« Dann gab ich auf und legte den Hörer auf.

Eine weitere Frage, die gestellt werden muß, ist die, ob im Irak weiterhin Bomben mit abgereichertem Uran eingesetzt werden. Ich sah mich am Bombardierungsort um, aber ich fand nicht viele Teile des Traktors und gar keine der Bombe. Die Verwandten erzählten mir, die Behörden hätte die Bombentrümmer mitgenommen. Sie meinten, es habe sich um eine 500-Pfund-Bombe gehandelt, und der Krater schien dies zu bestätigen. Aber ich konnte keine Aussage darüber erhalten, um was für einen Bombentyp es sich gehandelt hatte. Der oberste Sprecher des irakischen Verteidigungsministeriums sagte:

»Wir geben überhaupt keine Informationen über das Bombardement heraus, bevor wir nicht hundertprozentig sicher sind, weil alles, was wir sagen, von der westlichen Presse und den Vereinten Nationen dementiert wird«. Meiner Erfahrung nach ist das vollkommen richtig. [...][1]

»Zum Schutz der Bevölkerung« (Tony Blair)

Seit dieser Zeit hat es eine Spulwurmepidemie und die Maul- und Klauenseuche gegeben, die normalerweise in diesem Land nicht vorkommen. Inzwischen gibt es auch Berichte über Heuschrecken, die es dort sonst ebenfalls nicht gibt. Es ist schwer herauszufinden, was dort vor sich geht, aber soviel ist sicher, daß es in der Landwirtschaft quer durch Flora und Fauna alle möglichen Krankheiten gibt, die im Irak zuvor gänzlich unbekannt waren.

Im gesamten Gebiet, das bombardiert wurde, gibt es Klöster, die bis auf die Zeit kurz nach Christi Geburt zurückgehen. Es gibt dort ein Dominikanerkloster, von dem behauptet wird, der Evangelist Matthäus sei dort begraben. Auf der anderen Seite des Tals steht eine Moschee, die nach Jonas benannt ist, der ebenfalls dort angeblich begraben ist. Wir besuchten dieses wundervolle christliche Kloster auf der Spitze eines Berges, und ich sprach mit einem der Priester. Er war blind. Er erzählte mir, Sankt Matthäus verfüge über Heilkräfte, und Menschen aller Gruppenzugehörigkeiten und Religionen kämen aus dem gesamten Irak zu dieser uralten kleinen Kapelle, um geheilt zu werden.

Während wir dort waren, kam eine Ambulanz angefahren. Davon gibt es nicht viele, also muß es sich um eine ziemlich reiche Familie gehandelt haben. Im Innern des Wagens befand sich eine Frau, die schon seit acht Monaten im Koma lag. Bei ihr war etwas mit einem Narkosemittel schiefgegangen, das sie erhalten hatte. Es gibt alle möglichen Probleme mit derartigen Medikamenten. Die Frau war Muslimin, und ihr Vater war Chirurg im selben Hospital, in dem sie versorgt worden war. Jetzt kamen sie hierher, um von einem christlichen Heiligen geheilt zu werden, während wir nur ein kleines Stück weiter im Tal Dörfler und ihre Schafherden bombardierten.

Am 18. Mai 1999 fragte der Parlamentsabgeordnete Tom Dalyel Premier Tony Blair, weshalb das Bombardement immer noch fortgesetzt werde. Blair antwortete, und ich zitiere: »Wir tun dies zum Schutz der Bevölkerung des

Irak.« Als ich das dem Dominikanerpater erzählte, antwortete er: »So sprechen sie im britischen Parlament? Das sagen sie in der Mutter aller Parlamente?«

Gleichzeitig ist das Bombardement seit der »Einstellung der Feindseligkeiten« im Dezember 1998 ununterbrochen weitergegangen und hält bis heute an. Wir haben die gesamte Infrastruktur zerstört. Und jetzt erheben unsere Abgeordneten in Parlament und Senat ihre Stimme und geben dem Irak die Schuld daran, daß er die Güter nicht verteilen kann. Hier wird in derartigen Dimensionen ein doppelter Maßstab angelegt, daß es kaum noch nachzuvollziehen ist.

Ich lief durch die Abteilungen der Krankenhäuser in Bagdad und Mosul und sah all die Kinder, die hätten gerettet werden können, aber wegen der fehlenden Chemotherapie im Sterben lagen. Ich unterhielt mich mit den Ärzten, die dazu ausgebildet waren, Leute gesund zu machen. Wenn sie alles, was in ihrer Macht stand, getan hatten und ein Kind dann dennoch starb, war das immer furchtbar. Aber hier hatten sie nicht einmal die notwendigen Instrumente für ihre Tätigkeit. »Ich fragte sie: »Wie fühlen Sie sich damit? Wie werden Sie damit fertig? Wie kommt es überhaupt, daß Sie hier sind?« Ich stieß jedesmal auf dieselbe Reaktion. Sie fingen beinahe zu weinen an und sagten: »Sie sind die erste, die mich das überhaupt fragt. Alle richten ihre Hoffnungen auf mich. Wie ich damit fertig werde?«

Übersetzung: Teil I World Socialist Web, Teil II Michael Schiffmann

Anmerkungen

* Aus zwei Interviews mit Barbara Slaughter von der World Socialist Website (WSWS) am 21. April 1999 und 5. Juli 1999 über die Situation im Irak, wo Felicity Arbuthnot seit Ende des Golfkrieges nicht weniger als siebzehn Mal gewesen ist. (www.wsws.org)

1 Ausgelassen ist hier ein Teil, der sich mit dem Einsatz von DU-Munition im Irak auseinandersetzt. Zu diesem Thema siehe den Beitrag der Autorin »Vergiftetes Erbe« in diesem Band.

Karijn Kakebeeke und Daniel Rosenthal (Fotos)

»Jeden Tag beten wir, daß die Kinder nur gesund bleiben«

Eine Reise nach Bagdad, Basra und Mosul

Die lange Straßenstrecke von Amman nach Bagdad verliert sich in monotoner, unfruchtbarer Landschaft. Gleich nach der Hauptstadtgrenze wird die staubige Luft zu einem dichten Teppich, der sich bis zum Horizont erstreckt. Auf der einzigen Straße, die in ein vor der Welt verborgenes Gebiet führt, betritt man ein Niemandsland aus Sand und Staub.

Im heutigen Bagdad spiegeln sich die romantischen Bilder von Ali Baba und den 40 Räubern kaum mehr wider. Der Name des Ortes mag vielleicht manch lebhafte Vorstellung wecken: goldene Minarette, bevölkerte Bazare, auf denen märchenhafte Handelsware vertrieben wird, Männer, die an ihren Wasserpfeifen ziehend in Teehäusern sitzen ... Das gegenwärtige städtische Alltagsleben im Irak besitzt indes keinerlei exotische Züge mehr.

Der Tigris durchzieht die Hauptstadt. Die Ufer des großen Flusses sind bedeckt mit Metallabfällen, kaputten und abgenutzten Haushaltsgegenständen und verrottendem Gemüse. Direkt neben einem Zufluss, über den ungereinigtes Abwasser in den Fluß gelangt, versuchen Männer ein paar Fische zu fangen, die von den Abfallstoffen angelockt werden. Ein Stückchen weiter entlang des Flusses suchen Männer und kleine Jungen tatsächlich nach Gold. Nachdem der irakische Dinar 98 Prozent seines Wertes verloren hatte, waren viele reiche Iraker gezwungen, ihren Schmuck einzuschmelzen. Man hofft, im Sand noch Reste zu finden. »Nach zehn Jahren ist es nun fast vorbei«, bemerkt einer, schwach lächelnd.

Nach Inkrafttreten der Sanktionen begann die irakische Regierung, Pakete mit den notwendigsten Lebensmitteln an die Bevölkerung zu verteilen. Aufgrund der steigenden Inflation und der damit schwindenden Kaufkraft, waren die Lebensmittelpakete die Rettung für die Masse der Bevölkerung, heißt es im Büro der UN-Organisation für Nahrungsmittel und Landwirtschaft (FAO) in Bagdad. Das Embargo führte zur Schließung vieler Unternehmen und Fabriken und somit zu großer Arbeitslosigkeit. Nur Regierungsangestellte behielten ihre Arbeit, wobei sie aufgrund der Unterbezahlung gezwungen sind, nach Feierabend einer Nebentätigkeit nachzugehen. Für einen Piloten, dessen Einkommen einst 1000 Dollar betrug, gibt es nun keine Fluggesellschaft mehr, die ihn anstellen könnte. Er verkauft jetzt Schuhe. Ihm bleiben 3,50 Dollar im Monat. Ein Maschinenbauunternehmer verdient sich nun als Taxifahrer mühsam seinen Lebensunterhalt. Aus Mathematiklehrern wurden Zigarettenverkäufer, Schauspieler und Geldwechsler. Viele Hochqualifizierte haben das Land verlassen.

Nach zehn Jahren scheint die Stimmung der Bevölkerung stoisch, manchmal gar gleichgültig, als ob man Besseres zu tun hätte, als wieder einmal auf eine rosigere Zukunft zu hoffen. Die Politik der Weltmächte läßt ihnen keine Wahl. Immer wieder hören wir, wie sich das Leben und die Menschen im Laufe der letzten Jahre veränderten. So gibt es mehr Aggression und Ärger, Familienkonflikte, Scheidungen und Polygamie, Kriminalität und Prostitution nehmen weiter zu. »In diesem Dschungel wirst du aufgefressen,« erklärt uns ein Mann, »wenn du nicht zuerst zubeißt«.

»Meine Nachbarin war eine äußerst arme Witwe,« sagt eine Frau. »Eines Tages schloß sie sich mit ihren drei Kindern in ihrem Haus ein. Sie wartete dort auf den Tod. Sie sah einfach keinen Ausweg mehr. Vier Tage später wurde die Tür aufgebrochen . Die Mutter und zwei der Kinder waren nicht mehr am Leben.«

Inzwischen sind die Menschen bereit, jede Arbeit gegen einen Hungerlohn zu verrichten. Man versucht zu verkaufen, was noch einen Dinar bringt. Al-Wakfes, Flohmärkte, sprießen in jeder irakischen Stadt aus dem Boden. Jeden Freitag kommen im Morgengrauen die Menschen zusammen und versuchen, entbehrliches Hab und Gut sowie Gesammeltes und Vergessenes aus Zeiten des Wohlstandes zu verkaufen. Dosenöffner, Vorhangschienen, Ventilatorflügel, Haarbürsten, Teelöffel und sogar Küchentüren werden für umgerechnet ein paar Pfennige feilgeboten. Diejenigen, die noch etwas mehr haben, versuchen ihr Glück in Auktionshäusern, die bereits gefüllt sind mit lackierten Beistelltischchen, glänzenden Fernsehgeräten und pompösen Kerzenständern.

Die Zerstörungen des Krieges legten die irakische Infrastruktur in Schutt und Asche. Obwohl alle Brücken repariert wurden, ist das meiste nach wie vor in schrecklichem Zustand. Aufgrund der täglichen Stromsperren sitzen die Photographen in Bagdads Sadoun-Straße gelangweilt im Dunkeln, die Telefonleitungen sind instabil und nach zehn Jahren Isolation hat in Bagdad vom Worldwideweb kaum einer gehört. Durch das zerstörte Abwassersystem ist die Trinkwasserversorgung problematisch geworden, Krankheiten wie Typhus und Polio breiten sich wieder aus. Während der wirtschaftlichen Blütezeit des Irak waren diese Seuchen ausgerottet worden. Abgefülltes und sauberes Wasser kann sich kaum einer leisten, und so leiden viele Kinder an Diarrhöe.

In den Krankenhäusern ist die Krise am stärksten zu spüren. Die Korridore sind überfüllt mit Frauen, deren Gesichter von großer Qual gezeichnet sind. »Jeden Tag beten wir, daß die Kinder nur gesund bleiben«, erzählt uns eine Mutter. Einst war das irakische Gesundheitssystem das beste der Region. Jeder Bürger konnte eine kostenfreie medizinische Versorgung in Anspruch nehmen. Jetzt sind die Wände in den Hospitälern von Rissen gezeichnet, die veralteten Geräte, der Staub und die leeren Schränke wirken wenig Vertrauen erweckend. In manchen Krankenhäusern können selbst Decken, Seife und Ventilatoren nicht zur Verfügung gestellt werden und die Kranken müssen sich selbst damit versorgen. Im Ibn-Al-Balledi-Krankenhaus in Saddam-Stadt, einem armen Bezirk Bagdads, teilen sich zwei Säuglinge ein Bett. Angesichts der steigenden Zahl fehlernährter Kinder, die eingeliefert werden, herrscht Platzmangel auf der Kinderstation. »Das Phänomen der Unterernährung kannten wir nur aus dem Fernsehen und aus Lehrbüchern«, berichtet Dr. Ali Hassan Al-Jumaily.

Dr. Janan Ghalib Hassan sitzt in ihrem Büro des Eben Gaswan Krankenhauses in Basra und blättert in ihrem Notizbuch, in dem die zuletzt gemeldeten Fälle verzeichnet sind. Ihre Stimme klingt mechanisch und gefühllos: »Tot.«

»Tot.«

»Lebt noch, die Eltern bekamen Medikamente von draußen.«

»Tot, aus einer sehr armen Familie stammend.«

»Tot.«

»Lebt noch, die Eltern bekamen Medikamente aus Jordanien.«

»Lebt noch, sehr reiche Eltern brachten das Baby zur Behandlung nach Saudi Arabien.«

Beisetzung eines Kindes – Mutter auf dem Friedhof von Basra

Behandlung eines kleinen Jungen im Saddam-Kinderkrankenhaus in Kerbala

Krebsstation des Al-Mansour-Kinderkrankenhauses – bei dem Jungen wurde kurz zuvor Leukämie diagnostiziert

Eine Mutter mit ihrem kranken Kind in der Onkologie-Abteilung des Eben-Gaswan-Krankenhauses in Basra

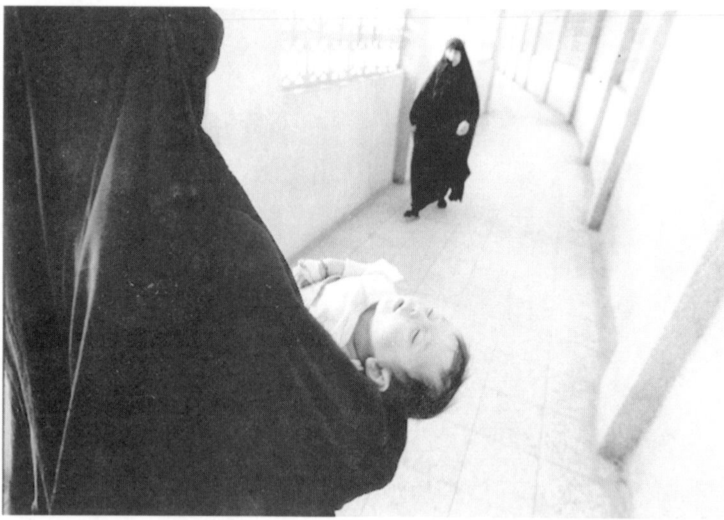

Eine Mutter trägt ihr Kind auf dem Weg zur Untersuchung im Eben-Gaswan-Krankenhaus in Basra

Eine Mutter beklagt den Tod ihres Kindes in Basra

Wie hier in Bagdad sprießen überall spezielle Marktplätze aus dem Boden, wo man Dollars in irakische Dinar tauschen kann

Rasheed-Straße – Unterwegs in einer der ältesten Straßen von Bagdad

In jeder irakischen Stadt gibt es die verschiedensten Märkte zum Kauf und Verkauf gebrauchter Waren. Hier der Elektronikmarkt in Bagdad

Am Vogelmarkt von Bagdad

Auch Anlagen zur Aufbereitung und Klärung von Trinkwasser wurden bei den Bombardierungen 1991 zerstört – Angler neben einer Abwassereinleitung in den Tigris

Ausgabe der monatlichen Lebensmittelration in Basra

In den irakischen Schulen - hier in der Thourat Al-Ashreen-Grundschule in Bagdad - mangelt es an allem, selbst an Tischen und Stühlen

Kinderarbeit - bis 1990 arbeiteten Immigranten in den Ziegelfabriken von Al-Amarah. Jetzt müssen irakische Kinder mithelfen, das Einkommen ihrer Familien zu verbessern

»Ausländer sind hier!« Hunderte Kinder versammeln sich vor der Al-Ashreen-Grundschule in Bagdad, um einen Blick auf die Fremden zu erhaschen

»Tot.«

»Tot.«

»Tot ... Wir verlieren die meisten Fälle,« schließt sie.

Sie erzählt von Leukämie und anderen bösartigen Krankheiten, deren Vorkommen in diesem Krankenhaus seit 1990 um 100 Prozent angestiegen ist. Sie zeigt uns ein zweites Notizbuch, eine Photodokumentation mißgebildeter Säuglinge. »Sehen Sie,« sagt sie, »die meisten von ihnen haben keine Augen, keine Münder, fehlende Gliedmaßen – völlig abnormal«. Beide Symptome werden mit dem vom Krieg übrig gebliebenen Giftmüll in Verbindung gebracht. Im Gegensatz zu Kuwait ist es Irak nicht möglich, die Schlachtfelder von dem abgereicherten Uran, das Amerikaner und Briten vor zehn Jahren verschossen hatten, zu reinigen.

»Das größte Problem sind die Unregelmäßigkeit und das Ausbleiben von Medikamentenlieferungen,« sagt Dr. Selma Haddad, Leiterin der Abteilung für Onkologie im Al-Mansour-Kinderkrankenhaus in Bagdad. »Antibiotika haben wir immer nur für einige Tage und dann plötzlich nicht mehr. So kommt es ständig zu Unterbrechungen in einer Behandlung und wir können den Patienten nur die halbe Dosis dessen geben, was sie eigentlich brauchen, denn ausreichend ausgestattet sind wir nie.« Da sie den Zyklus einer Chemotherapie meist nicht beenden können, erleben die meisten Krebspatienten schwere Rückfälle und die Verschlimmerung ihrer Krankheit. Morphine, die das Elend erleichtern könnten, gibt es seit Jahren nicht mehr.

In vielen Krankenhäusern herrscht großer Personalmangel. Die Krankenschwestern sind weggegangen, um woanders mehr Geld zu verdienen. So bleiben die Mütter bei ihren Kindern, um die Lücke vor allem in den ersten Monaten der Behandlung zu schließen. Auch der 15-jährige Leukämiepatient Ali wird von seiner Mutter betreut. Die nötige Knochenmarktransplantation ist ohne adäquate Ausrüstung nicht durchführbar. Seine Eltern reisten 250 Kilometer, um ihn zu diesem speziellen Krankenhaus zu bringen. Während die älteste Tochter die anderen Kinder betreut, bleibt die Mutter bei Ali.

Sein Vater verbringt die Nächte im Garten des Krankenhauses, da er nicht in der Lage ist, finanziell für eine Unterkunft in Bagdad aufzukommen. Die Mutter des Säuglings, der während unseres Besuchs in dem Krankenhaus an Typhus starb, konnte für das Kind nicht die Beerdigungskosten in Höhe von

5000 Dinar aufbringen. Nur ein durchbrochener Stein auf einem Sandhaufen weist nun auf die Grabstätte hin.

Im Zuge der immer gravierender werdenden wirtschaftlichen Situation, in der sich die meisten Familien befinden, gehen viele Kinder nicht mehr zur Schule. »Die schulische Bildung und Erziehung steckt in einer Krise und der Schaden hat bereits irreversible Ausmaße angenommen,« sagt uns UNICEF-Sprecher Tim Sutton. Dem Kinderhilfswerk der Vereinten Nationen zufolge fehlt mittlerweile in fast der Hälfte aller irakischen Schulen die grundlegende Infrastruktur, um den Unterricht zu ermöglichen. In der Bagdader Grundschule Thourat Al-Ashreen haben die Fenster keine Scheiben mehr. Es gibt keinen Strom und auf der einzigen Toilette kein fließendes Wasser. Die Decken sind undicht. Schulleiter Kerim Kata Half kann einige der Klassenzimmer für den Unterricht nicht mehr freigeben. Viele Schulen arbeiten aufgrund des Platzmangels in drei oder vier Schichten. Dennoch sitzen 60 Schüler nun auf überlasteten, kaputten Bänken. »Die meisten Kinder lernen nicht mehr so leicht und unbeschwert wie früher«, berichtet ein Lehrer, »und einige fallen gar in Ohnmacht vor Hunger«.

In Basra, der zweitgrößten Stadt Iraks, ist die Vielzahl der Probleme, mit denen das Land konfrontiert ist, am offensichtlichsten. Hier im Süden des Landes fanden die schwersten Bombardements zweier Kriege statt und die Zuteilung von Hilfsmitteln und -gütern ist landesweit am unzureichendsten. In der Einfahrt zur Stadt steht eine Reihe unfertiger Turmskelette, die an eine kindliche Bauklotzkonstruktion erinnern und Wohnblocks beherbergen. In den Wohnungen leben zwangsumgesiedelte Menschen, die ihre Häuser in einem der Kriege verloren haben. Die Fensterlöcher der Blocks sind zum Schutz vor der Winterkälte mit gelben Backsteinen ausgefüllt worden.

Kahles, weitläufiges Land umgibt die Türme. Aufgrund des fehlerhaften Kanalisationssystems ist es stets überschwemmt. Das stille grüne Wasser wirkt fluoreszierend. Ausgetretene Pfade aus Müll bilden brückenartige Übergänge von Ufer zu Ufer. Die Arbeit mancher Kinder ernährt deren gesamte Familie. Ein Junge verdient durch den Verkauf von Plastiktüten 500 Dinar am Tag und unterhält damit seine Mutter und Schwestern. Andere bestreiten ihr geringes Gehalt durch Schuheputzen, Müllsammeln beziehungsweise die Suche nach Wiederverwertbarem.

In diesem Teil des Landes ist der Krieg noch nicht vorüber. Fast täglich bombardieren britische und amerikanische Kampfflieger jene Zonen im Norden und Süden des Landes, in denen für irakische Maschinen offizielles Flugverbot herrscht. Schiiten und Kurden sollen dort vor irakischen Flugzeugattacken geschützt werden, heißt es dazu in Washington und London. Ein Taxifahrer wurde während unseres Aufenthaltes von einer Bombe getroffen. Er war als vereinzelter Zielpunkt auf der Autobahn von Mosul nach Bagdad unterwegs. Sein Tod wird wie viele andere solche Fälle von Amerikanern und Briten als »Kollateralschaden« bezeichnet.

Spät nachts werden wir in eine Teestube eingeladen. Wir sind seit zehn Jahren die ersten ausländischen Besucher. »Warum können die Amerikaner so frei leben wie sie wollen und meine Kinder nicht einmal essen, was sie möchten?«, fragt uns ein Mann. »Warum handelt Amerika auf solche Art und Weise? Warum?«

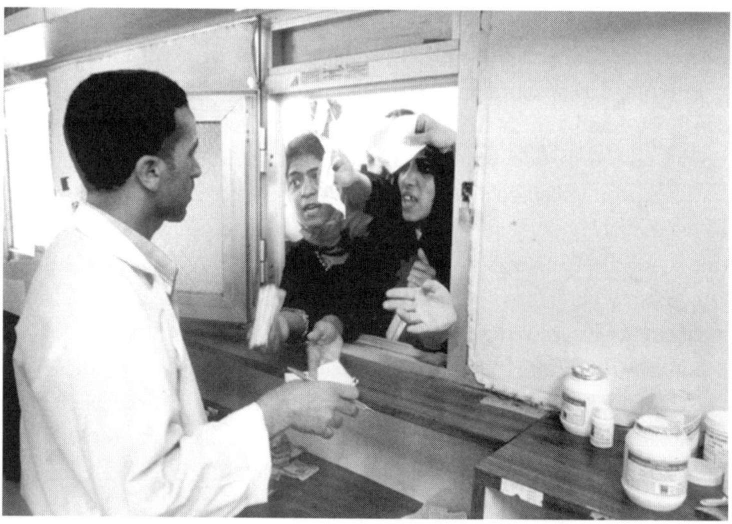

Medikamentenmangel allerorten – Andrang vor der Hausapotheke des Ibn Al-Balledi-Hospitals in Bagdad

IV.
Die UN, die Sanktionen und der Irak

Jutta Burghardt

Anspruch und Wirklichkeit

Die Grenzen des UN-Programms »Öl für Lebensmittel«

Das Embargo gegen den Irak hat den Charakter einer klassischen Blockade. Hierzu gehören außer den Handelssanktionen regelmäßige militärische Aktionen mit Bombardierungen von militärischen und zivilen Einrichtungen - wie zum Beispiel das viertägige Bombardement im Dezember 1998 oder die fast täglichen unilateral von den USA und Großbritannien festgelegten und aus Saudi-Arabien, Kuwait und der Türkei durchgeführten Kontrollflüge in den »no-fly«-Zonen über Nord- und Südirak zum »Schutz der kurdischen und schiitischen Bevölkerung«. Allerdings wird hier nicht eine mittelalterliche Festung mit einigen hundert Menschen belagert, sondern eine ganze Nation von inzwischen fast 25 Millionen Menschen.

Die Sanktionen enthalten dem Ölland Irak die notwendigen Mittel vor, seine Infrastruktur nach zwei Kriegen - dem achtjährigen Iran-Irak-Krieg und dem Golfkrieg, in dem das Land völlig verwüstet wurde - wieder aufzubauen sowie die sozialen Einrichtungen zu rehabilitieren und zu unterhalten. Kern der Sanktionskonstruktion ist: Die irakische Regierung soll keine Verfügung über ihre Einnahmen aus Ölverkäufen haben. Dies impliziert natürlich auch eine willkommene Umkehr der Verstaatlichung der irakischen Ölindustrie Anfang der 1970er Jahre.

Das Embargo, am 6. August 1990 erlassen durch die Sicherheitsratsresolution (SR) 661, sollte zunächst den Irak dazu bewegen, die Besetzung Kuwaits aufzugeben. Dies geschah -wie bekannt - auf andere Weise. Unmittelbar nach dem Golfkrieg wurden die Sanktionen dann in der SR 687 bestätigt, um das Land zur Beseitigung seiner Massenvernichtungswaffen zu zwingen. Dies ist offenbar zu einem großen Teil erledigt. Die SR 1284 vom 12. Dezember 1999 spricht jedoch nicht mehr von einer Aufhebung des Embargos, sondern lediglich von seiner Suspendierung und deren regelmäßiger Erneuerung in bestimmten Zeitintervallen, selbst bei voller Kooperation der irakischen Seite mit den Waffeninspekteuren (jetzt: UN Monitoring, Verification and Inspection Commission – UNMOVIC). Anläßlich der Verabschiedung von SR 1284 erklärten die USA, daß die irakische Regierung auch im Fall einer Suspendierung der Sanktionen nicht über die Einnahmen aus dem Verkauf des Rohöls verfügenkönne. Logische Folge dieser Position wäre die Ausweitung der UN-Aktivitäten im Irak, das heißt, eine weitere Einschränkung der Souveränität Bagdads, die durch Sanktionsregime und UN-Kontrolle über die Öleinnahmen faktisch bereits gegeben ist.

Die die Sanktionen konstituierende SR 661 sah lediglich die vollständige Unterbindung des Handels mit dem Irak vor. Dort ist weder die Rede von einem Flugembargo noch von der Unterbindung des wissenschaftlichen Austauschs; auch nicht vom Abbruch der diplomatischen Beziehungen und des Informationsaustauschs der Bevölkerung mit dem Rest der Welt.

Bereits unmittelbar nach dem Golfkrieg ließ der Generalsekretär der Vereinten Nationen zwei Berichte über die Lage im Irak erstellen, durch Marti Athissari und Sadruddin Aga Khan. Beide Berichte schildern die enormen Zerstörungen durch den Golfkrieg. Der Aga-Khan-Bericht thematisiert zum ersten Mal den Mechanismus, der in der »Oil-for-Food« genannten Operation angewandt wird: Die Zerstörungen der Infrastruktur im Irak seien derart verheerend und die Lage der irakischen Bevölkerung so dramatisch, daß Abhilfe durch Beiträge von Gebern nicht geschaffen werden könne; dies solle vielmehr durch irakische Ölverkäufe geschehen.

Das jetzt existierende humanitäre Programm der Vereinten Nationen soll der Grundversorgung der Bevölkerung sowie der Reparatur und Aufrechterhaltung wesentlicher Infrastruktureinrichtungen dienen. Seine Grundlage ist SR 986 vom 14. April 1995. Das eigentliche UN-Mandat ist jedoch im sogenannten Memorandum of Understanding (20. Mai 1996) zwischen dem UN-Sekretariat und der irakischen Regierung festgelegt, nämlich Beobachtung der gleichmäßigen und effizienten Verteilung der importierten Güter in Mittel- und Südirak sowie Tätigkeit der UN-Organisationen (WFP, FAO, UNICEF, WHO, UNESCO, UNDP, UNOPS und HABITAT, neuerdings auch ITU) für und anstelle der irakischen Regierung in den kurdischen Gebieten im Norden des Landes. Nach jeweils sechs Monaten wird die Laufzeit des humanitären Programms durch eine technische Resolution verlängert. Seit 6. Dezember 2000 ist Phase IX in Kraft. Der Irak muß dieser beitreten und unterbreitet den Vereinten Nationen daraufhin einen Verteilungsplan mit umfangreichen Anhängen zur Verwendung der erwarteten Öleinnahmen in den Bereichen Nahrungsmittel, medizinische Versorgung, Elektrizität, Landwirtschaft, landwirtschaftliche Bewässerung, Wasserversorgung und -entsorgung, Primar- und Sekundarschulbildung, Kommunikation und Transport, Unterhalt und Rehabilitation der Ölförderung und, seit Mitte des Jahres 2000, auch für Wohnungsbau. Allein das Nahrungsmittelbudget betrug zu meiner Zeit im Irak (Januar 1999 bis Ende März 2000) rund zwei Milliarden US-Dollar pro Jahr.

Der Generalsekretär legt dem Sicherheitsrat den irakischen Verteilungsplan vor, nachdem dieser vom humanitären Team nach Verhandlungen mit den irakischen Ressorts mit einem Kommentar versehen wurde. Dieser Vorgang ist relativ unverbindlich, da sich das Sanktionskomitee vorbehält - es ist in seiner Zusammensetzung identisch mit der jeweiligen Zusammensetzung des UN-Sicherheitsrats -, alle Kaufverträge einzeln zu genehmigen, wie überhaupt sämtliche Ein- und Ausfuhren des Irak von diesem Komitee ge-

Abwässer stehen in den Straßen von Basra (Foto: Challenge to Genocide, IAC)

nehmigt werden müssen. SR 1284 hat dieses Verfahren etwas vereinfacht, indem Verträge über die Lieferung humanitärer Güter im engeren Sinne (also Nahrungsmittel und Medikamente, inzwischen auch Einfuhren für die Wasserversorgung) vom Sanktionskomitee nicht mehr im Einzelnen genehmigt werden müssen. Ausgenommen von dieser en-bloc Genehmigung bleiben natürlich weiterhin die humanitäre Operationen unterstützenden Lieferungen wie Fahrzeuge oder Labormaterialien z. B. für Nahrungsmitteltests. Sie gelten als Dual-Use-Güter und werden häufig zunächst einmal blockiert, wenn sie überhaupt genehmigt werden.

Die Gelder aus den Ölverkäufen müssen auf ein Konto (Escrow Account) bei der Banque Nationale de Paris in New York eingezahlt werden. Derzeit liegen dort elf Milliarden US-Dollar. So fällt es dem Irak leicht, seine Öllieferungen vorübergehend einzustellen, wie er das jetzt getan hat, um eine Sonderzahlung der Ölkäufer auf ein von Irak kontrolliertes Konto zu erzwingen.

Das UN-Konto hat folgende Segmente:

- 13 Prozent für die kurdischen Gebiete in Nordirak entsprechend ihrem Bevölkerungsanteil. Von den verbleibenden 87 Prozent dürfen von der irakischen Regierung nur
- 53 Prozent für die humanitäre Versorgung von Mittel- und Südirak in Anspruch genommen werden.
- 30 Prozent werden für Golfkriegsreparationen (seit Dezember 2000 nur noch 25 Prozent) und die Tätigkeit der UN Compensation Commission (UNCC),
- 2,2 Prozent für die Präsenz des humanitären Programms der UN und
- 0,8 Prozent für die Tätigkeit von UNSCOM/UNMOVIC verwendet.

Die restlichen Mittel werden für kleinere Ausgaben wie z.B. Pipeline-Gebühren verwandt.

Das humanitäre Programm stellt eine Ausnahme zu den rigiden Embargovorschriften von SR 661 dar, ist unter Kapitel VII der Charta der Vereinten Nationen erlassen und folglich Teil des Sanktionsregimes. Es war als eine vorübergehende Maßnahme gedacht, und ist daher als kurzatmiges Versorgungsprogramm ausgelegt. Der Irak interpretiert es als ein Mittel, die Sanktionen ad infinitum fortzuführen. Die internationale Gebergemeinschaft hat sich, unter dem Eindruck, daß das humanitäre Programm die Grundversorgung der irakischen Bevölkerung sicherstellen werde, nach dessen Einführung weitgehend zurückgezogen. Sie täuscht sich jedoch. Das humanitäre Programm ist sachlich ausgehöhlt und dient der Verschleierung der wirklichen Auswirkungen der Sanktionen. Irak hatte Ende September 2000 (Stichtag 21.09.2000) nur 48 Prozent der seit Phase I, also seit vier Jahren, bestellten Lieferungen erhalten. Da Mittel- und Südirak ohnehin nur über 53 Prozent der Öleinnahmen verfügen dürfen, die Lieferzeiten wegen der komplizierten und langwierigen Genehmigungs- und Bereitstellungsverfahren für die finanziellen Mittel außerordentlich lang sind und eine enorme Zahl von Verträgen blockiert ist, sind von insgesamt 34 Milliarden US-Dollar Öleinnahmen in den Händen der Iraker derzeit lediglich rund 25 Prozent (rund acht Milliarden US-Dollar). Die eingetroffenen Güter sind zudem teils unbrauchbar, weil Komponenten fehlen oder nicht zeitgerecht eintreffen (wie im Agrarsektor) oder weil die gelieferte Qualität nicht den vertraglich vereinbarten Anforderungen entspricht. Letzteres ist oft auch bei den Nahrungsmittellieferungen der Fall. Besonders niedrige Lieferungsraten haben neben dem für das humanitäre Programm zentral wichtigen Ölsektor (mit nur 18 Prozent) die Sektoren Kommunikation und Transport (nur 3,7 Prozent aller Bestellungen, bis März 2000 war in dreieinhalb Jahren überhaupt nichts eingetroffen), Hochschulbildung (7,2 Prozent - von 222,7 Millionen US-Dollar Bestellungen sind nur Güter im Wert von 16 Millionen US-Dollar eingetroffen), landwirtschaftliche Bewässerung (fünf Prozent), Wasserversorgung und -entsorgung (13 Prozent), Grund- und Oberschulen (14 Prozent) und Elektrizität (22 Prozent).

Trotz Beschleunigung des Genehmigungsverfahrens für die humanitären Güter im engeren Sinn seit Erlaß von SR 1284 hat sich die Zahl der blockierten Verträge stark erhöht - zwischen 1.000 und 1.200 Stück zu Anfang des Jahres 2000 auf rund 2.000 im September 2000. Ihr Finanzvolumen hat sich seit Jahresanfang mehr als verdoppelt, nämlich von rund einer Milliarde auf 2,3 Milliarden US-Dollar. Verträge werden im Sanktionskomitee nur von den USA und zu einem geringen Teil von Großbritannien blockiert.

Grob umgerechnet auf eine Bevölkerung von 20 Millionen (in Mittel- und Südirak) ergibt sich für die im Rahmen des humanitären Programms über vier Jahre erhaltenen Güter eine Investition von 100 Dollar pro Person und Jahr. Dabei entfallen etwa 75 Dollar bereits auf den erfahrungsgemäß bei Notversorgungsmaßnahmen immer teuersten Posten, nämlich die Nahrungsmittelgrundversorgung (bei einem Durchschnittswert von sechs Dollar pro Ration/Monat). Die restlichen 25 Dollar bestreiten die übrigen Käufe und Investitionen, das heißt, Medizin, Bildung, Elektrizitätsversorgung, Wasserversorgung und Transport.

Die Regierungstätigkeit im Irak unterliegt immensen Einschränkungen: massenhafte Personalentlassungen, Unterbezahlung der Mitarbeiter, wenig Möglichkeiten zu Außenkontakten zwecks Überprüfung von Lieferungen und Firmen, keine Erlaubnis des Sanktionskomitees, Vertragsstrafen zu verhängen oder sonstige Sicherheitsvorkehrungen, wie sie im regulären Geschäftsverkehr üblich sind, gegen unseriöse Geschäftspraktiken zu treffen - obwohl dies im Memorandum of Understanding garantiert ist. Dennoch führt das Bagdader Handelsministerium die Nahrungsmittelversorgung in Mittel- und Südirak, die wohl derzeit größte regelmäßige Versorgungsoperation auf diesem Globus, verantwortungsbewußt, vorbildlich und außerordentlich effizient durch. Jeder, der im Irak lebt, erhält jeden Monat pünktlich seinen Warenkorb.

Der Handelsminister muß häufig aus der strategischen Reserve des Irak, die sich vorwiegend aus der inländischen Nahrungsmittelproduktion zusammensetzt, Produkte für das humanitäre Programm verfügbar machen, um den monatlichen Warenkorb für jeden Iraker zusammenzustellen. Da die Regierung wegen der komplizierten und langwierigen Verfahrenswege des Sanktionsregimes keine Kontrolle darüber hat, zu welchem Zeitpunkt die bestellten Nahrungsmittel eintreffen, können diese Volumina erheblich sein. Diese werden durch die Einfuhren des humanitären Programms erstattet. Übrigens werden sämtliche Güter des humanitären Programms eingeführt, auch wenn sie im Lande produziert werden. Dies ist wirtschaftlich schädlich, deshalb sieht SR 1284, an deren Umsetzung der Irak sich allerdings nicht beteiligt, auch die Möglichkeit des lokalen Aufkaufs von humanitären Gütern vor.

Im Januar 2000 hatte die irakische Regierung über mehrere Monate hinweg insgesamt 600.000 Tonnen Weizen in die humanitäre Operation eingebracht und vermutlich den größten Teil ihrer Weizenreserve aufgebraucht. Gleichzeitig zeichnete sich ab, daß ich die lokale Nahrungsmittelproduktion würde aufkaufen müssen - in Konkurrenz mit der irakischen Regierung, die ihre strategische Reserve wieder auffüllen mußte. Dies und die Tatsache, daß die Art und Weise, wie SR 1284 angelegt ist, keine Aussicht auf eine Aufhebung der Sanktionen eröffnet und eine Erleichterung der Lage der irakischen Bevölkerung wiederum in weite Ferne rückt, haben mich letztendlich im Frühjahr 2000 zu meinem Rücktritt veranlaßt.

Der Irak war auf die Sanktionen nicht vorbereitet. Seine wirtschaftliche Abhängigkeit von den Öleinnahmen ist nahezu total. Anders als Deutschland und andere Teile des kriegszerstörten Europa nach dem Zweiten Weltkrieg, die durch den Marshall-Plan Aufbauhilfe erhielten, darf der Irak nach zwei aufeinanderfolgenden Kriegen nicht einmal die eigenen Ressourcen zum Wiederaufbau verwenden. Im Golfkrieg 1991 wurden unter anderem Elektrizitäts- und Wasserversorgungseinrichtungen zerstört. Besonders die Versorgung mit sauberem Wasser ist jedoch für die Ernährung wichtig, denn selbst eine Bereitstellung von Grundnahrungsmitteln wie sie jeder im Irak hat, ist nutzlos, wenn unsauberes Wasser Krankheiten induziert.

Da sich (bisher) alle Länder strikt an das Handelsverbot mit dem Irak gehalten haben – ausgenommen sind natürlich die vom Sicherheitsrat seit 1996 genehmigten und kontrollierten Ölverkäufe und die Einkäufe von humanitären Gütern – liegen auch nahezu alle inländischen wirtschaftlichen Aktivitäten lahm. In der Folge gibt es kaum Arbeits- und dadurch Einkommensmöglichkeiten, folglich auch kein Steueraufkommen. Im Gegenteil: Bei meinem Eintreffen 1999 mußte die irakische Regierung allein für die interne Abwicklung der Nahrungsmittelkomponente des humanitären Programms – Transport, Lagerung, Verwaltung – 160 Milliarden Dinare (2000 Dinare sind ein US-Dollar, also rund 80 Millionen US-Dollar) im Jahr buchstäblich drucken, weil sie keinen Zugang zu den Öleinnahmen hat und diese ihr daher auch für die Deckung ihrer internen Kosten nicht zur Verfügung stehen. Hinzu kommen entsprechende Beträge in den anderen Bereichen der humanitären Versorgung, besonders aber im Ölsektor mit – nach irakischen Angaben – 50.000 Angestellten. Das »humanitäre Programm« richtet also zusätzlich ökonomischen Schaden an und steigert die Inflation. Der Mittelstand verarmt folglich nicht nur wegen fehlender Arbeitsmöglichkeiten, sondern auch weil seine Investitionen entwertet sind und seine Rücklagen zu einem Nichts zusammenschmelzen.

Gemäß meinen eigenen Feststellungen sind die Angaben der Iraker über die humanitäre Situation im Land eher konservativ. Sie halten Überprüfungen stand. Dies bestätigte mir nochmals im September 2000 der Vertreter der WHO in Bagdad; und dies stellten auch der humanitäre Koordinator, Graf Sponeck, sowie die UN-Beobachter der anwesenden Sonderorganisationen und Programme fest.

Irak war vor den Sanktionen das, was generell ein Schwellenland genannt wird. Die Spuren hiervon sind noch immer erkennbar: Ein großzügig angelegtes Straßennetz, Fünf-Sterne-Hotels, Angehörige der Mittelschicht, die in den USA und in Großbritannien studiert haben, Herzspezialisten und Neurologen, die im Mittelmeerraum in hohem Ansehen standen, ehemalige Vertreter deutscher und anderer ausländischer Niederlassungen. Allgemein wird angenommen, daß sich zwei Millionen Iraker außer Landes aufhalten und ihre Familien mit Remittenden unterstützen.

Die Sozialdaten waren einst exzellent: Laut UNESCO gab es eine Alphabetisierungsrate von 95 Prozent, im März 2000 betrug diese nur noch 58 Prozent mit einer Abnahmequote von 5 Prozent pro Jahr. Es bestand Schulpflicht, die auch eingefordert wurde. Dies geschieht jetzt nicht mehr. Die irakische Regierung weiß, daß sie die Schulpflicht nicht mehr durchsetzen kann, denn viele Kinder müssen arbeiten, um das Familieneinkommen durch Betteln, Zigaretten- und Zeitungsverkauf oder Schuhputzen aufzubessern. Vor den Sanktionen war dies undenkbar. Ebenso wie Prostitution in einer muslimischen Gesellschaft.

Der irakische Minister für Arbeit und Soziales teilte mir im März 1999 mit, daß nur noch 40 Prozent der Industrien mit einem Auslastungsgrad von zehn Prozent in Betrieb sind. Seinen Schätzungen zufolge seien 90 bis 95 Prozent der Iraker völlig verarmt. Das Ministerium für Arbeit und Soziales unterstützt normalerweise diejenigen mit minimalen Mitteln zum Lebensunterhalt, die in völliger Armut leben. 1994 stellte das Ministerium die Registrierung solcher Personen jedoch ein, weil es deren anschwellende Flut nicht mehr bewältigen konnte. Die Vereinten Nationen waren damals besorgt über Anzeichen einer bevorstehenden Hungersnot. In den Jahren 1999 und 2000 ging aus unseren routinemäßigen Erhebungen im Irak hervor, daß zwei Drittel der Bevölkerung den monatlichen Warenkorb in weniger als 20 Tagen aufbrauchen. Wir haben uns immer gefragt, wovon diese Gruppe den Rest der Zeit lebt. Vermutlich sind dies Familien, die keine zusätzlichen

Einkommen haben und nur von dem Warenkorb – der zum Gegenwert von 12 Cents zur Verfügung gestellt wird – leben, ihn vielleicht sogar in Teilen veräußern müssen, um andere notwendige Mittel zum Leben zu kaufen oder zu tauschen. Der Warenkorb beinhaltet Weizenmehl, Reis, Hülsenfrüchte, Speiseöl, Milchpulver, Tee, Zucker, Salz, Waschpulver und Seife; für Kleinkinder bis zu einem Jahr auch Babymilchpulver. Viele irakische Kinder sind körperlich zurückgeblieben; chronische Mangelernährung erzeugt jedoch nicht nur körperliche Defizite, sondern wirkt sich auch auf die mentalen Fähigkeiten aus. Anlässlich eines Programms für unterernährte Kinder unter fünf Jahren, das wir im Irak durchführten, gab uns die zuständige Behörde deren Zahl mit rund 700.000 an. Die irakischen Kinder wachsen zudem in einem unsicheren sozialen Umfeld auf. Ein besonders krasses Beispiel hierfür war unsere Beobachtung, daß in irakischen Waisenhäusern Eltern ihre Kinder abliefern, weil sie nicht mehr für sie sorgen können.

Die Abschottung der Gesellschaft von allen Möglichkeiten des Austauschs mit dem Rest der Welt setzt die derzeit aufwachsende Generation in einen nicht aufholbaren Nachteil. Mindestens eine irakische Generation ist verloren, und selbst wenn die Sanktionen morgen aufgehoben werden würden, der Wiederaufbau der Gesellschaft, besonders aber auch die Wiederherstellung der individuellen menschlichen Fähigkeiten, würde sich dann über sehr viele Jahre erstrecken. Der Streß, dem Menschen ausgesetzt sind, die zwei in der Regel minderwertige Berufe ausüben müssen, um ihre Familie zu ernähren, erschöpft unendlich, wenn er sich über zehn lange Jahre hinzieht; die Verschlechterung der Ausbildung in den Schulen und im professionellen Bereich wirkt sich langfristig auf mindestens eine Generation aus; Kinder, die überhaupt nicht in die Schule gehen, werden das Versäumte niemals nachholen können; der Druck auf die Familie, wenn Familienmitglieder erkranken und ihnen nicht geholfen werden kann, macht depressiv ebenso wie die Fehlinvestitionen in Lebensläufe oder in Erwartungen, die sich nicht erfüllen lassen. Die Zahl der Eheschließungen hat abgenommen; Entprofessionalisierung findet statt. So sind zum Beispiel 60 Prozent der über 1.000 irakischen Mitarbeiter im humanitären Programm der Vereinten Nationen professionell ausgebildet, üben jedoch eine minderwertige Tätigkeit aus – wie der Pilot, Ingenieur oder Agrarwissenschaftler, die als Fahrer arbeiten, der Bankdirektor, der nun Food-Aid Monitor ist.

Der Ersatzinvestitionsbedarf ist enorm. Mit Ausnahme der Eisenbahn, deren Rehabilitation bisher nicht genehmigt wurde, ist ein Großteil der Transportinfrastruktur wie Straßen und Brücken in Eigenleistung zwar wiederhergestellt, sonst wäre auch die landesweite Nahrungsmittelversorgung nicht durchführbar, der Hafen von Basra jedoch ist bis auf die Anlagen, die zum Einbringen der Nahrungsmittel notwendig sind, stillgelegt, die Hafenanlagen verfallen. Doch selbst diese und andere für die Nahrungsmittelversorgung unbedingt notwendigen Einrichtungen, wie die Getreidemühlen, sind in einem desolaten Zustand.

Seit Ende 1998 herrscht zudem eine Dürre in der Region, die sich im Irak auf die Ernteerträge und auf Besitz und Einkommen der nomadisierenden Bevölkerung (Viehbestand) verheerend sowie auf die Versorgung mit sauberem Wasser zusätzlich erschwerend auswirkt. Der FAO-Vertreter in Bagdad sagte mir im September 2000, wenn die Dürre anhalte, werden in Bälde sämtliche Obstplantagen zugrunde gehen.

Der Vertreter der WHO in Bagdad berichtete Ende September von seinem Besuch beim Sanktionskomitee in New York und seinem dort vorgetragenen Petitum, 35 medizinische Ausrüstungsgegenstände zur Lieferung freizugeben. Kein Mitglied des Komitees habe ihm die Frage beantworten können, warum ein Anästhesie-Gerät nicht geliefert werden dürfe. Aufgrund seiner Initiative wurden schließlich rund 50 Prozent der Gegenstände freigegeben. Bezugnehmend auf die immer wieder von den USA vorgebrachte Behauptung, die irakische Regierung halte Medikamente zurück, erklärte er, die Verteilungsrate für medizinische Güter liege bei 75 Prozent. Die Regierung halte 14 Prozent als strategische Reserve, dies sei sehr wenig. Der Rest sei auf Lager, weil Ergebnisse der Qualitätskontrolle abgewartet werden müssen, weil Komponenten fehlten oder weil die Güter die Qualitätskontrolle nicht passiert hätten. Allein medizinische Dienste und Medikamente zur Verfügung zu stellen, sei jedoch nicht ausreichend für Herstellung und Erhalt von Gesundheit, vielmehr sei die Rehabilitation des gesamten Infrastruktursystems – von Wasser, Abwasser, Elektrizität, Einkommen und Erziehung – sowie das Durchbrechen der Isolation nötig. Für die irakische Bevölkerung stehe das einfache Überleben derzeit im Vordergrund. Für ihn und seine Arbeit ausschlaggebend sei die Resolution der WHO-Versammlung, nach der es keine Behinderung bei der Lieferung von medizinischer Ausrüstung geben darf. So müsse immer noch Impfstoff, z.B. gegen Polio, dem Sanktionskomitee zur Billigung vorgelegt werden. Die meisten medizinischen Güter, die Komponenten benötigten, seien blockiert, ebenso jedwede computerisierte Ausrüstung und fast alle Reagenzien. Das Zentrallabor für Tuberkulose in Bagdad biete für die dort arbeitenden Angestellten keinen ausreichenden Schutz, und es gebe keine Mittel, die Situation zu verbessern. Die Blutbank müsse vollständig renoviert werden. Sämtliche wasserinduzierten Krankheiten (Tuberkulose, Malaria, Unterernährung) nähmen zu. Die Dürre verschärfe die Situation. Die Zahlenangaben der Regierung seien akkurat. Im Süden sei Leukämie um das Fünffache angestiegen. Es seien jedoch unabhängige Untersuchungen zur Beweisführung der Verursachung durch DU nötig.

Zwischen den Bestimmungen des Kapitels VII, Paragraph 41 der Charta der Vereinten Nationen und den Menschenrechtsinstrumenten der UNO besteht ein Bruch. Faktisch treffen Sanktionen fast ausschließlich die einfache Bevölkerung, und das humanitäre Programm bietet für diese keinen aktiven Menschenrechtsschutz. Es böte ihn auch dann nicht, wenn es in vollem Umfang, in gutem Glauben und unter Verzicht auf die gegenwärtige Politisierung umgesetzt werden würde. Denn: Ein reines Versorgungsprogramm, das überdies ausgehöhlt ist, kann nicht über einen Zeitraum von zehn Jahren die wirtschaftliche Tätigkeit eines gesamten Volkes ersetzen. Die Lösung für die humanitäre Katastrophe für die jetzt fast 25 Millionen Menschen liegt nur in der vollen Wiederbelebung der wirtschaftlichen Tätigkeit des zivilen Sektors und der Verfügung des Staates über seine Exporteinnahmen, die ihm notwendige Investitionen und die Wiederherstellung der sozialen Dienste ermöglicht.

Sicher, die Entwaffnung des Irak (von Massenvernichtungswaffen) muß vollzogen werden. Der Irak muß das ›Reinheitssiegel‹ der Waffeninspekteure erhalten. Ich bin überzeugt, daß die Regierung in Bagdad mit den Waffeninspekteuren zusammenarbeiten wird, wenn sie eine faire Behandlung und die tatsächliche Aufhebung des Embargos erwarten kann. Der Irak muß die ihm zukommende Rolle in der Völkergemeinschaft, einschließlich einer konstruktiven Rolle als OPEC-Land und im regionalen Kontext, bald möglichst wieder einnehmen. Es ist notwendig, hierzu einen politischen Dialog zu beginnen.

Deirdre Sinnott

Die permanente Sanktionsmaschinerie

Was verbirgt sich hinter UNSCOM?*

Es war Ende Oktober 1997. Die Spannungen waren gewachsen, da die USA den Irak mit einer anhaltenden Bombenkampagne bedrohten. In einer Woche sollte ich mit einer Delegation vom »International Action Center« in den Irak reisen. Unser Flug sollte am 2. November stattfinden.

Auslöser der Krise war der Versuch der USA, im UN-Sicherheitsrat ein Ausreiseverbot für einige irakische Offizielle aus ihrem Land durchzusetzen. Der Irak reagierte mit dem Ausschluß der bei der United Nations Special Commission (UNSCOM) arbeitenden US-Waffeninspekteure von der Teilnahme an weiteren Inspektionen. Es war zu einer Pattsituation gekommen. Damals sah es so aus, als würde es wahrscheinlich eine neue Bombenkampagne der Vereinigten Staaten geben.

Warum sollte der Ausschluß einiger Inspekteure eines einzelnen Landes Bomben und Tod nach sich ziehen? Wie kommt es, daß die UNSCOM, die Inspekteure und die Inspektionen auch im Mittelpunkt der Krise im Februar 1998 standen? Wer steht hinter der UNSCOM und was ist ihr tatsächlicher Auftrag im Irak?

Die UNSCOM wurde durch die Sicherheitsratsresolution 687 vom 3. April 1991 ins Leben gerufen. Resolution 687 ist das Waffenstillstandsabkommen, mit dem der Krieg gegen den Irak beendet wurde. Die Paragraphen 7 und 13 umreißen einen Plan zur Beseitigung von Massenvernichtungswaffen und bestimmter Raketentypen sowie für eine permanente Überprüfung dieser Beseitigung innerhalb des Irak. Am 18. April 1991 wurde das Abkommen von der irakischen Regierung angenommen.

Bei Gründung der UNSCOM wurden Vertreter aus 13 europäischen und drei asiatischen Ländern aus einem lateinamerikanischen und einem afrikanischen Land sowie aus Australien, Kanada und den USA in die Institution entsandt. Der Nahe Osten war überhaupt nicht vertreten.

Die einzelnen Inspektionsteams haben ebenfalls eine politisch motivierte Struktur. Während einer Anhörung vor dem Sicherheitsrat am 20. November 1997 durften sieben Inspekteure dem Sicherheitsrat berichten. Drei der sieben waren aus den USA; die anderen vier aus Europa. Eins der unausgewogensten Teams wurde am 11. Januar 1998 in den Irak entsandt. Eines der Abkommen, mit denen die Krise vom November 1997 hatte beigelegt werden können, besagte, die UNSCOM-Inspektionsteams sollten in Zukunft ausgewogener besetzt sein und außerdem eine stärkere Beteiligung aller ständigen Mitglieder des Sicherheitsrates aufweisen. Das Team, das die Januarkrise auslöste, bestand aus 16 Personen: neun US-Amerikanern, fünf Briten, einem Australier und einem Russen.

Dieses Team wurde von Scott Ritter aus den USA geleitet. Die Iraker hatten sich schon im November 1997[1] über sein Verhalten beschwert. Er ist ehemaliger US-Marine-Oberst, der an dem Hightech-Gemetzel teilgenommen hat, das als Golfkrieg bekannt ist. Ist ein ehemaliger Teilnehmer dieses Kriegs ein geeigneter Kandidat für die objektive Beurteilung seines früheren tödlichen Feindes? Ritter ist seit 1991 für die UNSCOM tätig.[2]

Es ist Politik der USA, die Sanktionen solange aufrecht zu erhalten, bis Saddam Hussein von der Macht verdrängt ist. Der frühere US-Außenminister Warren Christopher bestätigte dies 1994 erneut. Damals schien es, als könnte der Bericht des seinerzeitigen UNSCOM-Chefs Rolf Ekeus an den Sicherheitsrat über die Einsatzbereitschaft der Überwachungsausrüstungen zu einem Ende der Sanktionen führen.[3] Christopher blockierte jede Diskussion über die Aufhebung der Sanktionen, indem er kommentierte: »Wir wollen die Erfüllung sämtlicher UN-Resolutionen. Und ich glaube nicht, daß er [Saddam Hussein] dazu in der Lage ist.«[4]

Auch die britischen Inspektoren des am 11. Januar gebildeten Teams können nicht als neutral betrachtet werden, handelt es sich doch bei Großbritannien um die frühere Kolonialmacht, die durch die irakischen Revolution 1958 gewaltsam vertrieben wurde.

In den Medien wird viel über das Öl-für-Lebensmittel-Abkommen berichtet. In Wirklichkeit werden jedoch nur 53 Prozent des Geldes aus dem Verkauf irakischen Öls tatsächlich für Lebensmittel und Medikamente ausgegeben. Ein Teil des Erlöses aus den Ölverkäufen wird zur Finanzierung der UNSCOM verwendet. Sämtliche ihrer Operationen, die Inspektionen, die Überwachungssysteme, das Personal, die Büros in New York, Bahrein und Bagdad werden vom Irak bezahlt. All diese Kosten belaufen sich auf rund 30

Millionen Dollar im Jahr.[5] Bis Mitte 1998 hat UNSCOM den Irak 210 Millionen Dollar gekostet.

Seit Beginn ihrer Arbeit hat die UNSCOM 7.800 Inspektionen durchgeführt. Waffeninspekteure kontrollieren regelmäßig mindestens 340 Standorte durch Überraschungsbesuche. Sie haben mehr als 130 Kameras an 30 weiteren Orten installiert. Sie verwenden ferner Luftmeßgeräte, die auch auf winzigste Spuren von Chemikalien ansprechen.[6] Die UNSCOM legte über den Verbleib von 817 von 819 in Rußland gekauften Raketen Rechenschaft ab bzw. vernichtete sie.[7] Also bleiben nur zwei Raketen, deren Verbleib ungeklärt ist. Die Kommission hat ein Labor namens Al-Hakam samt etlicher Tonnen von Chemikalien vernichtet. Viele dieser Chemikalien waren sogenannte Dual-Use-Materialien, also solche, die sowohl für zivile als auch für militärische Zwecke genutzt werden können.

Der UNSCOM-Experte für biologische Kriegführung und Professor an der University of Maryland, Raymond Zalinskas, wurde im amerikanischen National Public Radio interviewt und gefragt, ob die Waffen des Irak eine Gefahr für die USA und die Welt darstellten. Er antwortete:

Es handelt sich eher um eine potentielle *Gefahr als um eine tatsächliche. Die UNSCOM hat alle bekannten C-Waffen-Anlagen und alle bekannten chemischen Waffen zerstört. Was die biologischen Waffen betrifft, hat die UNSCOM die Biowaffenanlage Al-Hakam sowie andere Anlagen in anderen Forschungsstätten zerstört.* **Soweit wir wissen, hat der Irak keine biologischen Waffen gelagert.** *Es gibt ungefähr achtzig Forschungs-, Entwicklungs- und Produktionsstätten, bei denen es sich um zivile Einrichtungen handelt, und auch wenn man die Brauereien, Molkereien und Nahrungsmittelfabriken ausschließt, kommt man noch auf zwanzig oder dreißig Stätten, die zur Herstellung von Biowaffen konvertiert werden könnten. Man hat die Arbeitskräfte, die Wissenschaftler, Techniker und Ingenieure sowie das Potential zur Konversion einer Reihe ziviler Einrichtungen für die Kriegsproduktion, aber es würde ziemlich lange, nämlich etwa sechs Monate dauern, diese Waffen herzustellen.*[8] [Hervorhebungen D.S.]

Die UNSCOM überwacht diese Stätten bereits mit der für die Entdekkung solcher Aktivitäten notwendigen hochentwickelten Technologie.

Zalinskas führte weiter aus:

Es gibt keine Rüstungsproduktionsstätten, von denen wir wüßten. Ich war Experte für biologische Kriegführung. Ich habe zu verschiedenen Zeiten ungefähr 60 Anlagen besucht, von denen die meisten recht harmlos sind. Die einzige wirklich bedeutende auf diesem Gebiet war Al-Hakam, aber sie wurde im Juni 1996 zerstört.[9]

Im Lauf der Jahre ist die UNSCOM zu einer Institution geworden. Sie hat ein direktes Eigeninteresse an der Verewigung der Inspektionen. Sie beschäftigt allein in ihrem Büro in Bagdad 120 Menschen.[10] Die Inspekteure beziehen ein gutes Gehalt plus einer täglichen Vergütung von 100 Dollar, um zu suchen und zu suchen und zu suchen. Auch wenn sie nichts finden, werden sie bezahlt, um weiter zu suchen. Die Internationale Atomenergiebehörde (IAEA) berichtete, daß

die IAEA und die UNSCOM die Umsetzung ihres gemeinsamen Programmes zur Inspektionen irakischer Anlagen fortgesetzt haben, die dem Urteil der IAEA und der UNSCOM zufolge die Fähigkeit *besitzen, an irgend einem Aspekt der Produktion von Massenvernichtungswaffen zu arbeiten,* **auch wenn es keine Beweise oder Anzeichen für eine solche Arbeit gab.**[11] [Hervorhebungen D.S.]

Zur Arbeit der UNSCOM gehört nicht nur die Überwachung von mindestens 340 Lager- oder Produktionsstätten von Waffen, sondern auch die Überwachung aller irakischen Importe möglicherweise militärisch nutzbarer Chemikalien und Geräte nach einer zukünftigen Aufhebung der Sanktionen. Das bedeutet, daß viele Dinge wie Chlor, Blutdruckmesser und Autoscheinwerfer, die der Irak unter dem Sanktionsregime nicht kaufen darf, auf Jahre hinaus weiterhin strengsten Importrichtlinien und Kontrollen unterworfen sein werden. Man stellt sich die UNSCOM-Inspekteure vielleicht wie im Kittel umherspazierende Spezialisten vor, die Checklisten dabei haben, auf denen sie zu besichtigende Orte und zu befragende Leute abhaken. Aber wenn man Iraker danach fragt, wie die UNSCOM ihre Arbeit durchführt, hört man von Inspekteuren, die Mülltonnen durchsuchen und Ärztinnen schikanieren, wobei sie sogar deren Geldbörsen durchsuchen, um ganz sicherzugehen, daß sie keine Massenvernichtungswaffen darin schmuggeln.

Pater G. Simon Harak von der Fairfield University führte Interviews mit Leuten durch, die Inspektionen der UNSCOM unmittelbar miterlebt haben. Er berichtet, wie die Zimmer von Nonnen in einem Konvent der Chaldäischen Kirche im Nordirak Schublade für Schublade durchsucht wurden. Die Leichen kurz zuvor verstorbener Nonnen sollten gerade exhumiert werden, um sie auf chemische Waffen zu untersuchen, als Bischof Emmanuel Delly intervenierte und die Aktion verhinderte. Pater Harak fand außerdem heraus, daß die UNSCOM der Universität von Mossul etwa 250 Meilen nördlich von Bagdad einen Besuch abgestattet hatte. Die Inspekteure gingen in die Bibliothek, zogen Chemiebücher aus den Regalen, warfen sie aus den Fenstern und sammelten sie dann in einem Graben, wo sie sie verbrannten. Kommt uns das nicht bekannt vor? Die UNSCOM muß die *Fähigkeit* des Irak zur Produktion von Waffen zerstören; deshalb muß sie das notwendige Wissen vernichten. Nach derselben Logik müßte sie auch etliche Wissenschaftler eliminieren, die eben dieses Wissen besitzen.

Vorfälle wie diese brachten den Irak dazu, in dem Memorandum of Understanding zwischen den Vereinten Nationen und dem Irak, das am 23. Februar 1998 von UN-Generalsekretär Kofi Annan und Saddam Hussein in Bagdad unterzeichnet wurde, darauf zu bestehen, daß bei den Teams, die die sogenannten Präsidentengemächer inspizieren sollten, auch Diplomaten aus verschiedenen Ländern dabei sein sollten. Während dieser Inspektionen ergriffen Diplomaten häufig Partei für die Iraker und gegen die Inspekteure der UNSCOM und deren Vorgehen.[12]

Übertreibungen bilden eines der Werkzeuge aus der Trickkiste der UNSCOM. In einem Artikel in der *New York Times* wurde UNSCOM-Chef Richard Butler im Januar 1998 mit den Worten zitiert, der Irak habe genügend biologische Waffen »zur Auslöschung ganz Tel Avivs«. Sowohl der chinesische als auch der russische Botschafter verlangten eine Erklärung für diese Behauptung. Daraufhin mußte Butler seine Aussagen ein wenig zurücknehmen, aber da war der Schaden schon angerichtet. Viele US-Bürger waren nun davon überzeugt, der Irak wolle biologische Waffen gegen Israel einsetzen.

Es ist der Gipfel der Heuchelei, wenn die USA, das Land mit den bei weitem meisten chemischen, biologischen, konventionellen und nuklearen Massenvernichtungswaffen, mit dem Finger auf andere Länder zeigen und die Meinung vertreten, der Besitz oder potentielle Besitz rechtfertige tödliche Sanktionen. Im November 1997 besaßen die USA 12.000 Atomwaffen.[13] Die US-Armee verfügt über neun C-Waffendepots mit insgesamt 28.000 Tonnen von Nervengasen wie Sarin und VX sowie Stoffen zur Herstellung von Senfgas.[14] In den USA entwickelte Biogase sind in die ganze Welt verkauft worden. Das Pentagon prahlt mit seiner Fähigkeit, zwei Kriege gleichzeitig führen zu können. Die wahre tödliche Bedrohung für die ganze Welt sind die US-Regierung und das Pentagon.

Übersetzt von Sonja Wallenborn/Michael Schiffmann

Anmerkungen

* Die UNSCOM gibt es mittlerweile nicht mehr und es steht noch nicht fest, ob es eine neue Überwachungskommission geben wird. Da aber nach wie vor einer der Hauptvorwürfe gegen den Irak ist, er hätte »nicht mit der UNO kooperiert« ist dieser Beitrag immer noch aktuell. Aus Ramsay Clark & andere, *Challenge to Genocide. Let Iraq Live*, New York, International Action Center, 1998, S. 38-44.

1 Pressekonferenz des UNSCOM-Exekutiv-Vorsitzenden, 20. November 1997.

2 Tägliche Pressekonferenz des Büros des Sprechers des Generalsekretärs, 16. Januar 1998.

3 Phyllis, Bennis, *Calling the Shots: How Washington Dominates Today's UN* (New York: Olive Branch Press, 1996).

4 »MacNeil-Lehrer Newshour«, PBS, 16. Oktober 1994.

5 UNSCOM Mandate, Section 8 Finance, http://www.un.org/Depts/unscom/unscom.htm.

6 Christopher S. Wren, »An attack would damage UN monitoring, aid efforts«, *New York Times,* 22. November 1997.

7 Brief des UNSCOM-Chefs Richard Butler an den Präsidenten des UN-Sicherheitsrates, 22. November 1997.

8 »Morning Show,« National Public Radio, 13. Februar 1998.

9 Ibid.

10 Christopher S. Wren, »An attack would damage UN monitoring, aid efforts«, *New York Times,* 22. November 1997.

11 Bericht der Internationalen Atomenergie-Behörde an den UN-Generalsekretär, 7. April 1998.

12 Brief des Generalsekretärs an den Präsidenten des Sicherheitsrates, 15. April 1998, §§ 15 und 16.

13 Robert S. Norris und William Arkin, Natural Resources Defense Council, »Nuclear Notebook«, *Bulletin of Atomic Scientists,* November/Dezember 1997, http://www.bullatomsci.org/issues/nukenotes/nd97nukenote.

14 Carla Anne Robbins, »Army's Huge Supply of Nerve Gas Poses Unnerving Questions«, *Wall Street Journal*, 1. Juni 1998.

Scott Ritter

Gibt es noch irakische Massenvernichtungswaffen?

Gespräch mit einem UNSCOM-Mitarbeiter*

Sie waren sieben Jahre im Irak als Waffeninspektor der UNO tätig. Im Sommer 2000 haben Sie das Land als Journalist bereist. Hat sich die Lage geändert?

Scott Ritter: Ich habe im Irak für einen Dokumentarfilm recherchiert. Es standen also keine Kontrollmissionen, sondern Interviews mit Politikern auf dem Programm. Ich wollte ihnen Gelegenheit geben, ihre Positionen darzulegen. Der Zuschauer kann dann ein eigenes Urteil fällen.

Sie wollen mit dem Film belegen, daß der Irak keine Massenvernichtungswaffen mehr besitzt. Wie kamen Sie zu diesem Urteil?

Scott Ritter: Zu dieser Feststellung kam ich nach siebenjähriger Erfahrung als Waffeninspektor. Dieses Urteil teilen auch viele UNSCOM-Mitarbeiter. Der frühere Chef der UNSCOM, Rolf Ekeus, erklärte mehrmals, daß der Irak seit 1994 nicht mehr im Besitz von Massenvernichtungswaffen ist. Das Hauptziel meines Dokumentarfilms ist, die Informationen und die Tatsachen in einer objektiven Form darzustellen, damit die Menschen sich selbst ein Bild von der Lage machen. Damit soll gegen die Äußerungen Richard Butlers sowie amerikanischer und britischer Politiker gewirkt werden. Diese These wird tatsächlich benutzt, um die internationalen Sanktionen gegen das irakische Volk zu rechtfertigen.

Als Sie im August 1998 überraschend zurückgetreten sind, war einer der Gründe, daß der UNO-Generalsekretär und sein Vertreter im Irak die Sanktionen unterstützten. In Washington wiederum stellt man Sie als Instrument des Irak dar.

Scott Ritter: Ich wurde schon als amerikanischer, russischer oder israelischer Spion dargestellt. Viele behaupten jetzt, daß ich für Bagdad arbeite. Tatsächlich stand ich, in welcher Position auch immer, für die Wahrheit und Fakten. Meine Kritik am UNO-Generalsekretär oder dessen Vertreter im Irak richtete sich an den Sicherheitsrat der Vereinten Nationen. Die derzeitige Situation ist vom Sicherheitsrat verursacht worden. Der Generalsekretär kann die Misere nicht lösen. Diese Aufgabe obliegt dem Sicherheitsrat.

In Ihrem Buch »Endgame« beschreiben Sie den Irak als grausam und diktatorisch. Fühlten Sie sich während Ihrer letzten Reise bedroht?

Scott Ritter: Ich habe nicht vor, mich für meine persönlichen Einschätzungen zu entschuldigen. Es gibt im Irak vieles zu kritisieren. In meinen Arbeiten ist das aber nicht das vorrangige Thema, denn es geht um die Massenvernichtungswaffen und darum, ob die Fortsetzung der Sanktionen gerechtfertigt ist. Die Sanktionen treffen nicht nur die Führung, sondern 22 Millionen Menschen. Meine Rückkehr nach Bagdad war in Anbetracht meiner Vergangenheit als Waffeninspektor riskant. Ich wußte nicht, wie man mich dort empfängt. Mein Team und ich wurden aber sehr gut und respektvoll behandelt.

Was garantiert Ihnen denn, wo Sie der irakischen Führung doch wiederholt Täuschung vorwerfen, daß Sie bei der Recherche nicht selber irregeführt wurden?

Scott Ritter: Ich bin Analytiker. Dem Dokumentarfilm liegen Tatsachen zugrunde.

Wie aber kommt es zu Ihrer veränderten Haltung gegenüber den irakischen Behörden?

Scott Ritter: Sie beziehen sich auf die Zeit, zu der ich als Waffeninspektor für die UNSCOM tätig war. Wir waren an die Resolutionen des UNO-Sicherheitsrats gebunden. Als Inspektoren hatten wir nicht die Möglichkeit, neutral zu sein. Wir mußten die Entwaffnung zu 100 Prozent durchsetzen. Heute bin ich unabhängig und kann die Situation unabhängig beurteilen.

Der ehemalige UNSCOM-Chef Richard Butler behauptet auch nach seinem Rücktritt, daß der Irak über chemische und biologische Waffen verfügt.

Scott Ritter: Diese Äußerungen sind völlig unbegründet. Ich weiß nicht, wie er derart sicher auftreten kann. Als er Chef der Inspektoren war, gab es zweierlei Möglichkeiten, das nachzuweisen: Zum einen hätten wir ja Waffenlager oder Militäreinrichtungen finden können. Das taten wir aber nicht, und so blieb es bei der Vermutung. Alles, was wir gefunden haben, war eine Bestätigung der Überzeugung des ehemaligen Chefs der Inspektoren, Rolf

Ekeus, daß der Irak über keine Massenvernichtungswaffen mehr verfügt. Die zweite Möglichkeit der Inspektoren war die Beobachtung der Infrastruktur, um darüber Rückschlüsse auf die Möglichkeiten der Produktion von Massenvernichtungswaffen zu ziehen. Wir konnten aber keine Verletzung der Auflagen seitens der Iraker feststellen. Sie haben sich ganz strikt daran gehalten, die erlaubten Produkte herzustellen. Das sind die Tatsachen. Wenn Butler nun also derartige Behauptungen aufstellt, gießt er damit nur Öl ins Feuer.

Der Chef des neuen Kontrollgremiums schließt von vornherein aus, daß Waffenkontrollen effektiv durchgeführt werden können. Was bedeutet das für die Arbeit des Sicherheitsrates?

Scott Ritter: Bei dem Konflikt zwischen dem Sicherheitsrat und dem Irak sind die USA der Hauptakteur. Der Sicherheitsrat kann über die Entwaffnung des Irak von Massenvernichtungswaffen niemals hundertprozentig sicher sein. Das wissen auch die CIA und das US-Außenministerium. Der wahre Grund für die Fortsetzung des Embargos sind die Interessen der USA und nicht etwa die Frage der Bewaffnung. Kein Politiker in den USA kann heute das Thema Irak positiv aufgreifen, ohne daß ihm der Vorwurf gemacht würde, einen Diktator zu unterstützen, der von den Massenmedien verteufelt wird. Aufgrund des Vetorechts der USA ist der UN-Sicherheitsrat unfähig, Entscheidungen zu treffen.

Anmerkung

* Der US-Amerikaner Scott Ritter war bis 1998 im Rahmen der UNSCOM Waffeninspektor im Irak. Das von der Tageszeitung *junge Welt* am 22. August 2000 in Auszügen wiedergegebene Interview wurde vom arabischen TV-Sender »AL JAZEERA« am 16. August 2000 live geführt. Übersetzung: M. Azazmah

V.
Die Sanktionen und ihre Folgen für Umwelt und Gesundheit

Felicity Arbuthnot

Vergiftetes Erbe

Über die Zunahme von Krebs und Mißbildungen seit dem Golfkrieg*

Während des sechs Wochen dauernden Golfkriegs gingen mehr Bomben auf den Irak nieder, als im gesamten Zweiten Weltkrieg abgeworfen wurden. Was damals weder der Öffentlichkeit noch den alliierten Truppen bekannt war: Viele der Geschosse waren mit abgereichertem Uran (Depleted Uranium - DU) ummantelt. Dieses atomare Abfallprodukt dient anstelle von Titan als billiges Material zur Ummantelung von Waffen, die Panzerungen durchbrechen können. Es verbrennt bei Berührung und erzeugt dabei einen feinen Staub, der eingeatmet oder mit der Nahrung aufgenommen werden kann und der über Wasser und Boden in die Nahrungsmittelkette gelangt.

»Mit DU sind sowohl chemische als auch radiologische Gefahren verbunden«, stellt das Umweltpolitikinstitut der US Army fest und hebt hervor, daß DU als »schwach radioaktiver Abfall ... in ausgewiesenen Lagerstätten gelagert werden muss« und daß »eingeatmete unlösliche Oxide in der Lunge verbleiben und ein potentielles Krebsrisiko darstellen«.[1] Die Radioaktivität beginnt erst nach 4,5 Milliarden Jahren nachzulassen.**)

1990 sandte die britische Atomenergiebehörde einen Bericht an die britische Regierung, der die Einschätzung enthielt, daß, wenn im Falle eines Krieges 50 Tonnen der Substanz in der Golfregion verbleiben würden, dies zu schätzungsweise 50.000 zusätzlichen Todesfällen durch Krebs innerhalb eines Jahrzehnts führen würde. Fachleute schätzen die verbliebene Menge inzwischen auf 900 Tonnen, die vom Wind verteilt werden.[2]

Anfang 1992 waren die Ärzte in Irak verstört angesichts der Zunahme von Mißbildungen an Neugeborenen - einige davon so grotesk und ungewöhnlich, daß die Ärzte nicht damit gerechnet hatten, sie außerhalb medizinischer Lehrbücher oder gar häufiger als ein- bis zweimal im wirklichen Leben anzutreffen. Sie verglichen sie mit den Mißbildungen, die auf den Pazifischen Inseln nach den Atomtests in den 50er Jahren festgestellt worden waren. Auch die Zahl der Krebserkrankungen stieg, vor allem bei jungen Menschen; sie sind am empfindlichsten gegen Strahlung.

Erst 1993 begann die Tatsache ans Licht zu kommen, daß DU im Golfkrieg eingesetzt worden war. Die Stellungnahmen, die angesichts der aufkommenden Bedenken aus Washington und Whitehall zu hören waren, liefen auf ein »keine unmittelbare Gefahr« und »nur sehr, sehr schwach radioaktiv« hinaus[3] - ungeachtet der Tatsache, daß Panzer, die aus dem Golfkrieg in die USA zurückkamen, sofort in die nukleare Entseuchungsanlage in Barnwell, North Carolina, transportiert wurden.[4]

Im Irak sammelten und sammeln Kinder Splitter von Geschossen oder Raketen - das ist für sie eine Möglichkeit, den Krieg aufzuarbeiten. Sie nehmen sie mit nach Hause oder bringen sie in die Schule mit, um sie vorzuführen. Der Arzt Professor Siegwart-Horst Günther bewahrte ein solches Geschoß aus Basra im südlichen Irak zu Analysezwecken auf und transportierte es nach Deutschland. In Berlin wurde er schließlich wegen Verstosses gegen die Strahlenschutzbestimmungen inhaftiert.

Bei den Soldaten, die aus dem Golfkrieg zurückkamen, machten sich fast sofort besorgniserregende Symptome bemerkbar. Eddie Blanche aus Newcastle, Nordengland, war Fitnesstrainer beim Militär gewesen. Unmittelbar vor seinem Einsatz in der Golfregion hatte er den »A1-Fit«-Test bestanden. »Ich bin 30 Kilometer gerannt, mit einem 15-Kilo-Rucksack auf dem Rücken. Ich bin als Fachmann für physische Fitness hingegangen und als physisches Wrack zurückgekommen«, sagt er ironisch - seinen Sinn für Humor hat er sich bewahrt. Er hat die Sehkraft auf einem Auge verloren, kann nur noch über kurze Strecken gehen und kommt selbst dabei völlig außer Atem; zudem leidet er an schrecklichen Gelenkschmerzen. Schon das Reden erschöpft ihn; bereits nach Minuten ist sein Gesicht schweißnaß.

In den USA haben sich mehr als ein Drittel der 600.000 im Golf eingesetzten Soldaten hilfesuchend an die Kliniken der Veterans‹ Administration gewandt; in Großbritannien sind 8.000 der 29.000 Truppenangehörigen krank, und über 400 sind gestorben.[5] Im Mai 1999 berichtete ein Coroner, ein Beamter, der gewaltsame oder unnatürliche Todesfälle untersucht, er habe jede Woche einen Fall eines Golfkriegsveteranen, der Selbstmord beginge.[6] Aus Australien, Kanada und Neuseeland wird ähnliches berichtet.

Eine Studie zu Krebs- und Leukämieerkrankungen bei den 1.400 irakischen Soldaten, die im schwer bombardierten Gebiet um die südirakische Stadt Basra gewesen waren, zeigte eine erschreckende Zunahme: So gab es beispielsweise im Jahr 1991 zehn Fälle von Lymphdrüsenkrebs, im Jahr 1996 dagegen 106. Auch die Zahl der Gehirntumore stieg – von einem einzigen Fall 1991 auf 40 Fälle 1996.[7]

Diese Statistiken sind für viele Menschen Realität. Als Amy Wests Ehemann glücklich aus der Golfregion nach Hause, in eine Kleinstadt in Mississippi, zurückgekehrt war, beschloß das Paar, ein weiteres Kind zu bekommen. Ihre Tochter kam mit einer seltenen Lungenkrankheit, dem Goldenhar-Syndrom, zur Welt. Nur wenig später erfuhr Amy, daß zwei weitere Frauen ehemaliger Soldaten ebenfalls Kinder zur Welt gebracht hatten, die an dieser Krankheit litten. Sie verbrachte ein Jahr lang ihre Abende damit, all diejenigen in der Stadt ausfindig zu machen und anzurufen, die in der Golfregion gewesen waren. Sie fragte sie, ob sie seitdem ein Kind bekommen hätten und wenn ja, ob es gesund sei. 67 Prozent der 251 Familien, die seitdem Kinder bekommen hatten, berichteten von angeborenen Schäden: fehlenden Ohren, Augen oder Fingern, schweren Bluterkrankungen oder Atembeschwerden. Mit Hilfe ihres Hausarztes, eines alten Freundes, der Amy von Kind auf kannte, stellte sie ihre Ergebnisse zusammen und sandte sie an den Beratungsausschuß des Präsidenten für Golfkriegserkrankungen. Sie wurden vom Vorsitzenden des Ausschusses, Bernard Rostker, als »unwissenschaftlich« zurückgewiesen. Der Hausarzt eröffnete Amy, er bedaure sehr und es sei ihm sehr unangenehm, aber er könne nicht mehr mit ihr zusammenarbeiten. Er bedaure ebenso sehr, daß er ihr nicht sagen könne, weshalb.[8]

Professor Asaf Durakovic hätte vielleicht eine Erklärung gehabt. Er ist einer der weltweit führenden Fachleute auf dem Gebiet der Strahlenforschung und ihm sind derartige Vorkommnisse vertraut. »Ein Arzt, der sich auf diesem Gebiet zu engagieren beginnt, wird unter Druck gesetzt, wird entlassen; Akten und Beweisstücke verschwinden plötzlich.« Durakovic war »entsetzt«, als er erfuhr, daß DU in der Golfregion eingesetzt worden war, und schrieb im Februar 1997 an Präsident William Clinton: »Ich setze Sie von der Verschwörung gegen die im Golfkrieg eingesetzten Soldaten der Vereinigten Staaten in Kenntnis.« Nur wenig später erhielt er die Kündigung seiner Stellung als hochrangiger Mitarbeiter der Abteilung für Nuklearmedizin bei der Veterans‹ Administration Authority in Wilmington, Delaware.

Ray Bristow von der British Gulf Veterans‹ and Families‹ Association teilt Durakovics Position: »An die Truppen waren Dosimeter (Strahlungsmessgeräte) ausgegeben worden. Später wurde zuerst geleugnet, daß überhaupt welche ausgegeben worden waren; dann sagte man uns, die Aufzeichnungen seien verlorengegangen; dann hieß es plötzlich, die gemessenen Werte seien alle normal gewesen – aber niemandem wurde Einblick in die Aufzeichnungen gewährt. Die medizinischen Akten der Golfkriegsveteranen gehen regelmäßig verloren.«

Bristow war Medizintechniker im 32. Feldhospital in Saudi-Arabien und ist einer der zahlreichen kranken Veteranen, die Druck auf das British Medical Assessment Programme (MAP) ausüben, um diese vom Verteidigungsministerium als Reaktion auf die Golfkriegserkrankungen eingerichtete Behörde dazu zu bringen, DU-Tests durchzuführen. Am 17. Januar 1998, auf den Tag genau sieben Jahre nach Beginn des Golfkriegs, gaben er und andere schwer kranke Veteranen als Zeichen des Protests ihre militärischen Auszeichnungen zurück. Im Dezember 1998 trafen Bristow und Dr. Colin Purcell Lee, ein weiterer kranker Golfkriegsveteran, eine folgenschwere Entscheidung: Sie würden an einer internationalen Konferenz zum Thema »Gesundheits- und Umweltfolgen des von den US-amerikanischen und britischen Streitkräften im Golfkrieg 1991 eingesetzten abgereicherten Urans« teilnehmen. Tagungsort: Bagdad.

Mit einer Handbewegung wischen beide die Fragen nach der Reise weg – einer Reise, die selbst für den gesündesten Menschen strapaziös, für einen Kranken aber mörderisch ist. Statt dessen beschreibt Colin Purcell die Begegnung mit einem todkranken irakischen Oberst: »Es war offensichtlich, daß er nicht mehr lange zu leben hatte. Wir umarmten uns und blieben eine Weile so stehen. Es war für uns beide heilsam.« Und Bristow fügt an: »Wenn ich daran denke, daß ich erst nach Irak fahren mußte, um herauszufinden, was mir fehlte – und dann mein Leiden dort gespiegelt sah.« Er erinnert sich daran, wie er in einem Krankenhaus darauf wartete, der BBC ein Interview zu geben – endlich eine Gelegenheit, der Welt das Leiden der Golfkriegsopfer bewußt zu machen. »Ich bin Mediziner, ich habe gelernt, praktisch und nicht emotional zu reagieren; aber dort war ich umgeben von Kindern, die an Leukämie und Krebs starben und nur minimale oder überhaupt keine Behandlung bekamen, und plötzlich konnte ich nur noch hemmungslos weinen. Es gab also kein Interview, keine Öffentlichkeitsarbeit für uns oder für die Leidenden im Irak.«

Bis vor kurzem belegte der Sanktionsausschuß Medikamente gegen Krebs mit seinem Veto, mit der Begründung, es handele sich um »Dual-use«- Produkte, die sowohl für zivile als auch für militärische Zwecke nutzbar seien; schließlich enthielten die Medikamente radioaktive Strahlung, wenn auch in verschwindend geringer Dosis.

Als Bristow und Purcell Lee zurückkehrten, mußten sie feststellen, daß sie »von einem hochrangigen Kabinettsmitglied als Verräter bezeichnet« und ihre Wohnungen von Polizeikräften des Verteidigungsministeriums durchsucht worden waren. Alle Computer, Disketten und Dateien waren mitgenommen worden. Der Grund: Man suchte nach einem Dokument, welches belegte, daß der Medizinische Direktor des MAP mit dem Chemiewaffenproduzenten Porton Down Kontakte pflegte, um den Befürchtungen zu begegnen, daß DU ursächlich mit den Leiden der Veteranen verknüpft sei. Acht Jahre lang weigerte sich das MAP, eine solche Sichtweise zu unterstützen, und leugnete es nach wie vor auch gegenüber den Betroffenen. Letzten Juni, als die Medien ausführlich über das Leiden australischer Golfkriegsveteranen berichteten, wurden aus der Wohnung des Aktivisten Philip Steele alle Computerdisketten und Unterlagen mit Material zu den Golfkriegskrankheiten gestohlen. Nichts anderes wurde entwendet.

Im März 1999 schickten erkrankte Veteranen aus Kanada, den USA, Großbritannien und den Irak Urinproben für einen DU-Test an Professor Hari Sharma, einen hochgeschätzten emeritierten Chemieprofessor an der Waterloo-Universität in Ontario, Kanada. Die Ergebnisse waren erschreckend. Alle waren positiv, und bei einigen der Patienten, darunter auch Ray Bristow, betrug der gemessene Wert mehr als das 100fache des zulässigen Grenzwerts. Dasselbe galt für Terry Riordan, der seine Ergebnisse am Mittwoch, dem 28. April, erhielt. Er war der erste kanadische Veteran, der sich von Sharma testen ließ. Riordan und seine Frau Sue hatten 100.000 Dollar Schulden gemacht, um die medizinische Behandlung bezahlen zu können und zu beweisen, daß die Ursache seiner Krankheit die radioaktive Strahlung im Golfkrieg war.

Am Donnerstag, dem 29. April, starb Riordan. Der Totenschein nennt als Todesursache das »Golfkriegssyndrom«. Riordan vermachte seinen Körper den Golfkriegsveteranen, damit Gewebeuntersuchungen durchgeführt werden konnten. Sharma, der nie zuvor in einer Kampagne aktiv gewesen war, schrieb an die NATO und an die Staatsoberhäupter aller im Besitz von DU-Waffen befindlichen Länder und bat sie eindringlich, diese Waffen aus den Arsenalen ihrer Armeen zu verbannen. Er verurteilte DU als ein »Verbrechen gegen die Menschheit«. Sharma sagte voraus, daß es, wenn seine Ergebnisse repräsentativ seien, unter den Golfkriegsveteranen 36.000 zusätzliche Todesfälle durch Krebs geben würde. Er betonte, dies sei noch eine sehr vorsichtige Schätzung. – Sharma ist zwischenzeitlich von der Mitwirkung an DU-Testreihen entbunden worden. Und ganz zufällig kündigte das britische Verteidigungsministerium wenig später an, daß das MAP nun doch DU-Tests für Veteranen durchführen würde.

Im August 1996 hatte der UNO-Unterausschuß für Menschenrechte DU als Massenvernichtungswaffe in eine Reihe mit Napalm und Clusterbomben gestellt. Abgereichertes Uran wurde 1995 in Bosnien verwendet. 1997 hatte sich die Krebsrate verdreifacht. Im letzten Balkankrieg wurden DU-Waffen in großem Umfang eingesetzt. Strahlungsmessungen in Ungarn, Bulgarien und Griechenland ergaben, daß der Sicherheitsrichtwert für DU-spezifische Strahlung in der Luft um das bis zu 40fache überschritten wird. Das britische Verteidigungsministerium betont, Verteidigungsminister Douglas Henderson habe strikte Anweisung gegeben, daß Truppenangehörige ohne Strahlenschutzkleidung sich keinem Ziel nähern dürften, das möglicherweise von DU getroffen worden war. Auf das Problem der in der Region lebenden oder dorthin zurückkehrenden Menschen angesprochen, antwortete das Verteidigungsministerium, für die Lösung dieses Problems sei der UN-Hochkommissar für Flüchtlinge zuständig. DU-Waffen sind mittlerweile an 17 Staaten verkauft worden.

Der Irak hat inzwischen neun Jahre Zeit gehabt, die vollen Auswirkungen des DU zu spüren. Die Krebsrate ist dort bis auf das Zehnfache angestiegen. Dr. Huda Ammash, Umweltbiologin an der Universität Bagdad, hat an der Universität Missouri promoviert. Sie schätzt, daß »die Langzeitwirkung der Verstrahlung in einem Zeitraum von über zehn Jahren 100 Tschernobyls gleichkommt.«[9]

In Basra haben die Strahlenwerte in Flora und Fauna das 84fache des von der Weltgesundheitsorganisation empfohlenen Sicherheitsgrenzwerts erreicht.

Hier trifft man auf das Unvorstellbare. Dr. Jenan Ali im Allgemeinen Krankenhaus Basra im Süden Iraks besitzt eine fotografische Dokumentation all der Babys, die ohne Augen, ohne Gehirn, ohne Gliedmaßen, ohne Geschlechtsorgane geboren wurden; deren innere Organe außen am Körper liegen; deren kleine Köpfe und Körper auf groteske Weise mißgestaltet sind.

Im nordirakischen Mosul zeigen Studien, die von vier Universitäten durchgeführt wurden, einen fünffachen Anstieg der Krebserkrankungen nach 1991.[10] Bei einer informellen Umfrage in der Region wurden 20 mißgebildete Babys in 160 Haushalten gezählt; die Väter waren zumeist im Golfkrieg Soldaten gewesen. Die US-amerikanische Journalistin Barbara Namim Aziz zitiert die Bemerkung eines Landwirts, es gebe aus diesem Grund weniger Eheschließungen: »Die jungen Leute haben Angst, daß ihnen mißgebildete oder tote Kinder geboren werden ... Wir schauen uns in unserem Dorf um, jeder kennt Paare, die mißgebildete Kinder haben.«

Der Anstieg der Krebsrate im Irak seit dem Golfkrieg ist ausführlich dokumentiert worden. Das menschliche Leid ist weniger bekannt - die Betten, in denen an einem Tag noch kleine, schmale Gestalten liegen und die am nächsten Tag leer sind. Ich erinnere mich an Esra, im Al-Mansour-Kinderkrankenhaus in Bagdad; eine zerbrechliche, schöne 17jährige, die alt genug war, um zu wissen, daß sie sterben würde. Der Krebs hatte ihr zentrales Nervensystem weitgehend gelähmt, aber sie konnte noch weinen. Sie weinte seit drei Wochen - sie wollte gesund sein, nach Hause gehen, weiter lernen und vor allem: leben. Jassim, der Junge, der davon träumte, Dichter zu werden, wird mir für alle Zeit im Gedächtnis bleiben.

Der zweijährige Ali Maksoud bekam nicht einmal ein Bett im Krankenhaus. »Für diesen Patienten kommt jede Hilfe zu spät, wir können nichts tun«, sagte Dr. Selma Al Haddad, Onkologin im Al-Mansour. In früheren Zeiten hätte er eine palliative Behandlung bekommen, aber die Betten und Ressourcen werden jetzt für diejenigen gebraucht, die noch eine Chance haben, nicht für die, für die es keine Hoffnung mehr gibt. Vor dem Krankenhaus saß seine Mutter auf dem Boden, gegen eine der großen weißen Säulen am Eingang gelehnt. Ali klammerte sich unter ihrer schwarzen Abaya an sie; ihre Tränen fielen auf sein kleines, stilles Gesicht.

Es wird geschätzt, daß, wenn die Krebsrate weiter so steigt, 44 Prozent der Bevölkerung innerhalb von zehn Jahren an Krebs erkranken.[11]

»Wenn du eine Entscheidung triffst, denke immer an die siebte Generation«, sagt ein indianisches Sprichwort. Wenn wir nicht endlich danach handeln, wird es vielleicht nicht einmal eine dritte geben.

Übersetzung: Heike Makowski

Anmerkungen

*) Aus *new internationalist,* Ausgabe 316 vom September 1999

**) Natürliches Uran besteht aus mehreren Isotopen die unterschiedlich radioaktiv sind. Für die Produktion von Kernergie und -waffen wird das spaltbare Isotop »Uran 235« »angereichert«, d.h. herausgefiltert. Beim restlichen, sogenannten »abgereicherten« Uran wird dadurch der Anteil des hochradioaktiven »Uran 235« von 0,7 % auf 0,2 % reduziert. Die Radioaktivität des nun zu 99,8% aus »Uran 238« bestehenden Metalls beträgt noch ca. 60% des ursprünglichen Metalls und ist etwas höher als bei natürlichem Uranerz. Gemäß der Halbwertszeit von »Uran 238« verringert sich diese Radioaktivität in 4,5 Mrd. Jahre genau um die Hälfte. [Joachim Guilliard]

1 Health and Environment Consequences of Depleted Uranium in the US Army, Juni 1995

2 Military Toxics Program

3 Die Gefahren von Uran sind seit Jahrhunderten bekannt. Krebs und Geburtsfehler unter Uranarbeitern und -bergleuten von New Mexico bis Namibia und von Kanada bis China sind Gegenstand von noch andauernden Untersuchungen.

4 International Herald Tribune, 25. April 1992

5 Armed Forces Minister Lord Gilbert

6 Hull Daily Mail

7 Sydney Morning Herald, 10. Juni 1999

8 Interview mit der Autorin

9 Metal of Dishonour, International Action Center, 1997

10 Arbeit von Professor MM Al-Jebouri, Tikrit Universität, Dezember 1998

11 Johns Hopkins University und eine von Professor Mikdem M. Saleh im Dezember 1998 in Bagdad vorgestellte Arbeit

Mona Kammas

Umwelt- und Gesundheitsschäden als Folge des Angriffs auf den Irak*

Der Irak gehörte zu den ersten Ländern der Region, in denen die Bedeutung der Umwelt für Gesundheit und Entwicklung der Menschen erkannt wurde. Die umweltpolitischen Maßnahmen des Iraks folgten einem umfassenden Konzept zum Schutz und zur Verbesserung der Umweltqualität. Dies läßt sich sehr deutlich an allen Entwicklungsprojekten erkennen, beispielsweise an den Projekten zur Trinkwasserversorgung, Abwasserentsorgung und Bekämpfung der industriellen Umweltverschmutzung.

Der von den USA geführte Angriff im Jahre 1991 fügte der Umweltqualität und der Umweltschutzinfrastruktur schwere Schäden zu. Im weiteren Verlauf wurden diese Schäden nicht behoben, sondern infolge der gegen den Irak verhängten UN-Sanktionen sogar verschlimmert; diese machten die Bemühungen zunichte, die durch den Angriff bewirkte Verschlechterung der Umweltqualität zu mildern. Die Sanktionen zielen darauf ab, den gesamten Entwicklungsprozeß zu behindern - und die Umweltprogramme sind, wie bereits gesagt, ein integraler Bestandteil dieses Prozesses.

Eine Mission des Umweltprogramms der UNO (UNEP), die den Auftrag hatte, die Auswirkungen des Angriffs auf das irakische Ökosystem einzuschätzen und ein Programm zur Umweltentlastung vorzulegen, kam unter anderem zu folgenden Schlüssen:

1. Die Luftangriffe mit ihren Verwüstungen durch Bomben und Granaten sowie die Raketenangriffe haben die Infrastruktur weitgehend zerstört. Vollständig zerstört wurden Elektrizitätswerke, Wasserwerke, Ölraffinerien und Öllager sowie sechs Ölquellen. Eine unmittelbare Folge davon war, daß die Bewässerungspumpen nicht mehr betrieben werden konnten.

2. Giftige Chemikalien gelangten durch die Bombardierung von Industrieanlagen in den Boden und in fließende Gewässer.

3. Aufgrund der Zerstörung von Düngemittel- und anderen Fabriken fehlen dem Land wichtige landwirtschaftliche Produktionsmittel. Die Fabriken

konnten nicht wieder funktionstüchtig gemacht werden, da unter den Bedingungen des Embargos keine Ersatzteile beschafft werden konnten.

4. Sowohl Ackerbau als auch Viehzucht wurden stark geschädigt. Wichtige Nutzpflanzen wurden von Ungeziefer befallen. Dies führte zu einem Einbruch in der Nahrungsproduktion, da keine Pestizide beschafft werden konnten. Die Viehbestände wurden durch schwere Epidemien dezimiert. Schafherden fielen teilweise übermäßiger Schlachtung zum Opfer; teilweise flohen die Schafhirten mit ihren Herden in angrenzende Staaten, um höhere Preise zu erzielen. Weite Teile des Weidelandes in Irak, besonders in der westlichen Wüstenregion, fallen der Verwüstung und Erosion anheim.

5. Die Zerstörung der irakischen Infrastruktur hatte schwerwiegende Konsequenzen für Flora und Fauna sowie die Nahrungskette in der Wüste. Besonders die Auswirkungen auf die Fruchtbarkeit des Bodens sind erschreckend. (...)

Wasserversorgungssystem

Eines der größten Probleme ist die Versorgung mit Trinkwasser. Der prekäre Zustand aller Wasserversorgungseinrichtungen wurde von mehreren Missionen der UNO hervorgehoben, die das Land nach dem Krieg besuchten. Sie stellten fest, daß zahlreiche Wasseraufbereitungsanlagen, Pumpstationen, Labors und ähnliche Einrichtungen zerstört oder beschädigt waren, vor allem in den südlichen Regierungsbezirken.

Diese UN-Missionen nannten die Wiederherstellung der Wasserversorgungs- und Abwasserentsorgungsanlagen als vorrangige Aufgabe der humanitären Unterstützung. Angesichts des kritischen Zustands der Versorgungseinrichtungen und Entsorgungssysteme und des Anstiegs von Infektionskrankheiten, die durch verseuchtes Trinkwasser übertragen werden, unternahmen die irakischen Behörden alles in ihrer Macht Stehende, um die Einrichtungen wieder betriebsbereit zu machen. Es ist dem Erfindungsreichtum und Engagement irakischer Ingenieure zu verdanken, daß es möglich war, die Wasseraufbereitungsanlagen zu etwa 50 bis 60 Prozent ihrer Vorkriegskapazität wieder nutzbar zu machen. Ihr Zustand ist jedoch weiterhin gefährdet und verschlechtert sich zusehends aufgrund der sanktionsbedingten Schwierigkeiten, dringend benötigte Ersatzteile und Materialien importieren zu können. Dadurch haben viele Menschen in den ländlichen Gebieten keinen bzw. unzureichenden Zugang zu sauberem Trinkwasser. Die Situation wird noch dadurch verschlimmert, daß Reinigungschemikalien nur in sehr begrenztem Umfang erhältlich sind und die Reinigungsanlagen nur ungenügend gewartet werden können. Dadurch ist das Wasser in den meisten Regierungsbezirken und in den ländlichen Gebieten von schlechter Qualität und enthält Krankheitserreger.

Ein Programm zur Überwachung der Trinkwasserqualität zeigt deutlich die Verschlechterung der bakteriologischen Qualität im ganzen Irak. Der in den Proben festgestellte Anteil bakteriell verseuchten Trinkwassers lag in den Regierungsbezirken Thi-Qar, Basra und Najaf beispielsweise weit über 50 Prozent. Es gibt nicht genügend Chlor und Aluminiumsulfat. Die Chlor- und Dosieranlagen, die für die korrekte Dosierung notwendig sind, sind defekt oder fehlen ganz.

Der Krieg hat die drei Anlagen zur Produktion von Chlor für Trinkwasser und Abwasserdesinfektion schwer beschädigt. Diese Anlagen konnten aufgrund fehlender Ersatzteile und Ausrüstungselemente nicht wieder in ihren ursprünglichen Zustand versetzt werden. Dadurch konnte nicht mehr genügend Chlor an die Wasseraufbereitungsanlagen geliefert werden, und die vorhandenen Reserven wurden aufgebraucht. Inzwischen ist der Chlormangel in den Wasseraufbereitungsanlagen akut geworden. Die von den UN-Programmen und humanitären Organisationen gelieferte Menge deckt nur einen kleinen Anteil des für die Trinkwasserdesinfektion Notwendigen ab.

Auch das Abwasserentsorgungssystem erlitt in Bagdad während der Angriffe schweren Schaden. Teilweise wurden die Anlagen direkt getroffen, aber meist war die Ursache der Beschädigung die Unterbrechung der Stromversorgung, die zur Überflutung der Pumpstationen und Kläranlagen mit Abwasser führte. Hunderte von Elektromotoren wurden aufgrund dieser Überschwemmungen beschädigt, und das System wurde lahmgelegt.

Einige Pumpstationen und Anlagen konnten wieder in Betrieb genommen werden, sobald die Stromversorgung wieder sichergestellt war. Bis Dezember 1993 konnten jedoch trotz des kreativen und engagierten Einsatzes der Ingenieure nur etwa 50 Prozent der vor dem Krieg bestehenden Abwasserentsorgungskapazitäten in der Stadt wiederhergestellt werden.

1993 stellte eine UN-Mission fest, daß alle Abwasserpumpstationen in einem prekären Zustand sind. Da einige Pumpstationen noch immer nicht funktionsfähig sind, werden Wohngebiete und Straßen von Abwasser überflutet. Mehrere Schulen mußten aufgrund der Gesundheitsgefährdung durch das Abwasser schließen. In einigen Fällen tritt unbehandeltes Abwasser auch in der Nähe von Trinkwasserreservoirs aus.

Die Situation verschlechtert sich zusehends. Die beiden derzeit in Betrieb befindlichen Kläranlagen in Bagdad können nur zu etwa 30 Prozent ihrer ursprünglichen Kapazität genutzt werden, so daß unbehandeltes Abwasser in den Fluß geleitet werden muss. Die Situation des Abwasserentsorgungssystem in den anderen Regierungsbezirken ist noch wesentlich schlimmer.

Landwirtschaft und Industrie

Das Fehlen von Saatgut, Düngemitteln, Pestiziden, Tiermedizin, Bewässerungspumpen, landwirtschaftlichen Geräten und Ersatzteilen, Tierfutter usw. infolge der Sanktionen führt unter anderem zu Erkrankungen der Pflanzen und Tiere, zu einer Zunahme der Nagetierpopulationen und einem Einbruch in der landwirtschaftlichen Produktion.

Die Bemühungen zur Eindämmung der Wüstenbildung werden durch die Sanktionen stark behindert. Es fehlt an den nötigen Gerätschaften und Einrichtungen. Die Programme zur Vergrößerung der landwirtschaftlich nutzbaren Flächen werden durch das Fehlen der einfachsten Mittel schwer eingeschränkt. Die Be- und Entwässerungsprojekte im Irak werden dadurch behindert, daß es weder neue Pumpen noch Ersatzteile für bereits existierende Pumpstationen gibt. z.B Schubkarren

Auch für einen Teil der industriell bedingten Umweltbelastung sind der Krieg und die gegen Irak verhängten UN-Sanktionen mitverantwortlich, da

- die Umsetzung der geplanten Projekte zur Verringerung der industriell bedingten Umweltbelastung, wie z.B. Kläranlagen und Abgaskontrollmaßnahmen, gestoppt wurden.
- Rohöl anstelle von Paraffin oder Benzin als Hauptenergiequelle benutzt wird.
- Betriebe wegen ungenügender Wartung und Instandhaltung von Abgas- und Abwasserkontrolleinrichtungen mangelhaft arbeiten.

Programme zur Überwachung der Umweltqualität werden durch die Sanktionen schwer in Mitleidenschaft gezogen. Das für die Beobachtung und Messung umweltbelastender Faktoren verfügbare Instrumentarium müßte dringend durch Ersatzteile, Betriebsstoffe, Chemikalien, Reagenzien, Filter u.a. ergänzt werden. Inzwischen sind selbst die routinemäßigen Umweltbeobachtungsprogramme, die ständig und regelmäßig durchgeführt wurden, stark eingeschränkt. Ein WHO-Berater, der den Irak im August 1994 besuchte, um die Umsetzung des vom Gesundheitsministerium aufgelegten Programms zur Abgasüberwachung zu bewerten, stellte fest: »Wenn die Dinge sich wie zuvor weiterentwickelt hätten, hätte Irak im Bereich der Luftverschmutzung jetzt einen Wissens- und Entscheidungsstand erreicht, der dem vieler europäischer Länder entspräche.«

Gesundheit

Durch die kriegsbedingten Umweltschäden hat die Gesundheit der irakischen Bevölkerung schweren Schaden genommen. Die Statistiken zeigen einen starken Anstieg durch Trinkwasser übertragbarer sowie ernährungsbedingter Krankheiten, eine rapide Zunahme der Krebserkrankungen (z.B. akute Leukämie, plastische Anämie oder auch Krebsrückfälle) sowie eine deutlich steigende Zahl angeborener Mißbildungen sowie von Tot- und Fehlgeburten. Zudem stellen die Gesundheitsbehörden das Auftreten zahlreicher bislang unbekannter Krankheiten fest. Die gesamte Bevölkerung ist von diesen Entwicklungen betroffen, am meisten jedoch Kinder, Frauen und Ältere.

Ein Teil dieser gesundheitlichen Auswirkungen kann mit großer Sicherheit auf die 1991 von der US-Armee gegen den Irak eingesetzten radioaktiven Waffen mit abgereichertem Uran (Depleted Uranium – DU) zurückgeführt werden. Neben den schrecklichen unmittelbaren Auswirkungen auf die Zivilbevölkerung hatten diese Waffen eine schwere Schädigung der Umwelt zur Folge. Um die Langzeitwirkung des DU zu erforschen bedarf es noch weitergehender Untersuchungen. Die epidemiologischen und statistischen Untersuchungen werden fortgesetzt, um die Folgen des moralisch und rechtlich unhaltbaren Einsatzes dieser Waffen gegen den Irak in ihrem vollen Ausmaß zu erfassen und wissenschaftlich zu beweisen.

Anmerkung

* Aus einem auf der »Internationalen Konferenz über abgereichertes Uran« im spanischen Gijón am 26. und 27. November 2000 gehaltenen Referat.

Joachim Guilliard

»Golfkriegs-Syndrom« im Irak

Einige Studienergebnisse über die Auswirkungen des Krieges auf Umwelt und Gesundheit*

Trotz der langen Zeit, die seit dem Golfkrieg vergangen ist, trotz des weltweit bekannten sogenannten Golfkriegssyndroms und vieler anderer Hinweise auf die verheerenden Folgen des Krieges auf Umwelt und Gesundheit, insbesondere auch durch den Einsatz von DU-Munition, wurden eben diese Folgen bisher nicht ausreichend erforscht. Die USA verhinderten zum Beispiel bisher erfolgreich, daß die WHO in größerem Umfang Feldstudien im Irak durchführen konnte. So sind wir im Moment vorwiegend auf die von irakischen Wissenschaftlern und Wissenschaftlerinnen durchgeführten Studien angewiesen. Aufgrund der Erfahrungen in anderen Bereichen werden die präsentierten Zahlen von Mitarbeitern der UN-Organisationen als zuverlässig angesehen. Es ist davon auszugehen, daß die Studien die tatsächliche Zahl der Opfer von Erkrankungen eher unterschätzen, da viele Kranke nicht mehr in Hospitälern untergebracht werden können und Familien den Tod eines Angehörigen gegenüber staatlichen Stellen bisweilen verschweigen, um weiter die jeweilige Lebensmittelzuteilung zu erhalten. Die irakische Regierung schließlich hat kein Interesse daran, mit hohen Todesraten Panik unter der Bevölkerung zu fördern.

Radioaktive Verseuchung

Um den Zusammenhang zwischen dem Einsatz von Uranmunition und dem starken Anwachsen bestimmter Krankheiten nachweisen zu können, muß zunächst ermittelt werden, wo und mit welcher Intensität sie eingesetzt wurden. Der Vergleich der Belastung verschiedener Regionen mit den dort beobachteten Krankheitsraten kann schon Hinweise auf ihre Ursachen liefern.

Besonderes Augenmerk bei den im Irak nach dem Krieg durchgeführten Studien wurde daher auf die südlichen Gebiete des Zweistromlandes gelegt, die Ziel sehr intensiver Bombardierungen waren. Die Studien belegen, daß weite Gebiete im Süden, in denen auch eine große Zahl ungewöhnlicher Krankheitsfälle registriert wurde, durch den Einsatz radioaktiver Waffen verseucht sind.

Die folgenden Tabellen aus einem vom irakischen Gesundheitsministerium zusammengestellten Bericht zeigen die radioaktiven Belastungen an einigen Stellen im Süden Iraks, wo die USA und Großbritannien Uranmunition eingesetzt hatten. Wie zu erkennen ist, steigt die Strahlung in unmittelbarer Nähe von Zielen, die von DU-Munition getroffenen wurden, bis auf das Neunfache der normalen Hintergrundstrahlung an.[1]

Andere Studien konnten bereits Spuren des abgereicherten Urans und der bei seinem Zerfall entstehenden, ebenfalls radioaktiven Spaltprodukte im Boden, im Grundwasser, in Wildpflanzen und Tieren nachweisen.[2]

Tabelle 1: Feldmessungen radioaktiver Strahlung im Süden Iraks in Mikroröntgen pro Stunde

Probe	**Typ der gewählten Probe**	**Radioaktive Strahlung (µR/Std)** Hintergrund	Probe
		Hintergrund	**Probe**
Shamia Airfield/Gudairat Al-Audhaimi-Gebiet			
1	T-72 Panzer	7,0	60,8
2	Gepanzerter Personentransporter (Watercan)	7,2	60,3
3	Gebiet weit entfernt von Probe 1 (T-72)	7,1	7,3
4	Gebiet weit entfernt von Probe 2 (Watercan)	7,3	7,2
DMZ und umliegendes Gebiet**			
1	Nicht explodierter DU-Gefechtskopf (in der Nähe der Karrange Ölförderstation an der irakisch-saudischenGrenze)	7,4	83,0
2	T-55 Panzer (zwischen den Nationalstraßen 13 und 14)	7,6	21,0
3	T-72 Panzer (No. 16107)	7,2	23,0
4	T-55 Panzer links der Nationalstraße 9)	7,4	67,0
5	T-72 Panzer (in der Nähe des internationalen Beobachtungsposten zwischen den Nationalstraßen 12 und 13)	7,6	69,0
6	T-72 Panzer (südwestlich des Sanambergs)	7,0	65,0

** DMZ: Von der UNO kontrollierte demilitarisierte Zone an der Grenze zu Kuwait

*Tabelle 2: Registrierte Krebsfälle in Bagdad und anderen Provinzen****

	Provinz	1989	1994	Faktor
1	Bagdad	4183	6427	1,54
2	Ninive	1500	1629	1,09
3	Basra	180	461	2,56
4	Tamim	86	114	1,33
5	Misan	37	218	5,89
6	Anbar	51	95	1,86
7	Salahudin	90	94	1,04
8	Thi-Qar	72	489	6,79
9	Muthanna	27	59	2,19
10	Wasit	44	69	1,57
11	Diyala	69	134	1,94
12	Babil	73	166	2,27
13	Najaf	70	126	1,80
14	Kerbala	28	45	1,61
15	Qadisia	53	86	1,62
Total		6563	10212	1,56

*** Die drei vorwiegend kurdischen Provinzen Dohouk, Erbil und Al-Suleimaniyah stehen nicht mehr unter irakischer Kontrolle [J.G.]

Tabelle 3: Tot- und Fehlgeburten in Bagdad und anderen Provinzen

	Provinz	1989	1994	Faktor
1	Bagdad	6281	7729	1,23
2	Ninive	2364	3440	1,46
3	Basra	2137	3618	1,69
4	Tamim	1458	1826	1,25
5	Misan	1879	3196	1,70
6	Anbar	2351	2622	1,12
7	Salahudin	1611	1507	0,94
8	Thi-Qar	1491	2728	1,83
9	Muthanna	1015	707	0,70
10	Wasit	1234	1882	1,53
11	Diyala	1382	3314	2,40
12	Babil	1219	1724	1,41
13	Najaf	987	2480	2,51
14	Kerbala	1138	2316	2,04
15	Qadisia	1223	2627	2,15
Total		27770	41716	1,50

Tabelle 4: Registrierte Fälle angeborener Anomalien in Bagdad und anderen Provinzen

	Provinz	1989	1994	Faktor
1	Bagdad	138	294	2,13
2	Ninive	65	77	1,18
3	Basra	40	117	2,93
4	Tamim	45	122	2,71
5	Misan	41	86	2,10
6	Anbar	34	71	2,09
7	Salahudin	64	68	1,06
8	Thi-Qar	29	32	1,10
9	Muthanna	35	81	2,31
10	Wasit	49	54	1,10
11	Diyala	34	36	1,06
12	Babil	38	44	1,16
13	Najaf	12	35	2,92
14	Kerbala	25	27	1,08
15	Qadisia	37	42	1,14
	Total	674	2386	1,73

Häufung bestimmter Krankheiten nach Bombardierungen

Nach dem Krieg stieg die Zahl bestimmter Krankheitsfälle innerhalb weniger Jahre drastisch an, besonders in den Provinzen, die während des Golfkrieges am heftigsten bombardiert worden waren. Wie die Tabellen 2 bis 4 zeigen, stieg die Zahl der registrierten Krebsfälle in Thi-Qar und Misan im Süden bis 1994 um das Sechsfache und mehr, in Basra um das Zweieinhalbfache und in Bagdad immerhin um das Eineinhalbfache des Vorkriegswertes an. Ähnliche Häufungen sind auch bei Fehlgeburten und angeborenen Mißbildungen zu beobachten.[3]

Besonders auffällig ist der Anstieg bestimmter Krebsarten bei Kindern unter 15 Jahren: Hier mußte 1999 bei verschiedenen Formen von Leukämie ein Anstieg von 100 Prozent im Vergleich mit 1990 registriert werden, nachdem dieser Anstieg 1997 schon bei 60 Prozent gelegen hatte. Betrachtet man alle Krebserkrankungen bei Kindern, so erkrankten 1999 dreieieinhalb mal soviele wie 1990. Bereits 1997 waren es mehr als doppelt soviele (120 Prozent). Die Gesamtzahl aller Krebserkrankungen betrug 1999 10,1 pro 100.000

Die 18 Provinzen des Irak

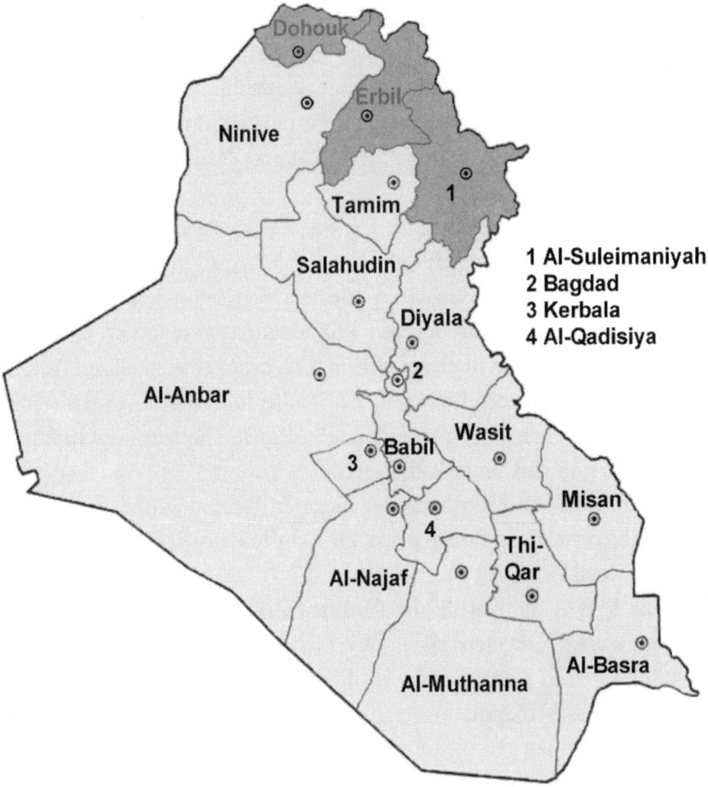

Kindern unter 15 Jahren. Im Vergleich dazu betrug sie 1990 nur 3,98 und 1997 bereits 7,22.[4]

Um zu ermitteln, ob der Anstieg dieser Krankheiten tatsächlich auf die Bombardierungen zurückzuführen ist, wurden zahlreiche medizinische Studien durchgeführt. Hierfür wurden Stichproben aus der Gruppe der erkrankten Personen nach wissenschaftlichen Methoden mit gleich großen Kontrollgruppen von Personen verglichen, die nicht an diesen Krankheiten erkrankten.

Eine dieser sogenannten retrospektiven Studien behandelte zum Beispiel die Häufigkeit der Erkrankung an Krebs, Neurosen und Kurzsichtigkeit sowie die Zahl der Fehlgeburten und angeborenen Mißbildungen. Aus allen Provinzen wurde ein bestimmter Anteil von Personen mit einer dieser fünf Krankheiten nach einem Zufallsverfahren ausgewählt, sowie eine gleich große Kontrollgruppe. Die Tatsache, daß Personen Bombenangriffen ausgesetzt waren oder in einer bombardierten Gegend leben, wurde als wesentlicher Indikator einbezogen.[5]

Ziel der statistischen Auswertungen war, Informationen über den Grad des Zusammenhangs der Häufigkeit von Erkrankungen und dem Ausgesetztsein von Bombardierungen zu erhalten. Bei Krebserkrankungen, Tot- und Fehlgeburten und angeborenen Mißbildungen erweist sich dieser Zusammenhang hierbei als hoch signifikant. Das heißt, eine zufällige Häufung der Erkrankungen bei den Personen, die Bombardierungen ausgesetzt waren, kann mit hoher Sicherheit ausgeschlossen werden. Die Irrtumswahrscheinlichkeit liegt hier weit unter 0,01 Prozent.

Bei Neurosen und Kurzsichtigkeit hingegen kann aufgrund der geringeren Fallzahlen ein Zusammenhang noch nicht mit ausreichender Sicherheit hergestellt werden.

Tabelle 5 zeigt die Anteile der Personen aus den beiden Gruppen, die Bombardierungen ausgesetzt waren. Wie man sieht, waren dies bei den Krebserkrankungen zum Beispiel mehr als dreimal soviele wie die, die verschont blieben. Da das Verhältnis in der Kontrollgruppe fast umgekehrt zwei zu drei ist, läßt sich feststellen, daß unter den Krebskranken letztlich mehr als sechsmal soviele Personen sind, die Bombardierungen ausgesetzt waren, wie in der Kontrollgruppe.

Dieses Verhältnis drückt auch das unterschiedliche Risiko aus, an Krebs zu erkranken, das Personen haben, die bombardiert wurden, im Gegensatz zu denen, die verschont blieben. Diese in der Tabelle aufgeführten »relativen Risiken« sind natürlich nur Schätzwerte. Die tatsächlichen Werte liegen mit einer Wahrscheinlichkeit von 95 Prozent in den ebenfalls angegebenen Bereichen (Konfidenzintervalle).

Das Risiko von Tot- und Fehlgeburten erhöhte sich demnach für Personen, die direkt oder indirekt Bombardements ausgesetzt waren, um mehr als das Dreifache, das von Mißbildungen um mehr als das Doppelte. Bei Krebs

*Tabelle 5: Anstieg des Risikos durch Bombardierungen*****

			Den Bombardierungen ausgesetzt waren...				
Krankheit		Gesamtzahl	von den Erkrankten	aus der Kontrollgruppe	Relatives Risiko	95 % Konfidenz-Intervall	Irrtunswahrscheinlichkeit
Tot- und Fehlgeburten	N %	1314	988 75,2	637 48,5	3,2	2,7–3,8	< 0,01 %
Angeborene Anomalien	N %	752	463 61,6	318 42,3	2,2	1,8–2,7	< 0,01 %
Krebs	N %	667	519 77,8	224 33,6	6,9	5,4–8,8	< 0,01 %
Neurosen	N %	68	63 92,6	58 85,3	2,2	0,7–6,7	17,1 %
Kurzsichtigkeit	N %	81	77 95,1	73 90,1	2,1	0,6–7,3	23,0 %

**** »Further Evidence ...« a.a.O.

stieg das Risiko sogar auf das Fünf- bis Neunfache an. Mit anderen Worten: 50 Prozent aller angeborenen Anomalien, zwei von drei Tot- oder Fehlgeburten und mehr als vier von fünf Krebserkrankungen sind auf die Bombardierungen zurückzuführen.

Dies sagt natürlich noch nichts darüber aus, welchen Anteil die Uranmunition an diesem katastrophalen Anstieg hat. Allerdings gibt es viele Indizien, die auf DU-Munition als Ursache hinweisen. So stimmen die Zunahme der Erkrankungen und ihre geographische Verteilung über die Provinzen mit der Intensität der Bombardierungen mit DU-Munition überein.

Die Krebsfälle mit den höchsten Zuwachsraten sind zudem Leukämie, Lungen-, Blasen-, Haut- und Magenkrebs sowie bei Frauen Brustkrebs. Bei bestimmten selteneren Arten bösartiger Geschwüre, wie Teratome, Nierenkrebs, Muskelgewebesarkome, Kleinhirntumore ist der Anstieg sogar noch stärker.[6] Dies stimmt mit Veröffentlichungen der WHO und den Ergebnissen internationaler Studien über die Auswirkungen radioaktiver Strahlung überein.

Der Anstieg dieser Krankheiten vollzog sich innerhalb von drei Jahren nach dem Golfkrieg. Andere Arten von Krebs, wie beispielsweise Schilddrüsenkrebs, häufen sich erst zehn bis 40 Jahre, nachdem Personen radioaktiver Strahlung ausgesetzt waren.

Die Häufungen von Fehlgeburten und angeborenen Mißbildungen gelten in der Medizin als Folgen radioaktiver Strahlung, die typisch sind und am schnellsten auftreten. Es gibt allerdings auch Mißbildungen, die erst nach drei bis vier Generationen in Erscheinung treten. Generell sind die Langzeitwirkungen der Bombardierungen auf Mensch und Umwelt noch lange nicht abzusehen.

Anmerkungen

* Zusammengestellt im wesentlichen auf Basis des Berichtes von Dr. Alim Yacoup; Dr. Imad Al-Sa'doun; Dr. Genan G. Hassan: »Further Evidence on Relation between Depleted Uranium, Incidence of Malignancies among Children in Basra, Southern Iraq«, vorgelegt auf der »Internat. Konferenz über abgereichertes Uran« in Gijón am 26 und 27 November 2000. (s. http://www.embargos.de/irak/umwelt)

1 Tabelle aus »Further Evidence ...« a.a.O.

2 »Environmental Pollution Resuting from the Use of Depeted Uranium Weaponry Against Iraq During 1991« Dr. Souad Al-Azzawi, College of Engineering, University of Bagdad, Dr. Baha H. Ma'aruf, Iraqi Atomic Energiy Org., Baghdad u.a. (s. http://www.embargos.de/irak/umwelt)

3 »Further Evidence ...« a.a.O.

4 ebd.

5 »Further Evidence ...« a.a.O.

6 »Further Evidence ...« a.a.O.

John Pilger

Kollateralschäden*

Die Erinnerungen an meine Reise in den Irak 1999 sind beinahe surreal. Am Rand der Straße von Jordanien nach Bagdad lagen zwei Tote: Alte Männer im Anzug, ohne sichtbare Verletzungen, die Arme steif neben dem Körper. Ein Taxi lag mit dem Dach nach unten neben ihnen. Die Männer waren die Straße entlang gegangen; bei sich hatten sie ihre kümmerlichen Habseligkeiten, die jetzt zwischen den Dornenbüschen verstreut waren. Offenbar hatten die Bremsen des Taxis versagt und es hatte die beiden umgefahren.

Aus dem wirbelnden Staub tauchten Leute aus der Gegend auf und standen nun um die Leichen herum. Für sie war dieser Vorfall hier, auf der einzigen Straße, die in den Irak hinein und aus ihm hinaus führt, etwas ganz Gewöhnliches.

Die Straße auf der jordanischen Seite der Grenze ist eine der gefährlichsten der Welt. Sie war nie als Hauptverkehrsader gedacht, bildet aber jetzt die Verbindung zwischen dem Irak und der Außenwelt, auf der ein Großteil des dem Irak erlaubten Handels und Verkehrs abgewickelt wird. Zwei schmale Fahrspuren werden von in endlosen Kolonnen dahinfahrenden Tanklastwagen beherrscht; Autos, überfüllte Busse und Lastwagen scheren wie in einer Art Totentanz aus diesem Zug ein und aus. Die unvermeidliche Serie schwerer Unfälle hinterläßt am Straßenrand eine Szenerie mit ausgebrannten Tankwagen, einem wie eine Blechdose zusammengequetschten Bus und, in ihn verkeilt, einem offiziellen Mercedes der Vereinten Nationen, dessen ehemals privilegierten Passagiere jetzt tot sind.

Natürlich kommt es überall vor, daß die Bremsen klappriger Taxis versagen, aber hier gehen die Chancen, die Fahrt zu überleben, immer mehr gegen Null. Ersatzteile für ältere Modelle sind nicht mehr zu bekommen, und die Fahrer sind Tag und Nacht unterwegs, ohne wirklich zum Schlafen zu kommen. Weil der irakische Dinar so gut wie gar nichts mehr wert ist, sind sie um des nackten Lebensunterhalt willens gezwungen, so oft und so schnell wie möglich von Bagdad nach Amman und wieder zurück von Amman nach Bagdad zu fahren. Und wenn sie und ihre Passagiere getötet oder schwer verletzt werden, sind auch sie Opfer des gnadenlosesten Wirtschaftsembargos unserer Zeit geworden.

Unmenschlichkeit und verbrecherische Rachsucht dieser »Sanktionen« wurden mir eines nachmittags in der Werkstatt des großartigen irakischen Bildhauers Mohamed Ghani in Bagdad klar. Sein jüngstes Werk ist eine drei Meter hohe Frauenfigur, deren Brüste vertrocknet und ohne Milch sind und die ein um etwas Essen bettelndes Kind trägt, dessen kleiner, zerbrechlicher Körper mit ihren Beinen verschmolzen ist. Das Gesicht der Frau ist düster und ohne klare Züge, »ein Alptraum von Trauer und Verwirrung«, wie der Künstler selbst es beschreibt.[1] Sie steht in einer Menschenschlange, die vor einer geschlossenen Tür wartet. Solche Schlangen habe ich vor allen Krankenhäusern gesehen; sie bieten immer das gleiche Bild und ziehen sich von der Ambulanz hinaus in die Hitze, in der die Menschen auf die lebensrettenden Medikamente warten, die nur in den Irak hineingelangen, wenn der Sanktionsausschuß der Vereinten Nationen es so will – oder besser gesagt, wenn die US-Administration und ihr treuester Freund, die Blair-Regierung in Grossbritannien, es so wollen.

»Je länger wir den UN-Sicherheitsrat leeres Stroh dreschen lassen und dafür sorgen können, daß alles beim Alten bleibt, desto besser«, prahlte ein amerikanischer Beamter gegenüber der *Washington Post* in Erläuterung der Gesamtstrategie Washingtons im Hinblick auf den Irak.[2]

Als ich im Irak war, umfaßte die Liste der »zurückgehaltenen« humanitären Hilfsgüter achtzehn Gerätetypen medizinischer Art wie zum Beispiel Herz- und Lungenmaschinen. Ebenso wie Wasserpumpen, landwirtschaftliche Güter und Sicherheits- und Feuerlöschgeräte waren sie »möglicher militärischer Nutzung verdächtig«: Saddam Hussein könnte ja beispielsweise aus Schubkarren, die ebenfalls auf der Liste standen, Massenvernichtungswaffen herstellen. Auch Putzmittel standen auf der Liste.[3] In Krankenhäusern und Hotels wird man vom unausweichlichen Gestank nach Benzin verfolgt, das dort zur Reinigung der Fußböden verwendet wird, weil Putzmittel ja »zurückbehalten« werden.

Während meines Aufenthalts im Irak beschwerte sich Kofi Annan, ansonsten der bisher gefügigste aller UN-Generalsekretäre, beim Sicherheitsrat über »zurückbehaltene« Güter im Gesamtwert von 700 Millionen Dollar. Darunter befanden sich Nahrungsmittel, Gebrauchsartikel und Geräte für die Reparatur des Stromnetzes, der Kläranlagen und des Telefonsystems.[4] Die gezielte Bombardierung der zivilen Infrastruktur im Jahr 1991 warf den Irak, einen modernen Staat, in »ein vorindustrielles Zeitalter« zurück.[5] Die Strategie war: Bombardieren jetzt, das Sterben kommt später. Das ist die neue Art von »humanitärem Krieg«. Die Statistiken über die seither Gestorbenen verschlagen einem den Atem. Zweifellos ist das der Grund, weshalb sie von den Medien dem Vergessen anheim gegeben worden sind.

Im Mai 1996 wurde US-Außenministerin Madeleine Albright in der CBS-Sendung »60 Minuten« gefragt, ob nicht der Tod von mehr als einer halben Million Kindern ein zu hoher Preis sei. »Wir meinen, daß es den Preis wert ist«, gab sie zur Antwort.[6]

Nach meiner Rückkehr aus dem Irak flog ich nach Washington und interviewte den Staatssekretär im Außenministeriums und Sprecher Madeleine Albrights sowie der US-Regierung, James Rubin. Dieser behauptete, Albrights Zitat in »60 Minuten« sei aus dem Kontext gerissen worden.[7] Ich

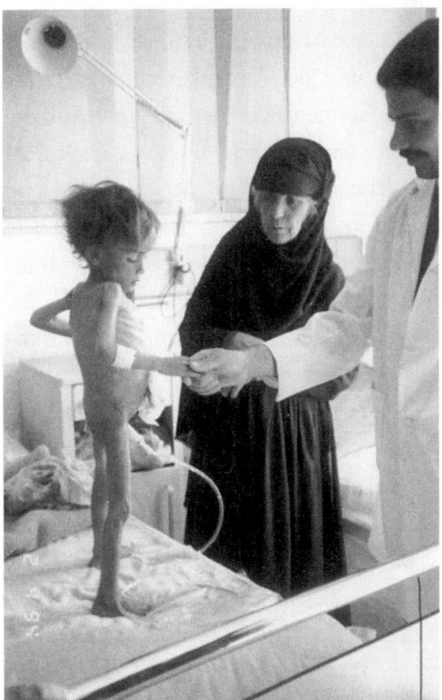

Saddam-Kinderkrankenhaus, Bagdad (Foto: Challenge to Genocide, IAC)

hatte ein Transkript der Sendung dabei; ihre Äußerung war völlig klar, und ich bot Rubin eine Kopie an. »In der Politik«, sagte er, »ist man gezwungen, zwischen zwei schlechten Alternativen zu wählen ... und unglücklicherweise haben die Sanktionen mehr Auswirkungen gehabt, als wir uns gewünscht haben.« Er verwies mich auf die »reale Welt«, in der »reale Entscheidungen getroffen werden müssen«. Zur Abschwächung fügte er dann noch hinzu: »Soweit wir wissen, hat es im Irak auch schon vor den Sanktionen schwerwiegende Armut und Probleme mit der Gesundheitsversorgung gegeben.« Damit wollte er ganz offensichtlich andeuten, daß die Kinder sowieso gestorben wären.

Natürlich ist genau das Gegenteil richtig. Einem Bericht von UNICEF zufolge zählte die Versorgung der Bevölkerung des Irak im Gesundheits- und Bildungsbereich im Jahr 1990 zu den besten der Welt, während die Kindersterblichkeitsrate des Landes weltweit zu den niedrigsten gehörte. Heute ist die irakische Kindersterblichkeit so hoch wie kaum sonstwo auf der Welt.[8] Laut UNICEF sterben durchschnittlich jeden Monat mehr als 5000 Kinder unter fünf Jahren, und zwar nicht zuletzt wegen der »anhaltenden, vom Sicherheitsrat verhängten Maßnahmen und der Auswirkungen des (Golf-) Krieges« auf die Bevölkerung.[9] Heute können Besucher aus dem Ausland unmöglich dem Anblick sterbender Kinder entgehen. Ein Arzt nach dem andern im Irak hat mir die Namen lebensnotwendiger Medikamente und der benötigten medizinischen Geräte in mein Notizbuch geschrieben. Diese Güter kommen nur sporadisch und nach einer langwierigen Reise durch die mysteriöse Bürokratie des Sanktionsausschusses in New York im Irak an. Selbst Blutbeutel oder grundlegende Medikamente etwa zur Bekämpfung vermeidbarer Krankheiten wie Ruhr oder Tuberkulose, und sogar Morphium, mittels dessen die unheilbar Kranken wenigstens in Würde sterben könnten, werden den Ärzten im Irak verweigert. »Es ist wie Folter«, so der Facharzt für Krebs Dr. Jawad Al-Ali. »Vielleicht können wir die Patienten in einem von fünf Fällen behandeln, aber das finde ich fast noch schlimmer als gar keine medizinische Versorgung, da es in den Menschen Hoffnung weckt - und für viele gibt es keine.«[10]

Mir kommen die Worte des Schriftstellers Arthur Miller in den Sinn. »Nur wenige von uns«, schrieb er, »können den Glauben, daß das Gesellschaftssystem irgendwie sinnvoll ist, so einfach aufgeben. Der Gedanke, daß der Staat verrückt geworden ist und so viele Unschuldige bestraft, ist unerträglich. Und so kommt es, daß die offenkundigen Beweise innerlich verleugnet werden müssen.«[11]

Diese Verdrängung, wie man sie bei den Vereinten Nationen in New York vorfindet, ist ebenso surreal wie alles, was ich im Irak gesehen habe. Unweit des Orts, an dem man die Allgemeine Erklärung der Menschenrechte mit ihrem Recht auf Freiheit und - vor allem anderen - dem Recht auf Leben, lesen kann, gibt es ein schönes, UN-subventioniertes Imbißrestaurant. Dort traf ich Kofi Annan und fragte ihn: »Was sagen Sie als Generalsekretär der Vereinten Nationen, die die Sanktionen gegen den Irak verhängt haben, den Eltern, deren Kinder sterben?« Er antwortete, der Sicherheitsrat denke derzeit über »intelligente Sanktionen« nach. Diese würden »sich gegen die politisch Verantwortlichen richten« und nicht als »stumpfe Waffe wirken, die auch Kinder trifft«.[12] Zu konkreten Einzelheiten äußerte er sich nicht, und auch seither hat sich, abgesehen von einer Resolution, die dem Irak im Austausch gegen weitere Waffeninspektionen eine partielle Aussetzung der Sanktionen anbot - ein Angebot, das Saddam Hussein erwartungsgemäß ablehnte -, nichts getan.[13] In der Zwischenzeit fordert die »stumpfe Waffe ..., die auch Kinder trifft« pro Tag rund 150 Todesopfer.

Peter van Walsum ist Botschafter der Niederlande bei den Vereinten Nationen und derzeitiger Vorsitzender des Sanktionsausschusses des Sicherheitsrates. Besonders bemerkenswert an diesem Diplomaten, der die Macht über Leben und Tod von Millionen Menschen auf der anderen Seite des Globus hat, fand ich, daß er offenbar genau wie James Rubin die zivilisierte Gesellschaft des Irak mit dem Mörder Saddam Hussein gleichsetzte, als wären diese beiden ein und dasselbe. Auch er schien der Meinung zu sein, daß man unschuldige Menschen zu Geiseln eines Diktators machen kann, über den sie keine Kontrolle haben.

Solcherlei moralische und intellektuelle Verrenkungen sind bei den Vereinten Nationen, dem US-Außenministerium und unserem Außenministerium in London gang und gäbe; sie dienen der Rechtfertigung der »an Völkermord heranreichenden Zerstörung einer Nation«, als die Denis Halliday die Auswirkungen der Sanktionen beschrieb, nachdem er aus Protest gegen das Embargo von seinem Posten als Koordinator für humanitäre Hilfe in Bagdad zurückgetreten war.[14]

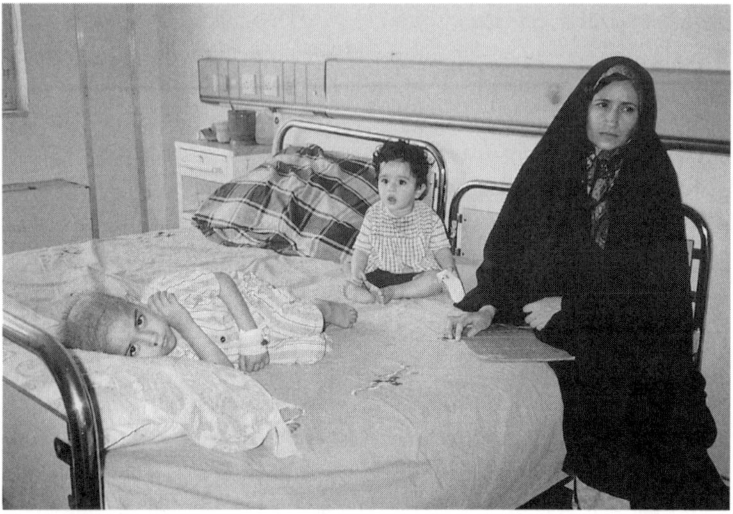

Saddam-Kinderkrankenhaus, Bagdad (Foto: Challenge to Genocide, IAC)

Ich hatte mit Botschafter van Walsum folgendes Gespräch:

Warum soll die Zivilbevölkerung, sollen unschuldige Menschen für die Verbrechen Saddams bestraft werden?

Das ist ein schwieriges Problem. Sie müssen verstehen, daß Sanktionen zu den Korrektivmaßnahmen gehören, über die der Sicherheitsrat verfügt ..., und natürlich tun sie weh. Sie sind wie eine militärische Maßnahme.

Aber wem tun sie weh?

Nun, das ist natürlich das Problem ... aber bei einem militärischen Eingriff hat man auch das unlösbare Problem der Kollateralschäden.

Also ist ein ganzes Volk ein Kollateralschaden? Verstehe ich Sie da richtig?

Nein, ich sage nur, daß Sanktionen [ähnliche] Auswirkungen haben ... ich ... nun ... verstehen Sie ... wir müssen das noch genauer untersuchen.

Sind Sie der Meinung, daß Menschen Menschenrechte haben, egal, wo und unter welchem System sie leben?

Ja.

Heißt das denn dann nicht, daß die Sanktionen, die Sie verhängen, die Menschenrechte von Millionen Menschen verletzen?

Es gibt genauso Belege dafür, daß das irakische Regime sehr schwerwiegende Menschenrechtsverletzungen begangen hat ...

Daran besteht kein Zweifel. Aber welchen prinzipiellen Unterschied gibt es zwischen Menschenrechtsverletzungen, die von diesem Regime begangen werden, und denen, die von Ihrem Ausschuß bewirkt werden?

Das ist eine sehr komplexe Angelegenheit, Herr Pilger.

Was sagen Sie denen, die diese Sanktionen, die zum Tod so vieler Menschen geführt haben, als »Massenvernichtungswaffe« bezeichnen, die ebenso tödlich wirkt wie chemische Waffen?

Ich halte das für keinen angemessenen Vergleich.

Ist der Tod von einer halben Million Kindern keine Massenvernichtung?

Ich glaube nicht, daß Sie dieses Argument verwenden können, um mich zu überzeugen ... Es geht hier um die Invasion in Kuwait 1990.

Nehmen wir einmal an, die Niederlande gerieten unter die Herrschaft eines holländischen Saddam Hussein, Sanktionen würden verhängt und die holländischen Kinder würden sterben wie die Fliegen - wie würden Sie das finden?

Das ist meiner Ansicht nach keine sehr faire Frage...Wir sprechen von einer Situation, die von einer Regierung verursacht wurde, die ihre Nachbarn überrannt hat und im Besitz von Massenvernichtungswaffen ist.

Warum gibt es dann aber keine Sanktionen gegen Israel, das einen großen Teil Palästinas besetzt hält und beinahe täglich den Libanon angreift? Warum gibt es keine Sanktionen gegen die Türkei, die drei Millionen Kurden vertrieben hat und für den Tod von 30.000 Kurden verantwortlich ist?

Sicherlich gibt es viele Länder, die Dinge tun, über die wir nicht glücklich sind. Wir können nicht überall sein. Ich sage es noch einmal, es ist eine komplexe Angelegenheit.

Wieviel Macht haben die Vereinigten Staaten über Ihren Ausschuß?

Wir handeln im Konsens.

Und wenn die Amerikaner dagegen sind?

Dann handeln wir nicht.[15]

In meiner letzten Nacht im Irak ging ich in die Rabat-Halle im Zentrum Bagdads, um dem irakischen Nationalorchester bei den Proben zuzusehen. Ich ging hin, um den Dirigenten Mohammed Amin Ezzat zu treffen, dessen persönliche Tragödie als Sinnbild für die Bestrafung seines Volks gelten kann. Aufgrund der häufigen Stromausfälle sind die Iraker gezwungen, zur Beleuchtung, zum Heizen und Kochen billige Kerosinlampen zu benutzen, die allerdings häufig explodieren. Genau das ist Jenan passiert, Mohammed Amin Ezzats Frau, die plötzlich in einem Meer von Flammen stand. »Es war grauenhaft«, sagte er, »denn ich habe gesehen, wie meine Frau vor meinen Augen völlig verbrannte. Ich habe mich auf sie geworfen, um die Flammen zu ersticken, aber es hat nichts genützt. Sie ist gestorben. Manchmal wünsche ich mir, ich wäre mit ihr gestorben.«[16]

Er stand auf dem Dirigentenpodest, sein schrecklich verbrannter linker Arm war unbeweglich, die Finger der Hand klebten zusammen. Das Orchester probte Tschaikowskis *Nußknacker Suite*, und dabei waren merkwürdige Mißklänge hörbar. Bei den Klarinetten fehlten Rohrstücke, bei den Geigen Saiten. »Wir dürfen sie nicht importieren«, sagte er. »Jemand hat beschlossen, daß sie nicht erlaubt sind.« Die Partituren sind verblichen wie uraltes Pergament. Auch Papier können die Iraker nicht bekommen. Von der ursprünglichen Orchesterbesetzung sind nur noch zwei Musiker übrig, der Rest ist ins Ausland gegangen. »Man kann ihnen keinen Vorwurf daraus machen«, sagte Mohammed Amin Ezzat. »Das Leid in unserem Land ist einfach zu groß. Doch warum macht man ihm nicht endlich ein Ende? Das ist die Frage, die alle zivilisierten Menschen sich einmal stellen sollten.«

Übersetzung: Monika Regelin/Michael Schiffmann

Anmerkungen

* Aus *Iraq Under Siege. The Deadly Impact Impact of Sanctions and War,* Hrsg. Anthony Arnove (Cambridge: South End Press, 2000), Seiten 59 - 65.

1 Interview mit dem Autor, Bagdad, 13. Oktober 1999.

2 Barton Gellman, UNSCOM Losing Role in Iraqui Arms Drama«, *Washington Post*, 28. Januar 1999, S. A19.

3 UN-Büro für das Irakprogramm, »Status of Humanitarian Contracts Under Phase V as of October 29, 1999«. Für eine aktuelle Liste einbehaltener Güter siehe: die Website des UN-Büros für das Irakprogramm: http://www.un.org/depts/oip/.

4 Kofi Annan, Brief an den Präsidenten des Sicherheitsrats, 22. Oktober 1999 (S/

1999/1086), S. 1, und Benon V. Sevan, Anhang, Notiz des leitenden Direktors des Irakprogramms an den Generalsekretär, 22. Oktober 1999 (S/1999/1986), S. 2-4.

5 Martti Ahtisaari, *The Impact of War on Iraq: Report to the Secretary-General on Humanitarian Needs in Iraq in the Immediate Post-Crisis Environment, March 20, 1991* (Westfield, New Jersey: Open Magazine Pamphlet Series 7, 1991), S. 5.

6 Leslie Stahl, »Punishing Saddam«, produziert von Catherine Olian, CBS, *60 Minutes*, 12. Mai 1996.

7 Interview mit dem Autor, Washington DC, 29. November 1999.

8 Siehe Entwicklungsprogramm der Vereinten Nationen, *Human Development Report 1999* (New York und Oxford, Oxford University Press, 1999), Tabelle 8, »Progress in Survival«, S. 170-171.

9 UNICEF und Gesundheitsministerium der Regierung des Irak, *Child and Maternal Mortality Survey 1999: Preliminary Report* (Bagdad, Unicef, 1999); UNICEF Pressemitteilung, »Iraq Survey Shows'Humanitarian Emergency«, 12. August 1999 (Cf/doc/pr/1999/29), S. 2; ferner UNICEF, »Questions and Answers for the Iraq Child Mortality Surveys« (August 1999). Zugänglich im Internet unter http://www.unicef.org. UNICEFs Einschätzung zufolge »hätte es, wenn die erhebliche Reduzierung der Kindersterblichkeit im gesamten Irak während der achtziger Jahre sich in den neunziger Jahren fortgesetzt hätte, während der acht Jahre währenden Periode von 1991 bis 1998 im ganzen Land eine halbe Million weniger Todesfälle bei Kindern unter fünf Jahren gegeben« (S. 2); das sind im Durchschnitt 5.200 vermeidbare Todesfälle im Monat bei Kindern unter fünf im Lauf dieser Zeitspanne.

10 Interview mit dem Autor, Bagdad, 13. Oktober 1999.

11 Arthur Miller, »Why I Wrote ›The Crucible‹: An Artist's Answer to Politics«, *New Yorker*, 21.-28. Oktober 1996, S. 163-64.

12 Interview mit dem Autor, New York, 2. Dezember 1999.

13 Waiel Faleh, Associated Press, »Iraq Rejects U.N. Weapons Inspection Plan«, *Washington Post*, 19. Dezember 1999, S. A54.

14 Interview mit dem Autor, 15. Oktober 1999.

15 Interview mit dem Autor, New York, 3. Dezember 1999.

16 Interview mit dem Autor, Bagdad, 24. Oktober 1999.

VI.
Die Sanktionen: Mythos und Realität

Ulrich Gottstein

Zwischen leben lassen und sterben müssen

Das Gesundheitswesen im Irak ist um 30 Jahre zurückgeworfen

Aus eigenem Erleben sowie aus vielen weiteren Quellen, zum Beispiel von Graf Hans-Christof von Sponeck, der bis März 2000 als UNO-Beauftragter für Humanitäre Hilfen in Bagdad arbeitete, und durch unsere irakisch-gebürtigen IPPNW-Kollegen ergibt sich folgendes Bild vom Irak, zehn Jahre nach Kriegsende und andauernden Sanktionen: Etwa 80 Prozent der Bevölkerung sind ohne bezahlte Arbeit und daher sehr arm. Sie können nur durch Familienzusammenhalt leben, aber viele arme, alte und kranke Menschen sterben an Unterernährung und Schwäche. Die früher gut situierte Mittelschicht ist großenteils verarmt, wenn sie nicht regierungsnahe Positionen hat, Geldspenden von Verwandten aus dem Ausland bekommt oder private Einnahmequellen hat. Wohlhabend sind im Irak nur die sogenannten Neureichen, wie Regierungsmitglieder, Funktionäre, hohe Militärs und am Verkauf von Schmuggelwaren via nordirakisch-kurdische oder jordanische Grenze Verdienende. Dieser »illegale« Import von Waren in den Irak ist im Lande »legal«, das heißt, wer Geld hat, kann vieles auf dem Straßenmarkt oder in Geschäften kaufen oder in Restaurants essen. Aber das sind nur wenige.

Die arme Bevölkerung lebt von den geringen Lebensmitteln, die zugeteilt werden und nicht ausreichend für den Energiebedarf sind. Dieser Warenkorb enthält kein Fleisch und keine Eier, für Erwachsene auch keine Milch. Daher sind etwa 50 Prozent der irakischen Kinder unterernährt, viele Babys und Kleinkinder sterben an Schwäche und Infekten als Folge der Abwehrschwäche und bei fehlenden Medikationen. UNICEF und Weltgesundheitsorganisation (WHO) haben übereinstimmend festgestellt, daß embargobedingt jeden Monat etwa 5.000 Kleinkinder sterben, seit 1991 weit über 500.000.

Zynisch behaupten die US- und andere westliche Regierungen, darunter leider auch die deutsche, Medikamente und Lebensmittel fielen nicht unter die Verbotsbestimmungen der UNO-Resolutionen. Die irakische Regierung sei daher selbst am traurigen Zustand ihrer Bevölkerung schuld. Man verschweigt jedoch, daß Iraks Auslandskonten eingefroren sind und dem Land jeder Handel verboten ist. Lediglich über das seit 1996 bestehende und 1998 aufgebesserte »Oil for Food«-Programm darf Irak Öl für jetzt 5,256 Milliarden US-Dollar pro Halbjahr verkaufen. Wegen des schlechten Zustands der Ölförderungsanlagen kann Bagdad das aber nur im Umfang von etwa drei Milliarden Dollar leisten. Von dem Verkaufsgewinn nehmen die Vereinten Nationen mehr als 50 Prozent für Kuwait, die Türkei und Irakisch-Kudistan sowie für die UNO-Ausgaben. Damit bleiben der UNO nur etwa 1,5 Milliarden US-Dollar, um Lebensmittel, Medikamente, Klinikbedarf sowie Haushaltswaren für Gesamtirak einzukaufen. Das ist viel zu wenig, um den wirklichen Bedarf zu decken, besonders auch unter Berücksichtigung der Kriegsfolgen und des anhaltenden Embargos.

weniger als 1 Dollar pro Tag u. Mensch

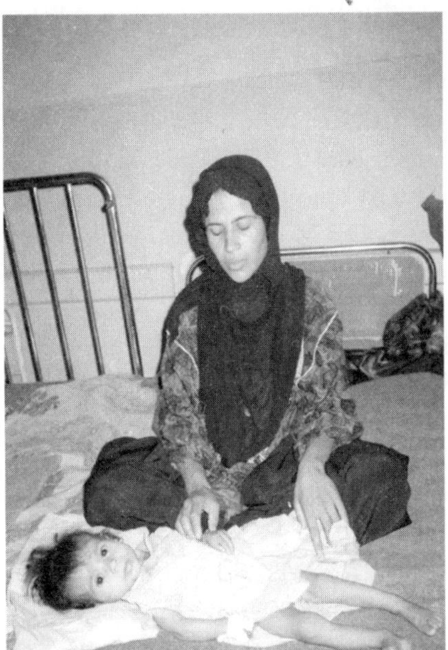

Saddam-Kinderkrankenhaus, Bagdad (Foto: Challenge to Genocide, IAC)

So bleiben die medikamentöse und operative Therapie, die Labor- und Röntgendiagnostik völlig unzureichend. Die Patienten müssen für ihre Medikamente und Operationen zuzahlen, was jedoch nur den Wohlhabenden möglich ist. Diese können sich auch protegiert in staatlichen oder in einzelnen Privatkrankenhäusern behandeln lassen - aber auch dort können schwerere Krankheiten nicht behandelt und größere Operationen nicht durchgeführt werden.

Vor dem Krieg hatte das Gesundheitswesen im Irak westliches Niveau, jetzt ist es auf den Zustand von vor 30 Jahren zurückgeworfen worden. Da verwundert es nicht, daß auch die Ausbildung der Medizinstudenten und Ärzte schlecht geworden ist. Zwar können sie viele Krankheitsbilder beobachten, aber oft - weil Labor und technische Einrichtungen unzureichend sind - nicht sicher diagnostizieren. Vor allem kann nicht modern therapiert werden. Nachdem nun die Sanktionen seit fast elf Jahren bestehen und damit auch alle Kontakte zur internationalen Medizin fehlen, verfügen auch die Lehrkräfte nicht über die notwendigen Kenntnisse und Erfahrungen. Moderne Lehrbücher und Zeitschriften können nicht aus dem Ausland bezogen und auch nicht in Jordanien gekauft werden, da das Gehalt der Ärzte etwa sechs Dollar pro Monat beträgt, die dringend für den Einkauf von Lebensmitteln nötig sind. Viele erfahrene Ärzte haben den Irak verlassen und arbeiten in Jordanien, Libyen oder den Golf-Emiraten, um Geld nach Hause zu ihren Familien senden zu können. Medizinprofessoren allerdings dürfen das Land nicht verlassen. Das Medizinstudium ist teuer und kann nur von wohlhabenden Familien bezahlt werden. Dennoch brechen aus finanziellen Gründen viele Studenten ihr Studium ab. Es ist zudem sehr unbefriedigend, da moderne Lehrmittel, insbesondere Lehrbücher, fehlen. Die wenigen zur Verfügung gestellten sind total veraltet. Die Studenten können zumeist keine moderne Labor-, EKG-, Röntgen- oder CT- Diagnostik erlernen. Die Examina werden in anderen arabischen Ländern nicht anerkannt, und in westlichen Ländern erhalten die Studenten weder Visa noch Studienzulassungen.

Bei all der Misere imponierte mir stets das Engagement der irakischen Medizinstudenten und Ärzte und ihr sehr freundliches Verhalten uns gegenüber. Mit großer Charakterstärke erfüllen die meisten von ihnen vorbildlich ihre Pflicht in den Kliniken. Für uns tief bedrückend war stets mitzuerleben, wie diese jungen Kollegen nun lernen mußten und weiterhin müssen, daß ärztliche Ethik in ihrem Land nicht bedeutet, alle kranken Menschen gleich zu behandeln. Sie sind gezwungen zu lernen, daß man arme Menschen, die sich Medikamente, Diagnostik oder Operation nicht leisten können, sterben lassen muß. Und das in einem Land, das vor noch elf Jahren vorbildlich in der Medizin und den Sozialdiensten war.

Die Deutsche Sektion der Internationalen Ärzte zur Verhütung eines Atomkriegs - Ärzte in sozialer Verantwortung e.V. (IPPNW) hat zum Kauf dringend benötigter Arzneimittel für den Irak seit Jahren ein Sonderkonto eingerichtet: IPPNW-Kinderhilfe im Irak, Stadtsparkasse Gaggenau, Konto-Nr. 50264639, BLZ 66551290

Phyllis Bennis und Denis J. Halliday

Die Auswirkungen der Sanktionen und die US-Politik

Ein Interview von David Barsamian*

Noam Chomsky hat die während des Golfkriegs durchgeführten Luft- und Raketenangriffe auf Kläranlagen, Bewässerungssysteme und Wasseraufbereitungsanlagen als Akte biologischer Kriegsführung bezeichnet.

Phyllis Bennis: Diese Bezeichnung trifft meines Erachtens genau zu. Die USA waren sehr stolz darauf, der ganzen Welt verkünden zu können, daß der Krieg, den sie Anfang 1991 gegen den Irak führten, ein »sauberer« Krieg sei, daß wir »intelligente Waffen« einsetzten, die nur die erwünschten Ziele träfen. Abgesehen davon, daß sich diese Behauptungen später als durch und durch verlogen herausstellten, denn beim weitaus größten Teil der Bomben handelte es sich keineswegs um intelligente Bomben, und selbst von den sogenannten intelligenten Bomben verfehlten viele ihr Ziel – aber davon einmal abgesehen, waren die Ziele unter anderem Wasseraufbereitungsanlagen, Kläranlagen, Elektrizitätswerke, Kommunikationszentren. Die Tatsache, daß dadurch den 22 Millionen Menschen, die im Irak leben, der Zugang zu sauberem Wasser entzogen werden könnte, wurde als Konsequenz billigend in Kauf genommen.

Das Ergebnis ist für die Zivilbevölkerung absolut verheerend und wird in Zukunft noch enorme Kosten für den Wiederaufbau verursachen. Während der militärischen Schläge im Zuge der Operation Wüstenfuchs im Dezember 1998 wurde mindestens eine Ölraffinerie bewußt als Angriffsziel gewählt, mit der Begründung, speziell das in dieser Raffinerie produzierte Öl werde als Schmuggelware verwendet.[1] Ob das zutraf oder nicht, weiß ich nicht. Aber egal, ob es zutraf oder nicht, es ist eine Völkerrechtsverletzung, wenn bewußt ein ökonomisches Ziel als Angriffsziel ausgewählt wird, so wie es hier der Fall war. Das heißt, daß jeder im Pentagon, der an dieser Entscheidung beteiligt war, eines Kriegsverbrechens schuldig ist.

Die Unfähigkeit des Irak, die entstandenen Schäden zu reparieren, bedeutet Fortsetzung der Unterernährung. Der größte Teil der Todesfälle heute ist auf verschmutztes, infiziertes Wasser zurückzuführen, verursacht durch ungenügende Abwasserentsorgung und Trinkwasseraufbereitungsanlagen. Das bedeutet, daß Kinder im Irak an leicht heilbaren Krankheiten sterben: an einfachem Durchfall, Typhus und anderen Krankheiten, die durch verschmutztes Wasser hervorgerufen werden. Und das in einem Land, dessen Gesundheitssystem vor der Verhängung der Sanktionen und vor den Bombardierungen so gut ausgebaut und so weit entwickelt war, daß das größte gesundheitliche Problem, mit dem die Kinderärzte im Irak konfrontiert waren, die Übergewichtigkeit vieler Kinder war. Wir haben dieses Land dermaßen zerstört, daß seine Kindersterblichkeitsrate jetzt höher ist als die im Sudan.[2]

Sie haben einmal gesagt, das Programm »Öl für Lebensmittel« sei von Anfang an stark politisiert gewesen. Was meinen Sie damit?

Denis Halliday: Zunächst einmal hatte »Öl für Lebensmittel« niemals wirklich das Ziel, die humanitäre Krise zu beenden. Es sollte nur eine weitere Verschlimmerung verhindern. Das Programm war so gestaltet, daß es auf dem aufbauen konnte, was die irakische Regierung bereits tat und noch immer tut. Die Regierung hat ein eigenes Nahrungsmittelverteilungsprogramm für Menschen mit festem Einkommen, für Waisen, Kriegerwitwen und andere, und dieses Programm lief schon die ganze Zeit und läuft auch jetzt noch weiter. Die Politisierung kommt am deutlichsten in New York zum Vorschein. Dort sitzt der Sanktionsausschuß des Sicherheitsrates und überprüft pedantisch genau die Handelspartner, den Inhalt und die Kosten der Handelsgüter, welche die irakische Regierung - fast immer mit Zustimmung des Welternährungsprogramms, des Kinderhilfswerks UNICEF, der Weltgesundheitsorganisation oder der FAO - zu erwerben versucht.

Diese Vorgänge sind nicht einfach reiner Zufall. Die jungen Bürokraten, die in dem Komitee in New York sitzen, sind keine fachlich orientierten Leute. Tatsächlich wollen sie keinen fachlichen Rat. Wenn es Briten oder Amerikaner sind, neigen sie dazu, das Material an ihr Hauptquartier weiterzuleiten, wo es noch weiter politisch beurteilt und begutachtet wird, um Güter aus jedem potentiellen Dual-Use-Bereich und jedem Bereich, wo sie meinen, da könne ein Risikofaktor sein, zurückzuhalten. Zum Beispiel baten die Iraker um 500 Krankenwagen. Die Weltgesundheitsorganisation hatte diese Anzahl abgesegnet und als Mindesterfordernis unter den gegebenen

Bedingungen bezeichnet. Anfänglich wurde die Lieferung aller 500 Krankenwagen blockiert und dann wurden langsam, über einen Zeitraum von sechs bis neun Monaten, 100 oder 200 Krankenwagen freigegeben, das war eine regelrechte Kleinkrämerei, unentschuldbar. Genauso sieht es im gesamten Arzneimittelbereich aus, bei der medizinischen Ausrüstung für Krankenhäuser und Kliniken, bei Kühlanlagen und sogar wenn es um Bildung geht, um Papier, Bücher, Bleistifte. Das ist unglaublich, so etwas ist völlig indiskutabel im Rahmen eines humanitären Programms.

Warum stand UNSCOM so sehr im Zentrum der Kontroversen und der Aufmerksamkeit?

Denis Halliday: Meines Erachtens hat UNSCOM sich aus der UNO heraus verselbständigt und ist zu einer eigenmächtigen Einheit geworden. Das Personal besteht nicht aus UNO-Mitarbeitern, sondern aus Mitarbeitern anderer Organisationen. Diese Leute arbeiten zwar leihweise für die UNO, ihre Loyalität gilt aber im Grunde ihren eigentlichen Arbeitgebern, ob das nun militärische Nachrichtendienste, andere Nachrichtendienste, irgendwelche militärischen Stellen oder was auch immer sind. Und das ist sehr bedauerlich. Die Ergebnisse haben wir gesehen. Inzwischen ist die ganze Sache natürlich ans Licht gekommen. Seit Jahren haben die Iraker ja darauf hingewiesen, daß die UNSCOM-Inspektoren spionierten und Daten sammelten, die dann in Militärschlägen gegen den Irak verwendet wurden. Ich denke, inzwischen ist bekannt, daß Washington das zugeben mußte.[3]

Phyllis Bennis: Das Paradoxe an der Sache ist, daß bei der ganzen Auseinandersetzung über die UNSCOM eines in Vergessenheit geraten ist, nämlich, daß die Arbeit der UNSCOM, vor allem in den ersten Jahren, recht erfolgreich war. Natürlich gibt es das eine oder andere Fitzelchen biologischen oder chemischen Materials, das nicht entdeckt worden ist und irgendwo in einem Einmachglas im Kühlschrank steht und niemals gefunden werden wird. Das ist klar. Aber die relevanten Aspekte der Waffenprogramme sind ausfindig gemacht und zerstört worden.

Kritiker der US-Politik im Irak sind der Auffassung, daß die USA die gestellten Bedingungen nach Belieben verändern. Anfangs sei es um die Einhaltung der Resolution 687, der »Mutter aller Resolutionen«, gegangen. In letzter Zeit gehe es um den »Sturz des Regimes«, wie Madeleine Albright sagt. Sind diese Vorwürfe berechtigt?

Phyllis Bennis: Die USA ändern die Spielregeln, seit die Sanktionen auferlegt wurden. Statt die UN-Resolution 687 zu akzeptieren, die besagt, daß die Sanktionen nach Erfüllung gewisser, sehr genau festgelegter Bedingungen in bezug auf Massenvernichtungswaffen aufgehoben werden, wurde uns gesagt, daß die Sanktionen beibehalten würden, bis Saddam Hussein gestürzt ist, bis irgendwann einmal im nächsten Jahrhundert, solange, wie Saddam Hussein an der Macht ist und was nicht noch. Auch wenn der Irak die Bedingungen erfüllt, werden wir die Sanktionen nicht aufheben.

Und wo wir gerade über Resolution 687 sprechen: Hier gibt es einen weiteren wichtigen Aspekt, der oft übersehen wird. Die Resolution verhängt nämlich nicht nur Sanktionen und regelt den Umgang mit Massenvernichtungswaffen, sondern ruft auch zur Schaffung einer von Massenvernichtungswaffen freien Zone und einer atomwaffenfreien Zone im gesamten Nahen Osten auf.[4] Das ist sehr bedeutsam, da die USA offiziell immer noch nicht anerkennen, daß Israel über Atomwaffen verfügt. Die Vereinigten Staaten waren die Hauptlieferanten von Waffen an Saudi-Arabien, die Türkei und Israel.

Ließen die offiziellen Vertreter des Irak im Umgang mit Ihnen durchblikken, daß sie gewissermaßen niemals genug tun konnten, egal was sie taten?

Denis Halliday: Genau so sieht die Stimmung bei den mir bekannten Ministern und Verwaltungsleuten in den Ministerien in ganz Bagdad aus. Sie denken, es ist eine verlorene Sache, und daß sie nichts tun können, was die USA zufrieden stellen würde, die sie als Hauptbetreiber dieser Politik ausgemacht haben. Diese Leute, die hochqualifizierte Fachleute mit den Besten Absichten sind, das Beste für ihr Volk zu tun, befinden sich in einer verzweifelten Lage. Sie selbst, ihre eigenen Familien, sind Opfer. Sie sind vom »Öl für Lebensmittel«-Programm abhängig. Ich glaube sie sind sehr entmutigt angesichts der Tatsache, daß die UNO die Kontrolle darüber verloren hat, und es ist in der Tat nicht die UNO, mit der sie es zu tun haben. Der Ruf der UNO hat darunter nicht nur im Irak, sondern im gesamten Nahen Osten sehr gelitten. Man sieht dort ganz klar, daß das politische Handeln der UNO das irakische Volk schwächt und zugleich das Regime Saddam Husseins stärkt.

Haben Sie Kofi Annan über Ihre Sichtweise bezüglich der Auswirkungen der Sanktionen informiert?

Denis Halliday: Ich habe ihm Ende Oktober, Anfang November 1997 einen Brief geschrieben und sehr klar auf die Tragödie hingewiesen, die sich vor unseren Augen abspielt und für die wir verantwortlich sind, und auf die Auswirkungen, die dies für die Vereinten Nationen haben wird. Dieser Brief wurde *Le Monde* zugespielt und gelangte auf diesem Weg an die Öffentlichkeit. Ich denke, dieser Brief spielte auf diesem merkwürdigen Umweg eine Rolle dabei, daß der Sicherheitsrat seine Irrtümer eingestehen und endlich das Problem der humanitären Krise angehen mußte, was letzten Endes dazu führte, daß die Beschränkungen, unter denen die Iraker leben müssen, etwas gelockert wurden.

Sie selbst waren ein Mitarbeiter wie aus dem Bilderbuch. 34 Jahre lang haben Sie für die UNO gearbeitet, in New York, Indonesien, Malaysia, Iran, und Ihr letzter Arbeitsort war der Irak. Warum sind Sie nicht in der UNO geblieben, um innerhalb der Organisation etwas zu verändern?

Denis Halliday: Die Organisation hat zwei Hauptkomponenten. Zum einen die Mitgliedstaaten, denen die UNO eigentlich gehört und die für die Entscheidungsfindung innerhalb der UNO, für die wir alle arbeiten, verantwortlich sind. Und genau hier haben wir die Krise. Das Sekretariat hat viele Probleme, wie sie in jeder Verwaltung, in jeder Gruppe von Beamten auftauchen. Meine Laufbahn während all dieser Jahre war sehr befriedigend und gut. Entwicklungshilfe ist eine sehr befriedigende Arbeit. Wir haben großartige Beziehungen mit den Regierungen von Empfängerländern auf der ganzen Welt, wir haben mit den staatlichen Organen, dem privaten Sektor und mit Nichtregierungsorganisationen zusammengearbeitet. Das war eine sehr positive Erfahrung, und ich würde diese Arbeit jederzeit wieder machen. Es gibt aber ein riesiges Problem, und zwar, wenn wir mit ansehen müssen, daß die Mitgliedstaaten, besonders die im Sicherheitsrat vertretenen, die Organisation für ihre eigenen nationalen Interessen einspannen. Hier liegt die Ursache der Krise, und genau damit bin ich im Irak sehr schnell konfrontiert worden.

Nicht daß ich gänzlich blauäugig gewesen wäre. Schließlich war ich unter Boutros-Ghali drei Jahre lang Leiter der Personalabteilung gewesen. Ich weiß also durchaus, was politischer Druck ist. Aber wir konnten damit recht gut umgehen und waren bereits im Begriff, wichtige Veränderungen vorzunehmen. Aber im Irak haben wir meines Erachtens die Kontrolle verloren. Der

Sicherheitsrat ist außer Kontrolle geraten. Ich denke, wir brauchen ein internationales Überprüfungsverfahren, um die Resolutionen noch einmal durchzugehen und sie auf den Boden zurückzuholen, sie also mit der Charta, mit der Allgemeinen Erklärung der Menschenrechte und verschiedenen anderen internationalen Abkommen in Einklang zu bringen.

Aber was trieb Sie zu der Entscheidung, die Organisation zu verlassen, statt zu bleiben und innerhalb der UNO zu kämpfen?

Denis Halliday: Das Problem lag nicht im Bereich des Sekretariats, wo ich einen gewissen Einfluß hatte, sondern bei den Mitgliedstaaten. Ich als Beamter konnte mich nicht hinstellen und die Mitgliedstaaten kritisieren. So funktioniert das Spiel nicht. Deshalb mußte ich frei sein, um das tun zu können, was ich jetzt hier tue.

Sie sind Ende September 1998 zurückgetreten. Sie kommen in die USA und fangen an, über diese Themen zu sprechen. Wie sehen die Reaktionen aus?

Denis Halliday: Ermutigend. Ich habe die Entdeckung gemacht, daß sowohl in Europa als auch in den USA Tausende, vielleicht Millionen von Menschen leben, die von der Politik ihrer jeweiligen Regierungen - auch in Europa - enttäuscht und angewidert sind. In den USA sind wir allein auf einer Vortragsreise Tausenden von Amerikanern persönlich begegnet und haben zahlreiche weitere über Radio und andere Medien erreicht. Meines Erachtens werden sich immer mehr US-Bürger der schrecklichen Folgen bewußt, die aus den politischen Entscheidungen in Washington erwachsen. Und diese Menschen wollen sich unbedingt Gehör verschaffen. Sie haben keine genaue Vorstellung davon, wie sie das am besten bewerkstelligen sollen. Sie haben keine Erfahrung mit politischem Aktivismus. Sie brauchen Hilfe und Unterstützung. Wir hoffen, daß wir dazu beitragen können. Das ist alles, was wir tun können: zu versuchen, ein Bündnis von interessierten Amerikanern aufzubauen, die begreifen, daß die Menschen im Irak leiden und keine anderen Menschen sind als wir, die Amerikaner oder Europäer. Sie haben Familien, Kinder, ältere Leute. Sie brauchen Hilfe und Unterstützung. Sie haben die Strafe, der sie unter dem Sanktionsregime ausgesetzt sind, nicht verdient.

Die USA hatten sicherlich eine wechselvolle Geschichte mit Saddam Hussein, vom bevorzugten Verbündeten in den achtziger Jahren zu einem

Dämonen, vergleichbar Adolf Hitler, in den Neunzigern. Könnten Sie über diese Übergangszeit von fast zwei Jahrzehnten sprechen?

Phyllis Bennis: Das Bündnis der USA mit der Regierung Saddam Husseins im Irak geht in Wirklichkeit sogar bis in die siebziger Jahre zurück, aber es waren die achtziger Jahre, in denen die USA sich zum vorrangigen diplomatischen Unterstützer, zum Lieferanten von nachrichtendienstlichen Erkenntnissen und – das ist sehr wichtig – von Massenvernichtungswaffen entwickelten. Spezifisch waren das biologische Waffen von einer ganz bestimmen Firma in der Gegend von Washington, der American Type Culture Collection, die gemäß vom US-Handelsministerium genehmigten Plänen biologisches Waffenmaterial zur Herstellung von Anthrax, E. coli-Bakterien und Erreger von Botulismus und einer Reihe anderer furchtbarer Seuchenerkrankungen an den Irak lieferte.[5]

Diese Verkäufe gingen sogar dann noch weiter, als das irakische Regime tatsächlich chemische Waffen gegen seine eigene kurdische Bevölkerung in Halabja im Nordirak und gegen iranische Truppen an der Grenze zum Iran eingesetzt und damit eine Reihe internationaler Konventionen verletzt hatte.

Alle wußten, daß dies ein hochgradig repressives Regime war, aber Saddam Hussein war »unser Bursche«. Es war dasselbe wie damals, als Franklin Roosevelt von dem Diktator Nicaraguas Anastasio Somoza sagte: »Er ist ein Hurensohn, aber er ist unser Hurensohn.« Das ist genau das, was auch Saddam Hussein bis praktisch genau zu dem Moment war, als seine Regierung im August 1990 in Kuwait einmarschierte. Urplötzlich war er nicht mehr ein vielleicht abstoßender, aber nützlicher Verbündeter; er war Hitler. Es war, als hätte ein Putsch im Irak stattgefunden und eine neue, ganz andere Regierung an die Macht gebracht als die, die all die Jahre unterstützt worden war.

Ganz besonders interessant ist daran, daß all das damals weitaus mehr mit der internationalen Situation zu tun hatte als lediglich mit der regionalen Lage. Natürlich gab es auch regionale Aspekte, Fragen hinsichtlich des Öls, der internationalen Stabilität und Israels, aber meiner Ansicht nach war es damals von entscheidender Bedeutung, daß der Zusammenbruch der Sowjetunion unmittelbar bevorstand. Die USA sahen sich dem strategischen Problem gegenüber, sich eine neue Rolle als Supermacht, als das, was die Franzosen jetzt »Hypermacht« nennen, zu eigen zu machen. Die USA fürchteten vermutlich den Gedanken, daß viele Länder und viele Menschen in der ganzen Welt nunmehr angesichts des bevorstehenden Zusammenbruchs der Sowjetunion, der sich damals schon abzeichnete, erwarten könnten, daß Sie ihre Zelte als Supermacht zusammenfalten und beginnen würden, sich wie ein normales Land zu benehmen, statt den Anschein einer ohne ihren alten Sparringpartner weiteragierenden Supermacht zu erwecken. Die USA wollten klarstellen, daß sie selbst, ganz gleich, was mit der Sowjetunion geschehen würde, die Hypermacht und die vorherrschende Kraft im Nahen Osten und auf der ganzen Welt bleiben würden. Die Invasion des Irak in Kuwait lieferte ihnen den Vorwand für diese Demonstration.

Zu Beginn der Invasion handelte es sich um eine regionale Krise, die man hätte eindämmen können. Es war die Entscheidung der USA, daraus eine Katastrophe von internationalem Ausmaß zu machen. Als es zur Invasion gekommen war, versuchte die Arabische Liga, mit der Krise fertig zu werden.[6] Niemand war überrascht, daß sie dabei scheiterte. Ob sie Erfolg gehabt hätte, wenn man ihr mehr Zeit gelassen hätte, weiß ich nicht, aber als sie darum bat, ihr mehr Zeit zu geben, wurde ihr das verweigert. Die USA verkündeten, sie würden Truppen in die Region entsenden.

Aus demselben Grund gestattete man späteren Bemühungen zur Ausarbeitung einer diplomatischen, statt einer militärischen Lösung für die irakische Invasion keinen wirklichen Spielraum. Erwähnenswert ist besonders die in letzter Minute im Februar 1991 unternommene Initiative des damaligen Außenministers der Sowjetunion Jewgeny Primakow, der früher Botschafter im Irak gewesen war. Er ging nach Bagdad und handelte mit der irakischen Regierung ein Abkommen über einen Truppenrückzug aus. Die USA wollten im Sicherheitsrat nicht einmal eine Diskussion darüber zulassen, denn es war klar, daß man in Washington eine Entscheidung getroffen hatte, daß dies ein militärischer Sieg, eine Demonstration sein sollte, und daß die USA die Welt dazu zwingen würden, mit ihnen in den Krieg zu ziehen.[7] Das ist das Kernstück der UN-Resolution 678: die Autorisierung zur Anwendung von Gewalt.

Im Grunde genommen kauften die USA die Stimmen Chinas, Kolumbiens und Äthiopiens im Sicherheitsrat. Sie bestraften den Jemen drastisch für seine Weigerung, zuzustimmen. Es waren ganze zwei Länder, die mit Nein stimmten; das eine war Kuba, das andere der Jemen, der zugleich das einzige arabische Land im Sicherheitsrat war. Als der UN-Botschafter des Jemen Abdallah Saleh al-Ashtal seine Hand wieder herunternahm, nachdem er mit Nein gestimmt hatte, wandte sich einer der US-Diplomaten zu ihm und sagte: »Das war die teuerste Nein-Stimme, die Sie je abgegeben haben.«[8] Zur Vergeltung kürzten oder strichen die USA und andere Länder die Hilfe an den Jemen, eines der ärmsten Länder der arabischen Welt.[9] Für die USA ging es also wirklich um sehr, sehr viel.

China erhielt enorme Vergünstigungen, um sicherzugehen, daß es nicht das Veto einlegte, mit dem es gedroht hatte. China wollte zweierlei Dinge, die es seit em Massaker auf dem Tiananmenplatz nicht bekommen konnte. Das eine war die diplomatische Rehabilitierung. Das andere war langfristige Hilfe zu seiner Entwicklung. Die USA hatten beides blockiert. Am Tag nach der Abstimmung wurde China zu einem hochrangigen Besuch im Weißen Haus eingeladen.[10] Also bekam China, was es wollte. Die USA bekamen ebenfalls, was sie wollten, nämliche eine Stimmenthaltung statt eines Vetos. Für die USA stand viel auf dem Spiel, und in den wichtigen Dingen gewannen sie dabei.

Im September 1980 überfiel der Irak in klarer Verletzung des Souveränität seines Nachbarn den Iran. Wie sah damals die Antwort der internationalen Gemeinschaft aus?

Phyllis Bennis: Die Antwort war im wesentlichen: Wir lehnen uns einfach zurück und sehen zu. Es war sogar noch etwas machiavellistischer. Es gab außerdem zumindest einen Teilaspekt, der besagte, wir lehnen uns nicht nur zurück und sehen zu, sondern wir klatschen Beifall und verkaufen Popkorn, während die Streithähne gegenseitig ihre Ressourcen erschöpfen. Das war die Ära der »doppelten Eindämmung« durch die USA, als sowohl der Irak als auch der Iran als wichtige potentielle Herausforderer der US-Interessen in der Region betrachtet wurden. Und auch hier ist die Sache noch etwas subtiler. Das Problem war nicht, daß diese Länder das Öl für sich behalten würden. Selbstverständlich mußten beide Länder das Öl auf dem Weltmarkt verkaufen, um ihren Lebensunterhalt zu verdienen. Sie konnten das Öl schließlich nicht essen. Aber die Frage war dann immer noch, wer die Kontrolle über den Zugang zu diesem Öl haben würde. Für die USA bestand die viel größere Sorge im Hinblick auf ihre Verbündeten (aber in wirtschaftlicher Hinsicht Konkurrenten) in Deutschland und Japan sowie anderswo in Europa. Die USA wollten für ihre Verbündeten Garant des Zugangs zu Öl sein. Diese Rolle verlieh ihnen ein großes Maß an wirtschaftlicher und politischer Macht im Verhältnis zu ihren *Verbündeten*, und nicht in erster Linie im Verhältnis zum Iran oder Irak. Aber diese beiden waren die einzigen Länder im Nahen Osten, die die erforderlichen Voraussetzungen unabhängiger Macht besaßen: Wasser, Land, viele Menschen und auf Öl basierenden Reichtum. Kein anderes Land im Nahen Osten besitzt all diese Voraussetzungen. Das macht sie zu Anwärtern auf regionale Macht und daher zu einer potentiellen Bedrohung der US-Interessen in diesem Gebiet. Und so trafen die USA zur Zeit des Krieges zwischen dem Iran und dem Irak die Entscheidung, den Irak während des ganzen Krieges taktisch zu unterstützen, indem sie ihm militärische Hilfe sowohl im nachrichtendienstlichen als auch im Rüstungsbereich gaben; allerdings taten sie dies, um ein bestehendes Ungleichgewicht auszugleichen. Der Iran wurde als das gefährlichere und potentiell mächtigere Land von beiden angesehen. Die USA wollten, daß die Kämpfe zwischen ihnen weitergingen.

Der Iraker Kanan Makiya hat ein Buch mit dem Titel Republic of Fear (Republik der Angst) *geschrieben, in dem er den innerstaatlichen Terror beschreibt, der im Irak unter Saddam Hussein herrscht.*[11] *Haben Sie entsprechende Erfahrungen gemacht?*

Denis Halliday: Ich hatte einige hundert irakische Mitarbeiter im UN-Team. Es waren hervorragende Leute, die sich sehr engagierten und gute Arbeit leisten wollten. Es machte ihnen Freude, für die UNO zu arbeiten, auch wenn sie sich dabei in vielerlei Hinsicht unbehaglich fühlten. Ein Aspekt war, daß man sie als unloyal gegenüber der irakischen Regierung betrachten könnte, weil sie für die UNO arbeiteten. Mir ist auch bekannt, daß viele unter Druck gesetzt wurden, den Nachrichtendiensten Bericht zu erstatten. Sie beobachteten also unsere Aktivitäten genau. Die irakischen Mitarbeiter standen unter wirklichem Druck. Sie standen zwischen ihrem Arbeitgeber, der UNO, und ihrer Regierung. Das ist also eine Realität.

Generell trifft man keine Iraker – weder privat noch sonstwie –, die einem gleich ihre Ansichten über den Irak und die Lage dort und die Regierung und Saddam Hussein mitteilen. Das wäre auch ziemlich gefährlich. Es herrscht eine unterschwellige Angst: Wenn du gesehen wirst, wie du mit Ausländern sprichst, oder wenn sie zu dir ins Haus kommen – Vorsicht. Man wird eine

Erklärung von dir verlangen. Diese Angst ist allgegenwärtig. Diejenigen, die vorübergehend dort leben, fühlen sich nicht unbedingt bedroht, aber für die gewöhnlichen irakischen Bürger muß diese Sorge ungeheuer belastend sein. Sie müssen sich wirklich in acht nehmen. Trotz alledem sind sie sehr höfliche Menschen. Ich bin niemals angegriffen worden, weder verbal noch in anderer Weise. Ich bin immer höflich empfangen worden. Das ist wirklich ein ungewöhnliches Land: selbst einfache Iraker unterscheiden sehr klar zwischen Einzelpersonen, ob das nun Amerikaner, Briten, Iren oder was auch immer sind, und den Handlungsweisen, für die dieselben Iraker die jeweiligen Regierungen verantwortlich machen, also zum Beispiel die Sanktionspolitik, die zu jeder Stunde des Tages das Leben und Denken aller beherrscht. Sie läßt sich nie wegschieben. Die Folgen sind ständig präsent.

Phyllis Bennis: Ich halte es für wichtig, eine Art menschenrechtlichen Rahmen im Kopf zu behalten. 20 Jahre lang hat die irakische Regierung der Bevölkerung ziemlich konsequent die bürgerlichen und politischen Rechte vorenthalten. Zugleich wurden aber die wirtschaftlichen und sozialen Rechte sehr gut umgesetzt. Das Land hatte einen hohen Lebensstandard, ein ausgezeichnetes Bildungssystem und das beste Gesundheitssystem der Region. Vielen Irakern stand der Zugang zu höheren Bildungswegen und -abschlüssen und zu Studienaufenthalten im Ausland offen.

Jetzt, im Zusammenhang mit der Sanktionspolitik, ist die Verletzung der bürgerlichen und politischen Rechte für viele Iraker immer noch vorhanden. Es gibt keine Pressefreiheit. Zudem gibt es jetzt aber auch keine wirtschaftlichen und sozialen Rechte mehr, und das ist das Ergebnis der von unserer Regierung verhängten Sanktionen. Die USA haben also auf die Mißachtung *einer* Art von Menschenrechten reagiert, indem sie alle anderen Menschenrechte missachten, ohne etwas gegen die erste Form der Missachtung zu unternehmen.

Das nördliche Drittel des Irak ist eine »Flugverbots«-Zone, das heißt, eine sogenannte sichere Zuflucht für die Kurden. Sie sind dort gewesen. Was haben Sie dort gesehen?

Denis Halliday: Ich bin bereits viele Male dorrt gewesen, habe mich mit den Führern der Kurden, Massoud Barzani und Jalal Talabani, getroffen und habe außerdem mit den Fachleuten der beiden großen dortigen Parteien, der Demokratischen Partei Kurdistans und der Patriotischen Union Kurdistans, zusammengearbeitet. Ich bat sie, sich mit mir zu treffen, um das Öl-für-Nahrungsmittel-Programm zu diskutieren, unter dem jährlich etwa 500 Millionen Dollar in die drei kurdischen Regierungsbezirke geht. 500 Millionen sind überall viel Geld, ganz besonders aber in dieser Umgebung, wo es drei Millionen Kurden gibt. Wir setzten uns also zusammen und verwendeten das Geld nach bestem Wissen und Gewissen, d.h., natürlich für den elementaren Bedarf an Nahrungsmitteln, medizinische Erfordernisse etc. Wir hatten im Norden auch Geld für einen Beginn des Wiederaufbaus der Wasserversorgung, der Abwassersysteme, der Zugangsstraßen und Brücken, der Schulen und sogar einiger Dörfer, die während der Aufstände oder der *Anfal*-Operation, Bagdads Militärkampagne gegen die Kurden im Nordirak, bei der viele kurdische Dörfer entvölkert wurden, zerstört worden waren. Im Norden verfügten wir über eine Flexibilität, die wir im Rest des Irak nicht hatten. Wir betrieben das Programm im Rahmen der UNO selbst. Wir verfügten über einen Fonds an Geld, der uns erlaubte, kurdische Unternehmer im Irak zu beauftragen, den Bau von Schulen, Dörfern und Zugangsstraßen zu übernehmen. Daher war es ein sehr nützliches Programm, das für die kurdische Bevölkerung der nördlichen drei Regierungsbezirke viel Gutes geleistet hat.

Phyllis Bennis: Ich denke, wir müssen darauf hinweisen, daß die sogenannte »Flugverbots«-Zone im Kurdengebiet nur zum Teil eine »Flugverbots«-Zone ist. Die einzigen Flugzeuge, die dort nicht fliegen dürfen, sind irakische Flugzeuge. Was wir gerade während der letzte paar Tage gesehen haben, sind große Invasionen sowohl auf dem Boden als auch in der Luft durch die Türkei, die in den irakischen Teil Kurdistans einfällt und dort Bombenkampagnen durchführt. Die USA haben sich dazu nicht geäußert. Wie es scheint, wird das Töten irakischer Kurden durch türkische Flugzeuge nicht als Verletzung der »Flugverbots«-Zone betrachtet. Es handelt sich also um eine sehr eingeschränkte Definition dessen, was *Flugverbot* wirklich bedeutet.

Es scheint, daß die USA in der Formulierung ihrer Außenpolitik die irakischen Kurden klar als »gute« Kurden definiert haben. Wir mögen sie. Wir unterstützen sie. Wir werden sie schützen. Aber ihre Brüder jenseits der Landesgrenze, in der Türkei, werden nach ganz anderen Kriterien beurteilt. Was ist da los?

Phyllis Bennis: Ich denke, die Einschätzungen der USA, wer denn nun ein guter und wer ein böser Kurde ist, werden nicht so sehr von den Kurden selbst bestimmt als vielmehr von der Regierung, unter der sie zu leben gezwungen sind. Kurdistan ist unter den Staatsgebieten von Iran, Irak, Syrien und vor allem der Türkei aufgeteilt. Die irakischen Kurden sind gute Kurden, weil sie unter einem bösen Herrscher leben, das heißt, sie werden als potentiell subversive Kräfte gegenüber dem irakischen Regime gesehen. Die türkischen Kurden, die in ihrer Eigenschaft als Kurden sehr viel schlimmer unterdrückt werden als die Kurden im Irak oder anderswo, dürfen keine Rundfunk- und Fernsehsendungen in ihrer Sprache ausstrahlen, dürfen in den Schulen kein Kurdisch unterrichten. Sie leben in einem entsetzlich repressiven Umfeld. Aber sie werden als »böse« Kurden eingestuft, denn ihre Regierung, also die türkische Regierung, ganz gleich, wie repressiv sie ist, ist ein Bündnispartner der USA.

Denis Halliday: Die Kurden haben während der vergangenen Jahrhunderte immer wieder diese Erfahrung gemacht, daß sie benutzt und mißbraucht werden, wie es anderen Mächten gerade paßt. Ein Beispiel: Als Kissinger und Nixon in Teheran waren und Gespräche mit dem Schah führten, änderte der Schah sehr rasch seine Haltung gegenüber den Kurden und zog ihnen praktisch den Boden unter den Füßen weg. Erst 1991 wurden die Kurden von den USA wieder mißbraucht, als ihnen suggeriert wurde, daß man ihnen militärische Unterstützung gewähren würde, wenn sie gegen Saddam Hussein aufstehen würden. Er war damals, nach dem Golfkrieg, angreifbar geworden. Als es dann aber tatsächlich zum Aufstand der Kurden kam, als die Kurden dieses ungeheure Risiko auf sich nahmen, kam keine Unterstützung. George Bush kippte um. Die Versprechungen erwiesen sich als leer. Die CIA und andere Kräfte wurden sogar zurückgezogen, und die Kurden erlitten schwerste Verluste durch die irakische Armee, die dank der Politik Schwarzkopfs bewaffnet geblieben war. Schwarzkopf hatte nämlich kein Verbot von Kampfhubschraubern durchgesetzt, und die Folge war, daß die Kurden massenhaft getötet wurden.[12] Das war eine echte Tragödie. Um so schlimmer, daß die USA sich heute nach wie vor in der Region einmischen, zusammen mit der Türkei und Israel. Das ist eine sehr unselige Entwicklung. Ich denke, die Kurden haben eine solche Behandlung einfach nicht verdient.

Sie haben das Wort »Völkermord« für die Sanktionen verwendet. Das ist wirklich ein strapazierter Begriff. Finden Sie nicht, daß Sie eine Grenze überschreiten, wenn Sie ihn verwenden?

Denis Halliday: Ich begann vor kurzem, das Wort zu benutzen, das erste Mal in Paris. Es wurde dann von Le Monde, Reuters und anderen aufgegriffen. Einige finden in der Tat, es sei das falsche Wort, aber kaum jemand kann mir ein besseres vorschlagen.

Es ist aus meiner Sicht gewiß ein passendes Wort, wenn man eine Situation hat, in der es jeden Monat Tausende von Toten gibt und möglicherweise eine Gesamtzahl von eineinhalb Millionen Toten im Lauf der letzten neun Jahre. Wenn das kein Völkermord ist, weiß ich nicht, was einer ist.

Ich kann mir kein besseres Wort denken. Ein Völkermord findet genau jetzt, jeden Tag, in den Städten des Irak statt. Und es geht nicht darum, daß man etwas lediglich geschehen läßt. Es handelt sich um eine aktive Politik fortgesetzter Sanktionen. Die beteiligten Staaten wissen sehr wohl, was sie tun und welche Auswirkungen es hat. Sich hinter Saddam Hussein zu verstecken bedeutet nur, sich vor der Verantwortung zu drücken. Das kann ich nicht akzeptieren. Wir müssen die Verantwortung übernehmen, wir, die Europäer, die Nordamerikaner, die Mitglieder des Sicherheitsrats. Es ist unsere Verantwortung.

Wenn Sie im Land umherfahren und verschiedene Gruppen treffen, woher wissen Sie dann, daß Sie nicht nur mit Menschen sprechen, die sowieso schon mit Ihnen übereinstimmen? Wie kann man an die breite Masse der Amerikaner herankommen?

Denis Halliday: Es ist schon klar, daß wir zu den Bekehrten predigen. Aber Tatsache ist auch, daß der Club der Bekehrten Kontakte hat, und daß jeder Bekehrte zwanzig Freunde hat, die wiederum Freunde haben. Unsere Informationen machen die Runde. Ich bin optimistisch und glaube, daß die amerikanische Bevölkerung gegen diese Politik rebellieren würde, wenn sie über die Konsequenzen der Politik Washingtons besser informiert wäre. Und sie wird rebellieren, und es wird sich etwas verändern. Ich bin ziemlich beeindruckt von dem, was ich auf unseren Veranstaltungen gesehen habe.

Phyllis Bennis: Ich würde einfach sagen, daß es potentiell viel mehr Menschen gibt, die sich für dieses Problem interessieren könnten, als das augenblicklich der Fall ist. Es gibt viele fortschrittlich denkenden Leute, die genau den richtigen Instinkt haben. Sie sind der Meinung, daß die Sanktionen irgendwie falsch sind, aber sie haben nicht immer leichten Zugang zu den wirklichen Verhältnissen oder alle Informationen, die sie brauchen, um andere Leute, denen sie an ihrem Arbeitsplatz, in ihrer Fabrik, ihrer Schule, auf der Straße oder in der Kirche begegnen, zu überzeugen. Es gab eine Menge Fragen von Leuten an uns, die uns sagten, daß Sie nicht den Zugang zu diesen Informationen haben, aber unbedingt wissen wollen, was los ist. Das ist der Beginn dieses grundlegenden Wandels, über den wir gerade sprachen, jetzt, wo dieses Thema wieder ganz nach oben auf der Tagesordnung rückt.

Dazu wird gerade eine ganze Menge verschiedener Dinge getan. Es ist eine sehr aufregende Zeit, an der wir so teilhaben können.

Übersetzung: Heike Makowski, Michael Schiffmann und Susanne Strauß

Anmerkungen

* Interview am 20. Februar 1999 in Denver, Colorado. Aus *Iraq Under Siege. The Deadly Impact Impact of Sanctions and War,* Hrsg. Anthony Arnove (Cambridge: South End Press, 2000), Seiten 35-46.

1 John Davison und Andrew Marshall, »Bombs Aim to Topple Dictator«, *The Independent*, 20.12.1998, S.3.

2 UN Entwicklungsbericht, *Human Development Report 1999* (New York: Oxford UP, 1999), Tabelle 8 (»Progress in Survival«) auf S. 170

3 Colum Lynch, »US Used UN to Spy on Iraq, Aides say,« *Boston Globe* 6.1.1999 und Barton Gellman, »US Spied on Iraqi Military via UN«, Washington Post, 2.3.1999.

4 Siehe Artikel 14 der UN-Sicherheitsratsresolution 687 (Alle UN-Resolutionen sind unter www.un.org verfügbar).

5 Karl Vick, »Man Gets Hands on Bubonic Plague Germ, But That's No Crime«, *Washington Post*, 30. Dezember 1995, S. D1; Associated Press, »Report Links Gulf War Expert to US Supplier of Germs to Iraq«, *New York Times*, 28. November 1996, S. A19; ferner William Blum, »Anthrax for Export«, *The Progressive* 62:4 (April 1998), S. 18-20.

6 Siehe Clovis Maksoud, »The Arab World in the › New World Order‹«, in *Beyond the Storm: A Gulf Crisius Reader*, Hg. Phyllis Bennis und Michel Moushabeck (New York: Olive Branch Press, 1991), S. 173-80, und John Kifner, »Arabs to Convene on Iraqui Invasion«, *New York Times*, 4. August 1990, S. 5.

7 Leonard Doyle, »Soviet Peace Plan Dies a Quiet Death«, *The Independent*, 24. Februar 1991, S. 3.

8 Thomas L. Friedman, »How US Won Support to Use Mideast Forces«, *New York Times*, 2. Dezember 1990, S. 1:1.

9 Nahostbüro des US-Außenministeriums, »Background Notes: Yemen, November 1995« unter http://www.state.gov; Interview mit UN-Botschafter Abdallah Saleh al-Ashtal, 21. Februar 2000.

10 David Hoffman, »Bush Policy Requires Global Tradeoffs«, *Washington Post*, 29. November 1990, S. A1, und Editorial, »Buying Beijing's Vote«, *Boston Globe*, 4. Dezember 1990, S. 18.

11 Kanan Makiya, *Republic of Fear: The Politics of Modern Iraq*, aktualisierte Ausgabe (Berkeley: University of California Press, 1998).

12 Siehe Michel Moushabeck, »Iraq: Years of Turbulence«, in Bennis und Moushabeck, Hg., *Beyond the Storm*, S. 31-32; Charles Glass, »The Emperors of Enforcement«, *New Statesman* 12/4373 (20. Februar 1998), S. 14-15; Faleh › abd al-Jabbar, »Why the Uprising Failed«, in *Iraq Since the Gulf War: Prospects for Democracy*, Hg. Fran Hatzelton für das Komitee gege Repression und für demokratische Rechte im Irak (CADRI) (London: Zed Press, 1994), S. 97-117; und Peter Jennings, »Showdown with Saddam«, ABC, News Saturday Night, 7. Februar 1998. Siehe ferner auch die von Noam Chomsky in Fußnote 9 seines Beitrags in diesem Band angegebenen Quellen.

Joachim Guilliard

Humanitäre Hilferufe

Untersuchungsberichte von UN- und anderen Hilfsorganisationen über die Auswirkungen des Embargos

In einem von der FAO und dem Welternährungsprogramm WFP gemeinsam erstellten und am 13. September 2000 veröffentlichten Bericht, stellen die beiden UN-Organisationen fest, daß trotz gewisser Verbesserungen unter dem Öl-für-Lebensmittel-Programm, weiterhin ernste Ernährungsprobleme im Irak existieren. »Die Mangelernährung bei Kindern in den mittleren und südlichen Teilen hat sich nicht merklich verbessert und Ernährungsprobleme bleiben ernst und weit verbreitet.« Der hohe Grad an Mangelernährung erklärt dem Bericht zufolge auch das fortwährend hohe Niveau der Kindersterblichkeit.[1]

Diese war Gegenstand einer am 12. August 1999 veröffentlichten UNICEF-Untersuchung über die Entwicklung der Kinder- und Müttersterblichkeit, der ersten seit 1991.[2] Die Untersuchung stellte fest, daß sich im Süden und Zentrum des Landes, wo etwa 85 Prozent der Bevölkerung des Irak leben[3], die Sterblichkeit von Kindern unter fünf Jahren während des Embargos mehr als verdoppelt hat: 131 von 1000 Kindern starben 1998 vor Vollendung ihres fünften Lebensjahrs, gegenüber 56 im Jahr 1990. Auch die Sterblichkeit von Kleinkindern unter einem Jahr stieg von 47 auf 108 Tote pro 1000 lebend Geborenen. »Hätte die erhebliche Abnahme der Kindersterblichkeit in den 80er in den 90er Jahren angehalten, so wären insgesamt eine habe Million weniger Todesfälle in den acht Jahren von 1991 bis 1998 bei Kindern unter fünf Jahren zu verzeichnen gewesen«, schlußfolgerte die verantwortliche Direktorin von UNICEF, Carol Bellamy.[4]

Auch die Zahl der bei der Geburt gestorbenen Mütter wuchs im Zeitraum 1989-1999 auf durchschnittlich 294 pro 100.000 Geburten an. Zum Vergleich: in Deutschland liegt die Müttersterblichkeit bei acht und in den Nachbarländern Iran bei 31, in der Türkei und Syrien bei 110 pro 100.000.[5]

Tod durch Schwangerschaft oder Geburt ist mittlerweile mit 31 Prozent die Haupttodesursache bei irakischen Frauen zwischen 15 und 45.

Ein Memorandum über das Embargo gegen den Irak, das Human Rights Watch, eine der weltweit größten Menschenrechtsorganisationen, im Januar 2000 herausgegeben hat, ergänzt im Bezug auf diese UNICEF Studie: »Es gibt keine vergleichbar zuverlässigen Schätzungen über die Bedrohung des Lebens, das die Sanktionen für andere verletzliche Sektoren der irakischen Bevölkerung bedeuten. Noch wurden jemals Versuche unternommen, das Leid zu ermitteln, das diejenigen Iraker erleiden, die ihren fünften Geburtstag überleben. ... Das Übermaß an Toten sollte daher als Spitze des Eisbergs unter den Schäden, die bei den Kinder unter fünf Jahren im Irak der 1990er Jahre angerichtet wurden, gesehen werden.«[6]

Bereits im UNICEF-Bericht vom April 1998, war festgestellt worden, daß die Zahl der Kinder, die vor ihrem fünften Geburtstag sterben, jährlich um mehr als 40.000 im Vergleich zu 1989 zugenommen hatte, die der übrigen Bevölkerung um 50.000. Todesursachen bei den kleinen Kindern sind vor allem Diarrhöe, Lungenentzündung und Unter- bzw. Mangelernährung.[7] Dabei war Unterernährung im Irak vor dem Embargo kein Problem öffent-

Kindersterblichkeit im Irak

Aktuelle Schätzungen der Kindersterblichkeit für den gesamten Irak im Vergleich mit früheren Jahren:

Jahr	unter 5 Jahre	bis 1 Jahr
1960	17,1%	11,7%
1970	12,7%	9,0%
1980	8,3%	6,3%
1990	5,0%	4,0%
1995	11,7%	9,8%
1998	12,5%	10,3%

Quelle: UNICEF Iraq Child an Maternal Mortality Surveys, Juni 1999

Entwicklung der Kindersterblichkeit im Irak

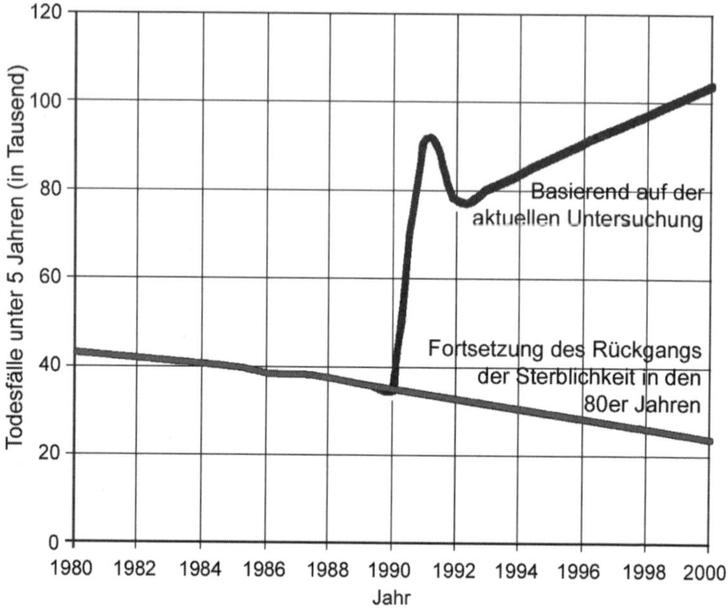

Die Grafik zeigt den großen Unterschied der Zahl der Toten (in Tausend) unter 5 Jahren nach den jüngsten Untersuchungen und die Zahl, die zu erwarten gewesen wäre, wenn die Entwicklung der 80er Jahre sich in vergangenen Jahrzehnt hätte fortsetzen können.

licher Gesundheit. Sie nahm aber ab 1991 vor allem bei Kindern unter fünf Jahren dramatisch zu. Der Anteil von Kindern, die aufgrund chronischer Unterernährung im Wachstum zurückgeblieben sind, betrug 1991 bereits 18 Prozent und stieg 1996 auf 31 Prozent an. Untergewichtigkeit nahm von 1991 bis 1996 von neun auf 26 Prozent zu und Auszehrung durch akute Unterernährung von drei auf elf Prozent.[8]

Generell brach der Kalorienverbrauch im Irak seit 1989 von täglich 3.120 Kilokalorien auf 1.093 im Jahr 1995 ein. Nachdem das monatliche Pro-Kopf-Einkommen von 50 bis 100 US-Dollar auf drei bis fünf US-Dollar sank, leben vier Millionen Iraker nach WHO-Kriterien in extremer Armut.[9]

Auch das Internationale Komitee vom Roten Kreuz (ICRC) äußerte sich im Dezember 1999 sehr besorgt über den »langsamen, aber steten Verfall der Lebensbedingungen im Land seit 1991«. »Nur ein Jahrzehnt früher konnte der Irak eine der modernsten Infrastrukturen und den höchsten Lebensstandard im Nahen Osten vorweisen. Er hatte in den Jahren zuvor seine Öleinnahmen nicht nur verwendet, um die schlagkräftigste Armee in der arabischen Welt aufzubauen, sondern auch für ehrgeizige Entwicklungsprojekte. Er hatte ein modernes und ausgedehntes Gesundheitssystem aufgebaut, riesige Krankenhäuser nach westlichem Vorbild und mit den neuesten Einrichtungen. ... Er hatte ein ausgedehntes Schul- und Universitätssystem.«[10]

In dem im März 1999 vorgelegten Bericht der vom UN-Sicherheitsrat eingesetzten »Humanitären Kommission« wird ebenfalls festgestellt, »daß am Ende des vergangenen Jahrzehnts die sozialen und ökonomischen Indikatoren durchgängig über dem regionalen Durchschnitt lagen«. Der pro Kopfverbrauch an Kalorien war einer der höchsten der Welt. Die kostenlose Gesundheitsversorgung erreichte 97 Prozent der städtischen und 78 Prozent der ländlichen Bevölkerung.[11]

Infolge des Embargos mußte das Gesundheitsbudget auf fünf bis zehn Prozent des früheren Betrags gekürzt werden. Krankenhäuser blieben seit 1991 ohne Reparaturen und Instandhaltung. Neben dem Mangel an Medikamenten führen vor allem auch der Mangel an sauberem Wasser und der häufige Zusammenbruch der Energieversorgung zu einem ständigen Kollaps des Gesundheitssystems.[12]

Der Zusammenbruch der Trinkwasserversorgung durch Krieg und Embargo führte dazu, daß mittlerweile nur noch 50 Prozent der Bevölkerung in den Städten und 33 Prozent auf dem Land Zugang zu sauberem Trinkwasser haben – viele zuvor gut beherrschte Krankheiten, wie Malaria, Typhus und Cholera, kehrten als Epidemien wieder und sind nun erneut weit verbreitet.

Auch der Bildungssektor im Irak war überdurchschnittlich entwickelt. »Der Irak, einst [in den 80er Jahren] von der UNESCO für seine aktive Förderung der Erziehung geehrt, verletzt nun gezwungenermaßen die ›Konvention über die Rechte der Kinder auf Ausbildung‹. ... Dies beinhaltet den Mangel an Basisschulmaterial, wie Schreibtafeln, Kreide, Bleistifte, Schulhefte und Papier (vom Sanktions-Komitee als ›nicht essentiell‹ eingestuft), fehlende Zugang zu Wasser und fehlende oder nicht funktionierende sanitäre Anlagen.«[13]

83 Prozent der Schulen sind stark renovierungsbedürftig. 8.613 von 10.334 Schulen haben ernste Schäden erlitten und die intakten sind nun oft vielfach überbelegt. Dies, obwohl die Einschulungszahlen auf 53 Prozent zurückgegangen sind. Die mangelnde schulische Betreuung bei der gegebenen elenden sozialen Situation ist auch mitverantwortlich für die erhebliche Zunahme von Straßenkindern, Jugendkriminalität, Betteln und Prostitution.[14]

Auch die Landwirtschaft ist stark durch Krieg und Embargo beeinträchtigt. Die Bewässerungssysteme sind zusammengebrochen, die Anlagen wurden durch Bomben zerstört oder sind wegen fehlender Ersatzteile und Energie außer Betrieb. Landwirtschaftliche Geräte und Ersatzteile sowie Saatgut, Düngemittel, Pestizide etc. fehlen ebenfalls. Die Tierzucht ist durch unkontrollierbare Ausbreitung von Seuchen, wie die Maul- und Klauen-Seuche schwer geschädigt. Das Labor, das entsprechende Impfstoffe herstellen konnte, ist von UNSCOM zerstört worden. Die übrige Landwirtschaft leidet unter dem Mangel an Düngemitteln, Herbiziden und Pestiziden, da aktuell der Import durch das Sanktionsregime auf weniger als zehn Prozent des Bedarfs beschränkt wird und die Anlagen zur eigenen Herstellung ebenfalls zerstört wurden.[15]

Mit dem Öl-für-Lebensmittel-Programm verbesserte sich die Lebensmittelversorgung deutlich. Nach einem WFP-Bericht vom April 1999 standen der irakischen Bevölkerung 1998 monatliche Rationen zur Verfügung, die täglich 2.150 Kilokalorien pro Kopf entsprachen. Diese wurden nach Untersuchungen des WFP durch die irakische Regierung auch effektiv und gerecht verteilt. Das Ausmaß an Unterernährung ging dadurch etwas zurück: chronische Unterernährung von 31 auf 27 Prozent, Untergewicht von 26 auf 23 und akute Unterernährung von elf auf neun Prozent.[16]

Doch auch wenn die Rationen nun einigermaßen ausreichend Energie und Gesamtprotein enthalten so reicht der Warenkorb den Studien zufolge noch nicht für einen ganzen Monat: Weizenmehl reicht nur für 21 Tage, Milchpulver für zwölf Tage und Hülsenfrüchte nur für sieben Tage. Für eine ausreichende Ernährung mangelt es zudem an Gemüse, Früchten und tierischen Produkten.[17] Mangel- und Unterernährung sind FAO und WFP zufolge häufig auch auf andere Faktoren als unzureichende Nahrung zurückzuführen: zu wenig und zu schlechtes Wasser und mangelhafte Kanalisation und Abfallbeseitigung.

Die Humanitäre Kommission der Vereinten Nationen stellt fest, daß das »Öl-für-Lebensmittel-Programm bei weitem nicht ausreicht den ökonomischen Verfall zu stoppen, geschweige denn die humanitäre Situation wieder zu verbessern.[18] Dem stimmt auch das Rote Kreuz zu, da das Programm: »den Kollaps des Gesundheitssystems und den Zerfall der Wasserversorgung nicht aufgehalten« habe.[19] Zudem weist die Humanitäre Kommission auch auf die vielfältigen sozialen und psychologischen Auswirkungen des Embargos hin, die ebenfalls berücksichtigt werden müssen. Dazu gehören die erhöhte Kriminalität, Zukunftsängste, die Störungen des Familienlebens, Rückgang von Bildung und fachlicher Qualifikation, Zerfall des Kultur- und Wissenschenschaftsbetriebes usw. Eine ganze Generation wächst heran ohne ausreichende Bildungsmöglichkeiten, völlig isoliert vom Rest der Welt.[20]

Die Humanitäre Kommission schreibt dem UN-Sicherheitsrat die Verantwortung für diese Situation zu. »Wenn auch nicht das ganze Leiden im Irak externen Faktoren, insbesondere Sanktionen, zugeschrieben werden kann, so hätte die irakische Bevölkerung ohne diese langanhaltenden, vom Sicherheitsrat auferlegten Maßnahmen und die Auswirkungen des Krieges nicht solche Entbehrungen zu erleiden.« Sie stimmt hier mit Human Rights Watch überein. Die US-Menschenrechtsorganisation stellt trotz heftiger Kritik am irakischen Regime fest, daß - unabhängig davon, was der Irak selbst zur Situation beigetragen hat - es den Mitgliedern des Sicherheitsrates nicht gestattet ist, »das Recht eines Volkes auf einen angemessenen Lebensstandard, auf Freiheit von Hunger und auf das höchstmögliche Niveau körperlicher und seelischer Gesundheit abzuschaffen oder zu unterminieren.«[21]

Anmerkungen

1 FAO Press Release 00/49 vom 13 September 2000 (http://www.fao.org/news/2000/img/000910-e.htm)

2 UNICEF Iraq Child and Maternal Mortality Surveys., Juni 1999, (CF/DOC/PR/1999/29, http://www.unicef.org/reseval/iraq.htm)

3 Auch die folgenden Angaben beziehen sich im Allgemeinen nicht auf den ganzen Irak. Ausgenommen sind die mehrheitlich von Kurden besiedelten Provinzen im Norden, wo die Hilfsprogramme unter der Leitung der UN durchge-

führt werden und die u.a. aufgrund des proportional höheren Anteils an den Einkünften durch das Öl-für-Lebensmittel-Programm und einer Cash-Komponente wesentlich besser versorgt sind.

4 Iraq surveys show ›humanitarian emergency‹, UNICEF Presseerklärung vom 12.8.1999 (CF/DOC/PR/1999/29, http://www.unicef.org/newsline/99pr29.htm)

5 UNICEF - The State of the World's Children 2001 (http://www.unicef.org/sowc01)

6 Explanatory Memorandum Regarding the Comprehensive Embargo on Iraq, Human Rights Watch, Januar 2000 (http://www.hrw.org/press/2000/01/iraq-memo.htm)

7 „Situation Analysis of Children and Women in Iraq", UNICEF 4/98, hier S. 42

8 ebd. S.23 u. 63

9 ebd. S.27 u. 29

10 IRAQ: A decade of sanctions, ICRC Dezember 1999 (http://www.icrc.org/eng/middle_east_north_africa.)

11 »Report of the second panel concerning the current humanitarian situation in Iraq«, UN-Sicherheitsrat, 30.3.1999 (Annex II von S/1999/356) (http://www.un.org/Depts/oip/panelrep.html)

12 ebd., sowie UNICEF 4/98, S.7 und 40

13 UNICEF 4/98, S.87-88

14 Report of the second panel ... a.a.O., Abs. 21 u. 25

15 Report of the second panel ... a.a.O., Abs. 31

16 WFP in Irak, Update April 1999

17 New report looks at food and nutrition in Iraq, FAO, September 2000

18 Report of the second panel ... a.a.O., Abs. 37-42

19 A decade of sanctions, a.a.O

20 Report of the second panel ... a.a.O., Abs. 25

21 Human Rights Watch a.a.O.

Robert Fisk

Der verheimlichte Krieg[*]

Wir sind beim Endspiel angekommen, der endgültigen Bankrotterklärung der Politik des Westens gegenüber dem Irak, dem Punkt, an dem die letzte Karte ausgespielt wird. Wir feuern 200 Marschflugkörper auf den Irak ab, und was versprechen wir uns davon? Wird nun ein geläuterter Saddam Hussein aus seinem Bunker kriechen, um uns zu erklären, wie leid ihm alles tut? Wird er uns verkünden, wie sehr er sich wünscht, daß doch die netten UN-Inspektoren wieder nach Bagdad zurückkehren, um seine »Massenvernichtungswaffen« aufzustöbern? Ist es das, was wir erwarten? Ist es das, worauf das anglo-amerikanische Bombardement abzielt? Und wenn ja, wie soll es danach weitergehen? Was wird geschehen, wenn die Raketenangriffe – kurz vor Beginn des muslimischen Fastenmonats Ramadan, weil wir ja so sensibel in bezug auf die religiösen Gefühle der Iraker sind – aufhören und Saddam Hussein uns erklärt, daß die UN-Inspektoren niemals in den Irak zurückkehren dürfen?

Während die Marschflugkörper abgeschossen wurden, verkündete Präsident Clinton, Saddam habe »die [UN-]Inspektoren entwaffnet«, und Tony Blair ließ uns händeringend um das Leben »britischer Streitkräfte« – nämlich von alles in allem 14 Piloten – wissen, daß »wir handeln, weil wir dazu gezwungen sind«.[1] Auf diese infantile Art zogen wir im Dezember 1998 in den Krieg. Ohne politische Idee. Ohne Perspektive. Ohne den geringsten Hinweis darauf, was nach Ende der Bombardements geschehen soll. Was werden wir tun, wenn die UN-Inspektoren nicht wieder in den Irak dürfen? Dem Irak ewigen Krieg erklären?

Wir »bestrafen« Saddam – das ist es zumindest, was Tony Blair uns glauben machen will. Und schon werden sämtliche alten Klischees wieder hervorgekramt. 1985 teilte Ronald Reagan den Libyern, kurz bevor er sie bombardieren ließ, mit, die Vereinigten Staaten hätten »keinen Streit mit dem libyschen Volk«. 1991 sagte George Bush den Irakern, kurz bevor er sie bombardieren ließ, er habe »keinen Streit mit dem irakischen Volk«. Und jetzt haben wir Tony Blair, der die Iraker – *während* er sie bombardieren läßt

– darüber informiert, er habe – aber ja doch – »keinen Streit mit dem irakischen Volk«.[2]

Haben sie einen Computer, der diese Floskeln am laufenden Band produziert? Gibt es eine »Abteilung für Klischees« in der Downing Street, von der auch Robin Cook mit der abgedroschenen Phrase der amerikanischen Aussenministerin Madeleine Albright versorgt wird, Saddam habe immerhin Giftgas »gegen sein eigenes Volk« eingesetzt? Es hat uns nicht weiter gekümmert, als er dieses Gas gegen die Kurden von Halabja einsetzte – weil diese Kurden damals mit dem Iran verbündet waren, während wir, die westlichen Länder, Saddams Invasion des Iran unterstützten.

Das Fehlen jeder vernünftigen langfristig angelegten Politik gegenüber dem Irak ist der Preis für derlei Vorgehen. Unsere Geduld ist – laut Clinton und Blair – erschöpft. Man kann (wie ihnen gerade eben erst klar wurde) nicht darauf vertrauen, daß Saddam sein Wort hält. Und deshalb müssen wir Saddams Möglichkeiten »zur Bedrohung der Nachbarn des Irak« – Nachbarn, die gegen die jetzigen Bombenangriffe auf den Irak sind – »degradieren«. Dieses Wort, »degradieren«, ist ein militärischer Ausdruck, der erstmals von General Schwarzkopf und seinen Offizieren im Golfkrieg 1991 benutzt wurde und augenblicklich zum Wortschatz der Woche gehört. Saddams Massenvernichtungswaffen müssen »degradiert« werden. Erst gestern hat sich unser eigener werter Außenminister Cook wieder dieses Themas angenommen und uns über die Notwendigkeit belehrt, Saddams militärische Kapazitäten zu »degradieren«.

Aber wie? Die UN-Waffeninspektoren – während des größten Teils der Zeit unter Leitung Scott Ritters (des Mannes, der zugegeben hat, immer wieder nach Israel geflogen zu sein, um Kontakt mit dem israelischen Geheimdienst zu halten) – waren nicht in der Lage, herausfinden, wo Saddams nukleare, biologische und chemische Waffen versteckt waren: Sie seien fortwährend von den Schurken des irakischen Geheimdienstes schikaniert und davon abgehalten worden, ihre Arbeit zu tun. Und jetzt bombardieren wir die Waffenlager und -fabriken, die die Inspektoren nicht finden konnten. Tun wir das wirklich? Denn da ist doch noch eine sehr ernsthafte Frage, die jedoch nicht gestellt wird: Wenn die Inspektoren die Waffen nicht finden konnten, woher wissen wir dann, auf welche Ziele wir die Marschflugkörper abfeuern sollen?

Unterdessen halten wir weiter an Sanktionen gegen den Irak fest, die sich einem Völkermord nähern, die unschuldige Menschen im Irak töten und – wie selbst Mr. Cook und Mrs. Albright zugeben – Saddam nicht im geringsten schaden. Madeleine Albright ist höchst erzürnt darüber, daß Saddam immer noch zum Bau von Palästen in der Lage ist, und Mr. Cook verweist ununterbrochen auf einen Bericht über den Kauf von Fettabsaugegeräten durch das Regime, einen Bericht, der – wenn er denn wahr ist – nur beweist, daß die Sanktionen ein totaler Fehlschlag sind.

Cook wird nicht müde zu behaupten, der Irak könne doch Öl im Wert von über zehn Milliarden Dollar für den Import von Nahrung, Medizin und anderen humanitären Gütern verkaufen. Aber da über 30 Prozent dieser Öleinnahmen in den Entschädigungsfond der UNO und die Begleichung der UN-Ausgaben im Irak fließen, ist diese Behauptung völlig unwahr.[3]

Denis Halliday, der Leiter des Öl-für-Nahrungsmittel-Programms der UNO in Bagdad war, bis er erkannte, daß Monat für Monat Tausende von irakischen Kindern aufgrund der Sanktionen sterben, trat von seinem Amt zurück und erklärte: »Wir vernichten hier gerade eine ganze Gesellschaft. Das ist illegal und moralwidrig.« Also ist entweder Halliday ein pathologischer Lügner – was ich nicht glaube –, oder Cook hat ein ernsthaftes Problem mit der Wahrheit – und das glaube ich tatsächlich.

Und jetzt bombardieren wir die Menschen, die bereits unter unseren Sanktionen leiden. Ganz zu schweigen von unbedeutenden Tatsachen wie der explosionsartig gestiegenen Krebsrate bei Kindern im südlichen Irak, die höchstwahrscheinlich auf den Einsatz von Munition mit abgereichertem Uran durch die Alliierten während des Golfkriegs von 1991 zurückzuführen ist. Golfkriegsveteranen leiden möglicherweise unter derselben Krankheit, obwohl die britische Regierung sich weigert, dies auch nur in Betracht zu ziehen. Und aus welchem Material bestehen einige unserer bei diesem jüngsten Militärschlag eingesetzten Gefechtsköpfe? Natürlich aus abgereichertem Uran.

Vielleicht gibt es ja wirklich einen Plan für einen Staatsstreich. Wenn ja, ist er hoffentlich ein bißchen ambitionierter als unser Appell an die irakische Bevölkerung im Jahre 1991, sich gegen ihren Diktator zu erheben – woraufhin sie von den Alliierten, auf deren rasche Hilfe sie gehofft hatte, prompt im Stich gelassen wurde. Präsident Clinton behauptet, er wünsche sich eine Demokratie für den Irak – eine Äußerung, die genauso wirklichkeitsfremd ist wie viele andere in letzter Zeit. Er fordert ein irakisches Regime, das »seine Bevölkerung repräsentiert« und seine Bürger »achtet«. Kein einziges arabisches Regime – und schon gar nicht die Freunde Washingtons in Saudi-Arabien – gewährt seiner Bevölkerung einen derartigen Luxus. Offenbar will man uns weismachen, Washington und London seien kaum zu halten in ihrem Bestreben, das irakische Volk mit einer voll entfalteten Demokratie zu beglücken.

In Wirklichkeit ist das, was wir für den Irak wollen, ein weiterer brutaler Diktator – aber einer, der genau das tut, was man ihm sagt, der nur in Länder einmarschiert, deren Besetzung wir billigen (wie im Fall des Iran), und der die Integrität jener Länder (wie Kuwait) respektiert, die wir nicht besetzt zu sehen wünschen.

Aber doch werden keine Fragen gestellt, keine Lügen entlarvt. Ritter, der Inspekteur vom australischen Marinekorps, der mit dem israelischen Geheimdienst kooperierte, hat behauptet, Richard Butler – der Mann, dessen Bericht den neuen Krieg von dieser Woche ausgelöst hat – habe von seinen Besuchen in Israel gewußt. Stimmt das? Hat irgend jemand Butler danach gefragt? Er mag Pressekontakte sehr wohl vermieden haben – aber es wäre schön, das wenigstens einmal gesagt zu bekommen.

Also was tun mit Saddam Hussein? Nun, als erstes könnten wir das bösartige Sanktionsregime gegenüber dem Irak aufheben. Wir haben genug unschuldige Leben genommen. Wir haben genug Kinder getötet. Als nächstes könnten wir die wirklichen Anhänger der Demokratie im Irak unterstützen – nicht die gespenstischen Phantome, aus denen sich der sogenannte irakische Nationalkongreß zusammensetzt, sondern die echten Dissidenten, die sich 1991 in Beirut sammelten, um Freiheit für ihr Land zu fordern, aber von den Amerikanern rasch beiseite geschoben wurden, nachdem klar wurde, daß sie keinen prowestlichen starken Mann als Führer wollten.

Und wir könnten aufhören, an Washington zu glauben. Vizepräsident Al Gore teilte gestern den Amerikanern mit, jetzt sei die Zeit für »nationale Entschlossenheit und Einheit« gekommen.[4] Man hätte denken können, die Japaner hätten gerade Pearl Harbour bombardiert oder General MacArthur habe soeben Bataan aufgegeben. Als Präsident Clinton die schlimmste Zeit im Skandal um seine Beziehung zu Monica Lewinsky durchmachte, bombardierte er Afghanistan und den Sudan. Jetzt, wo ihm ein Amtsenthebungsverfahren droht, bombardiert er den Irak. Kann man da wirklich noch an Zufall glauben?

Diese Woche haben zwei christliche Armeen - die amerikanische und die britische - Krieg gegen ein muslimisches Land, den Irak, geführt. Ohne Zielsetzungen, dafür mit Legionen von Platitüden gewappnet, haben sie das UN-System zur Rüstungskontrolle aufgegeben, die Tür zu weiteren Waffeninspektionen zugeschlagen und dafür die Tür zu einer unbeschränkten Militäroffensive gegen den Irak aufgestoßen. Und niemand hat die naheliegende Frage gestellt: Wie soll es weitergehen?

Im Oktober 1998 bekam ich einen Anruf von Phil Garner, der von mir wissen wollte, wie er mit irakischen Ärzten in Verbindung treten könne, die krebskranke Kinder im Irak behandeln. Er hatte die Artikelserie des *Independent* über die zunehmenden Beweise für einen Zusammenhang zwischen den Krebserkrankungen im Irak und dem Einsatz von Uranmunition durch die amerikanischen und britischen Streitkräfte im Golfkrieg von 1991 gelesen.

Während des Konflikts war Garner im Sanitätsdienst der britischen Armee tätig. Er war nicht an der Front, aber erkam bei seiner Arbeit mit den Uniformen britischer Soldaten in Berührung, die Opfer »freundlichen Feuers« gewesen, also von US-Flugzeugen versehentlich mit Urangeschossen angegriffen worden waren. Jetzt leidet er unter Asthma, Inkontinenz sowie Darmschmerzen und hat eine Geschwulst an der rechten Halsseite.

Ich weiß, wie diese Geschwülste am Hals aussehen. Ich habe diesen Monat genügend irakische Kinder mit Krebsgeschwüren am Unterleib gesehen, um gleichermaßen entsetzt und wütend zu sein. Als die Mutter der kleinen Hebba Mortaba das gemusterte blaue Kleid ihrer Tochter im Mansour-Krankenhaus in Bagdad anhob, wurden an ihrem schrecklich geschwollenen Bauch zahlreiche Abszesse sichtbar. Die Ärzte hatten schon zuvor eine Unterleibsgeschwulst chirurgisch entfernt, nur um nun festzustellen, daß anstelle des alten ein riesiges neues Geschwür nachwachsen war.

Während des Kriegs 1991 wurde die Vorstadt von Basra, in der Hebba lebte, so massiv bombardiert, daß ihre Familie nach Bagdad floh. Sie ist gerade neun Jahre alt und wird, wie mir ihre Ärzte behutsam mitteilten, ihren zehnten Geburtstag nicht mehr erleben.

Als ich im Februar und März 1998 zum ersten Mal von den Kinderkrebsstationen im Irak berichtete und die Felder und Bauernhöfe in der Umgebung Basras aufsuchte, auf die amerikanische und britische Panzer am Ende des Golfkriegs Tausende von Urangeschossen abfeuerten, gab sich die britische Regierung größte Mühe, meine Berichte zu diskreditieren.

Noch heute zähle ich einen Brief Lord Gilberts, des Staatssekretärs für Beschaffung im Verteidigungsministerium, zu meinen Schätzen, in dem er den Lesern des *Independent* mitteilte, mein Bericht über einen möglichen Zusammenhang zwischen dem Einsatz von Uranmunition und der erhöhten Krebsrate bei irakischen Kindern würde, »wenn er nicht gerade von Robert Fisk käme, ... als willkürliche Verzerrung der Realität betrachtet werden«. Seiner Lordschaft zufolge sind die Partikel aus mit abgereichertem Uran gehärteten Gefechtsköpfen, wie sie gegen Panzerplatten eingesetzt werden, »winzig klein, lösen sich auf und verstreuen sich unter Witterungseinfluß« und »sind selbst mit hochentwickelten Meßgeräten nur schwer nachzuweisen«.[5] Im Lauf der letzten Monate habe ich genug Beweismaterial zugeschickt bekommen, um zu der Auffassung zu gelangen, daß die Folgerungen dieses Briefes – stammten sie von irgend jemand anderem als seiner Lordschaft – als ebenso verlogen wie irreführend angesehen werden müßten.

Beginnen wir mit einem ebenso eloquenten, aber sehr viel zutreffenderen Brief, den Paddy Bartholomew, der Verkaufsmanager von AET Technology (so der Firmeneintrag der britischen Atomenergiebehörde UK Atomic Energy Authority) am 21. April 1991 an das Königliche Amt für Rüstungsbeschaffung schickte. Bartholomews Brief – von dem sich eine Kopie in meinem Besitz befindet – bezieht sich auf ein Telefongespräch mit einem Beamten des Amts für Rüstungsbeschaffung über die mögliche Verseuchung Kuwaits durch DU-Munition. In einem dem Brief beiliegenden, von Bartholomew verfaßten »Bedrohungsszenario« heißt es, die aus dem Einsatz dieser Waffen resultierenden Gefahren einer Ausbreitung radioaktiver Strahlung und toxischer Verseuchung seien zwar »verglichen mit denen eines Krieges gering«, »könnten allerdings dennoch, wenn nicht zu Friedenszeiten etwas dagegen getan werde, langfristig gesehen zu einem Problem werden und ein Risiko sowohl für das Militär als auch für die Zivilbevölkerung darstellen«.

Weiter heißt es in dem mit dem Stempel »Vereinigtes Königreich – Verschlußsache« versehenen Schreiben:

US-Panzer feuerten 5.000, die US-Luftwaffe etliche zehntausend und britische Panzer relativ wenige DU-Geschosse ab. Allein die Panzermunition enthält über 50.000 (britische, 0,453 kg) Pfund abgereichertes Uran. Wenn diese Menge an von Panzern abgefeuertem abgereichertem Uran eingeatmet wird, muß nach dem vom Internationalen Komitee für Strahlenschutz verwendeten Risikofaktor ... unter Umständen mit 500.000 Todesfällen gerechnet werden.

Das abgereicherte Uran wird sich um die Kampfzonen herum ausbreiten und sich in unterschiedlicher Konzentration und Menge auf Fahrzeugen ablagern. ... Menschen sollten sich nicht über einen längeren Zeitraum in der Nähe großer Mengen abgereicherten Urans aufhalten, und dies wäre für die örtliche Bevölkerung, sofern sie dieses Schwermetall aufsammeln und lagern würde, offensichtlich von einiger Bedeutung.

Laut dem Begleitschreiben Bartholomews handelt es sich bei der möglichen Verseuchung Kuwaits um »eine emotionale Angelegenheit, die sensibel behandelt werden sollte«.

Man muß nicht eigens darauf hinweisen, daß niemand auch nur auf die Idee kam, eine Dekontaminierung des Südirak vorzuschlagen, wo Hebba Mortaba und andere Kinder gegenwärtig sterben. Warum nicht? Und warum lüftet die Regierung nicht endlich das Geheimnis und sagt uns, was tatsächlich geschehen ist?

Im folgenden ein Hinweis. Er stammt aus dem Brief eines US-Oberstleutnants am Nationallabor von Los Alamos vom 1. März 1991 an einen Major Larson in der Forschungs- und Analyseabteilung des Labors und besagt unter anderem folgendes:

Es hat eine Sorge [sic] über die Auswirkungen von DU auf die Umwelt gegeben und gibt sie noch. Und deshalb könnten, wenn niemand versucht, die Wirksamkeit von DU auf dem Schlachtfeld zu beweisen, Urangranaten politisch inakzeptabel und daher aus den Arsenalen entfernt werden. Falls DU-Durchschlagswaffen während unserer Kampfaktivitäten in letzter Zeit ihren Wert unter Beweis gestellt haben, sollten wir für ihre zukünftige Existenz sorgen (bis etwas Besseres entwickelt worden ist).

Da haben wir es. Vom gräßlichen Englisch des Obersts abgesehen ist die Botschaft simpel: Die Gesundheitsrisiken der Uranmunition sind solange akzeptabel, bis wir – der Westen – etwas noch Tödlicheres entwickeln, das sie ersetzt. Angesichts von Zehntausenden von Veteranen des Golfkriegs von 1991, die unter unerklärlichen und potentiell tödlichen Krankheiten leiden, und angesichts von Tausenden von irakischen Zivilisten, darunter Kinder, die bei Kriegsende noch gar nicht geboren waren und jetzt an Krebserkrankungen rätselhafter Herkunft leiden, kann ich nur wiederholen, was ich bereits diesen März (1998) geschrieben habe: daß in der Endphase des Golfkriegs etwas Schreckliches geschehen ist, über das man uns immer noch nicht die Wahrheit gesagt hat.[6]

Wie es der ehemalige aktive Feldwebel Tony Duff von der Vereinigung der Golkriegsveteranen gestern mir gegenüber formulierte: »Vieles, was wir heute als große Siege im Golfkrieg betrachten, wird eines Tages als Greueltat gelten – ich frage mich, ob nicht das der Grund dafür ist, daß die herrschenden Kräfte nicht wollen, daß die Sache mit dem abgereicherten Uran herauskommt.«

Und worin genau besteht dieses furchtbare Geheimnis, das wir nicht kennen dürfen? Handelt es sich, wie der Professor für medizinische Chemie an der Sunderland-Universität Malcolm Hooper meint, um die Resultate des amerikanisch-britischen Bombardements der Giftgasfabriken Saddam Husseins (wie sich jetzt herausstellt, wurden dabei rund 900 Anlagen bombardiert)? Oder um den geheimgehaltenen Faktor abgereichertes Uran?

Ich weiß nicht, ob das als Kriegsverbrechen klassifiziert werden kann. Aber wer glaubt, es gäbe keine Verbindung zwischen der von uns eingesetzten uranhaltigen Munition im Golfkrieg von 1991 und der Flut von Erkrankungen, die darauf gefolgt ist, der muß auch an den Weihnachtsmann glauben.

Ich frage mich, ob Lord Gilbert wirklich an den Weihnachtsmann glaubt.

Übersetzung: Monika Regelin/Michael Schiffmann

Anmerkungen

* Aus *Iraq Under Siege. The Deadly Impact Impact of Sanctions and War,* Hrsg. Anthony Arnove (Cambridge: South End Press, 2000), Seiten 93 – 103.

1 Siehe Bill Clinton, »»A Clear and Present Danger««, *Financial Times*, 17. Dezember 1998, S. 12 und Tony Blair, »Why We Had to Act Now«, *Daily Mail*, 17. Dezember 1998, S. 3.

2 Siehe Sarah Schaefer, »Commons Debate - Blair Vows to Weaken Dictator«, *The Independent*, 18. Dezember 1998, S. 7.

3 Siehe UN-Büro für das Irak-Programm »Oil-for-food - The Basic Facts«, http://www.un.org/Depts/oip/reports.basfact.

4 Larry King, Interview mit Al Gore, CNN, *Larry King Live*, 16. Dezember 1998.

5 Lord Gilbert, Leserbrief, »›Poisonous‹ Gulf Shells«, *The Independent*, 30. Mai 1998, S. 22.

6 Siehe »The Catastrophe Blair, Clinton, and Saddam Have in Common«, *The Independent*, 9. März 1998, S. 17.

Voices in the Wilderness

Die Sanktionen gegen den Irak: Mythen und Realitäten

Mythos 1: Die Sanktionen haben vorübergehende Härten für die irakische Bevölkerung mit sich gebracht, sind aber eine wirksame, gewaltlose Methode zur Eindämmung des Irak.

Die Sanktionen richten sich gegen die schwächsten und verletzlichsten Mitglieder der irakischen Gesellschaft - die Armen, die Alten, die Neugeborenen, die Kranken und die Kinder. In Verbindung mit dem durch US-amerikanische und britische Bombenangriffe zugefügten Leid haben die Sanktionen die irakische Infrastruktur so gut wie zerstört. Sauerstoffproduktionsanlagen, Klärwerke und Krankenhäuser sind nach wie vor in erbärmlichem Zustand. Gutachten des UN-Kinderhilfswerks UNICEF und der Weltgesundheitsorganisation (WHO) vermerkten eine deutliche Verschlechterung der Gesundheit und des Ernährungszustands überall im Irak.[1]

Während die Schätzungen hierüber variieren, vertreten viele unabhängige Beobachter die Meinung, daß seit 1990 mindestens 500.000 Kinder unter fünf Jahren zumindest zum Teil aufgrund der Sanktionen und der Auswirkungen des Golfkrieges gestorben sind. Laut einem UNICEF-Bericht vom August 1999 hat sich die Sterberate von Kindern unter fünf Jahren seit Verhängung der Sanktionen gegen Irak mehr als verdoppelt.[2] Der frühere UN-Verantwortliche für humanitäre Hilfe im Irak, Denis Halliday, meinte, der Tribut an Todesopfern liege »mittlerweile wahrscheinlich näher an 600.000, und das gilt für die Jahre 1990-1998. Wenn man die Erwachsenen mitrechnet, handelt es sich um deutlich mehr als eine Million Menschen im Irak.«[3]

Von seiten der Vereinten Nationen hieß es kürzlich:

Außer auf die Ressourcenknappheit scheinen die Ernährungsprobleme auch auf die massive Verschlechterung der elementarsten Infrastruktur, darunter besonders die Wasserversorgung und die Fäkalien- und Müllbeseitigung zurückzugehen. Am härtesten betroffen sind die verwundbarsten Gruppen, insbesondere Kinder unter fünf Jahren, die vor allem in städtischen

Zentren unter unhygienischen Bedingungen zu leiden haben. Quellen des Welternährungsprogramms (WFP) schätzen, daß der Zugang zu Trinkwasser gegenüber den Zahlen von 1990 heute in städtischen Gebieten auf 50 Prozent und auf dem Land auf nur 33 Prozent gesunken ist.[4]

Das in New York ansässige UN-Sanktionskomitee verweigert dem Irak auch weiterhin Bleistifte, Computerausrüstungen, Ersatzteile und klimatisierte Lastwagen, alles Güter die nötig wären, um die Menschen und die Gesellschaft des Irak am Leben zu erhalten.[5] Untersuchungen über die Landwirtschaft und die Umweltsituation im Irak weisen auf große Zerstörungen hin und deuten in vielen Fällen auf permanente und irreparable Schäden.[6]

Manche Leute haben argumentiert, daß Sanktionen vom US-amerikanischen Standpunkt aus gesehen wirtschaftlich billiger sind als militärische Angriffe, da sie die Vereinigten Staaten weniger kosten. Tatsächlich werden jährlich Hunderte von Millionen an US-Steuergeldern zur Aufrechterhaltung der Wirtschaftssanktionen ausgegeben. Zu diesen Ausgaben gehören die Kosten für die Beobachtung der irakischen Import- und Exportpraxis, die Kontrolle der »Flugverbots«-Zonen und die Fortsetzung der aktiven militärischen Präsenz in der Golfregion.[7]

Sanktionen sind eine schleichende Form der Kriegführung und haben Hunderttausende unschuldiger Menschenleben gefordert.

Mythos 2: Der Irak besitzt Massenvernichtungswaffen und strebt den Bau weiterer solcher Waffen an. Wenn man ihn nicht unter anderem durch Wirtschaftssanktionen daran hinderte, könnte er seine Nachbarn bedrohen und würde das auch tun.

Laut dem früheren UNSCOM-Chefinspekteur Scott Ritter »ist der Irak von einem qualitativen Standpunkt aus gesehen abgerüstet. Der Irak besitzt heute keine nennenswerten Massenvernichtungswaffen mehr.« Während es sicherlich möglich ist, daß der Irak den Grundstock zum Wiederaufbau des ihm unterstellten Arsenals hat, verwies Ritter darauf, daß der Irak derzeit nicht zur Produktion oder Aufstellung chemischer, biologischer oder nuklearer Waffen imstande ist.[8]

Die Vereinigten Staaten fingen erst 1990, nach der Besetzung Kuwaits, an, sich über das militärische Potential des Irak Sorgen zu machen. Dessen meiste Waffen stammen aus den USA. Nur einen Tag vor dem Einmarsch in

Kuwait billigte und unterzeichnete der damalige Präsident George Bush eine Lieferung moderner Datenübermittlungssysteme an Bagdad. In den 80er Jahren waren die USA und Großbritannien die Hauptlieferanten chemischer und biologischer Waffen an den Irak - also während des Iran-Irak-Krieges, in dem die USA beide Seiten mit Waffenverkäufen unterstützten.[9]

Von all dem abgesehen, besitzen die USA mehr jederzeit einsatzbereite Atomwaffen als der Rest der Welt zusammen. Viele Iraker halten es für unredlich von den USA - die doch selbst das weltweit größte Kernwaffenarsenal besitzen, sich weigern, internationale Abkommen einzuhalten oder ihr Waffenprogramm von internationalen Experten inspizieren zu lassen, und die außerdem das einzige Land der Welt sind, das je eine Atombombe eingesetzt hat -, dem Irak vorschreiben zu wollen, was er produzieren darf und was nicht. 1998 und 1999 bombardierten die USA vier Länder, nämlich Serbien, Irak, Sudan und Afghanistan. Jedesmal verletzten sie dabei das Völkerrecht.

Mythos 3: Im Gegensatz zu den USA hat der Irak UN-Resolutionen verletzt.

Paragraph 14 der UN-Resolution 687 fordert als Grundlage für die Reduktion des irakischen Arsenals eine Abrüstung der gesamten Region. Mit der Aufrüstung der nahöstlichen Nachbarn des Irak verstoßen die USA gegen eben die Resolution, mit der sie die Aufrechterhaltung der Sanktionen rechtfertigen. Israel besitzt mehr als 200 thermonukleare Waffen und hat gegen zahlreiche UN-Beschlüsse verstoßen, doch gegen diese Verletzung des internationalen Rechts haben die USA vor der UNO bisher nicht ihre Stimme erhoben.[10] Während die USA behaupten, durch Vernichtung des irakischen Waffenarsenals den Frieden im Nahen Osten voranzubringen, setzen sie gleichzeitig die Aufrüstung der Nachbarn des Irak fort. Die Liste der Käufer amerikanischer Militärtechnologie - im Nahen Osten wie anderswo - liest sich wie ein »Who is Who« von internationalen Terroristen, Menschenrechtsverletzern und Diktatoren. Die USA versorgen Israel, Ägypten, Saudi-Arabien, die Türkei und Iran mit Waffen und Technologie. Sie alle sind Nachbarn des Irak und stellen eine potentielle Bedrohung seiner Grenzen dar. US-Firmen lieferten die meisten Waffen, die vom indonesischen Militär bei der Invasion und Besetzung Osttimors verwendet wurden.[11]

Mythos 4: Die irakische Regierung hat, unter anderem durch die Ausweisung der Waffeninspekteure im Dezember 1998, das Waffeninspektionsprogramm der UN unterlaufen und sabotiert, was die USA und Großbritannien zu der »Operation Wüstenfuchs« zwang.

Die irakische Regierung ist sich darüber im klaren, daß die USA den Sturz Saddam Husseins anstreben und die Sanktionen bis zu einem »Regimewechsel« aufrechterhalten wollen. Sie hat daher keinen Anreiz, mit den USA zusammenzuarbeiten oder die Inspektionen sensibler Bereiche zu dulden. Führende Kräfte der Clinton-Administration - insbesondere Aussenministerin Madeleine Albright - haben öffentlich verkündet, die Sanktionen würden aufrecht erhalten, bis Saddam Hussein nicht mehr im Amt ist.[12] Das ist von den UN-Resolutionen, die Grundlage der Sanktionen sind, nicht gedeckt.

Im Gegensatz zu dem, was meist berichtet wird, zog UNSCOM-Direktor Richard Butler selbst die Inspektoren *vor* der Bombardierung vom Dezember 1998 aus dem Irak ab. Die US-Regierung behauptet, Irak habe die Inspektoren »hinausgeworfen«. Tatsächlich war genau das Gegenteil der Fall. Laut Butlers eigenen Aufzeichnungen hat sein Team von Waffeninspektoren noch in der Woche vor den Dezemberbombardements zahlreiche ungehinderte Besuche durchgeführt. Nur bei einigen bewußt provokativen Durchsuchungsaktionen wurde er daran gehindert, den jeweiligen Ort zu inspizieren.[13]

Im Februar 1998 stellte der frühere Waffeninspektor Raymond Zilinskas fest, daß »95 Prozent der Arbeit (der UNSCOM) ungehindert ablaufen«. Er schrieb in der *Chicago Tribune:* »Obwohl es für die Iraker theoretisch seit 1991 möglich gewesen wäre, sich erneut solche Waffen zu verschaffen, wäre dieses Doppelspiel riskant und teuer und die Wahrscheinlichkeit einer Entdeckung sehr hoch gewesen.[14]

Butler selbst bestätigte, er sei in der Woche vor den Bombardemens in ständigem Kontakt mit dem US-Militär gewesen. In seinen Aktionen richtete er sich oft nach Washington. Außerdem hat die US-Regierung (auf einen ihr sehr peinlichen Artikel in der *Washington Post* hin) zugegeben, daß sie die UNSCOM genutzt hat, um Irak den auszuspionieren. Dieser hatte die UNSCOM schon zuvor der Spionage bezichtigt - eine Behauptung, welche die US-Regierung vehement bestritt.[15] Die größte Ironie liegt darin, daß

Bagdad die gesamte UN-Operation im Irak aus eigenen Öleinnahmen bezahlt und damit UN-Angestellte finanziert, damit diese für die USA spionieren.

Verhandlungs- und Schlichtungsbemühungen wie der Besuch von UN-Generalsekretär Kofi Annan im Februar 1998 führten zur Zusammenarbeit und zur Öffnung für einen Dialog. Die Etablierung eines klaren Zeitplanes für die Beendigung der Inspektionen sowie die Anerkennung der seitens der Regierung des Irak gemachten Fortschritte würden einen deutlichen Anreiz für weitere Dialoge und die Befolgung der UN-Resolutionen bieten.

Mythos 5: Die irakische Regierung hält Nahrungsmittel und Medikamente absichtlich zurück und hortet sie, um durch Verschärfung des menschlichen Leidens politische Sympathien zu gewinnen und die Aufmerksamkeit auf die Notwendigkeit einer Aufhebung der Sanktionen zu lenken.

Das US-Außenministerium behauptet in seinem Bericht *Saddam Hussein's Iraq* vom September 1999, der Irak lagere und horte offenbar in böswilliger Absicht Medikamente.[16]

Die Lagerhaltung von Medikamenten wird von den Vereinten Nationen intensiv überwacht, und Verwaltung und Personal der UN vor Ort bestätigen, daß diese auf logistische Probleme zurückgeht, die auf die seit zehn Jahren bestehenden Sanktionen und die Nachwirkungen der Zerstörungen des Golfkrieges zurückzuführen sind. Periodische UN-Berichte über die humanitären Programme im Irak führen zahlreiche technische Probleme auf, welche die Versorgung eines Landes mit 22 Millionen Einwohnern mit Medikamenten erschweren. Zu den Hindernissen für eine wirksame Verteilung gehören die niedrigen Löhne der irakischen Lagerarbeiter, unzureichende Transportmittel sowie der schlechte Zustand der irakischen Lagerhäuser in den Provinzen.

Die Vereinten Nationen führen bei den im Irak gelagerten Nahrungsmitteln und Medikamenten häufige Bestandsaufnahmen durch. Der frühere Koordinator für humanitäre Hilfe Hans von Sponeck und sein Stellvertreter Farid Zarif haben wiederholt eine »Entpolitisierung« der Verteilung gefordert und die Auffassung vertreten, daß die Lagerung der Güter Resultat der zerstörten Infrastruktur des Irak und nicht der Böswilligkeit der irakischen Regierung ist.[17]

Es gibt ein ernstes Problem, auf das von Sponeck als »fehlende Komplementarität« verwiesen hat. Der Irak muß in vielen Fällen Güter von ausländischen Firmen kaufen. Die Artikel kommen in Einzelteilen in den Irak. So treffen beispielsweise Zahnarztstühle dort ein, aber die zugehörigen Kompressoren müssen bei einer anderen Firma bestellt werden; oder Spritzen kommen an, während die passenden Nadeln noch nicht da sind. Darum müssen manche Lieferungen in Bagdad zurückgehalten werden, bis sie vollständig sind. Das ist, wie von Sponeck erklärte, bei etwa der Hälfte der Bestellungen der Fall.[18] Ferner braucht das UN-Sanktionskomitee für die Genehmigung mancher Bestellungen länger als für andere, weshalb der Irak gezwungen ist, Medikamente auf Lager zu halten, bis die Bewilligungen für alle zusammengehörigen Artikel erteilt sind.

Im Sommer erreichen die Temperaturen im Irak oftmals 45 Grad. Deshalb sind klimatisierte Lastwagen für den Transport verderblicher Güter wie zum Beispiel Krebsmedikamente, chirurgische Handschuhe und Nahrungsmittel unerläßlich. Klimatisierte Lastwagen gibt es jedoch im Irak so gut wie gar nicht, seit das Sanktionskomitee sie wegen angeblicher militärischer Nutzbarkeit untersagt hat.[19] Während es natürlich stimmt, daß klimatisierte Lastwagen für militärische Zwecke benutzt werden können, sind sie darum nicht weniger notwendig für den Medikamententransport.

Die Infrastruktur im gesamten Irak ist mittlerweile in einem so schlechten Zustand, daß laut von Sponeck Medikamente und sogar Ersatzteile »nur ein Tropfen auf den heißen Stein« sind.[20] In jeder Stadt einschließlich Bagdads kommt es immer wieder zu Stromausfällen. Wasserversorgung und Kanalisation sind zusammengebrochen. Nach der Schätzung Denis Hallidays würde der Irak mindestens 50 Milliarden Dollar benötigen, um seine landwirtschaftliche, medizinische und soziale Infrastruktur wieder aufbauen zu können.[21]

Nach Entnahme der für die Finanzierung von Golfkriegs-Reparationen, UN-Verwaltungskosten und andere verbindliche Ausgaben vorgesehenen Anteile an den irakischen Öleinnahmen ist die Höhe der Gelder, die zu den einfachen Menschen im Irak durchsickern, absolut unzureichend. Unter dem Öl-für-Lebensmittel-Programm der UN ist es dem Irak unmöglich, seine Infrastruktur wieder aufzubauen. Kläranlagen, das Stromnetz, das Kommunikations- und Nachrichtenwesen sowie Trainings- und Ausbildungsressourcen werden in einem dauerhaft kläglichen Zustand bleiben, bis die Sanktionen aufgehoben sind.

Mythos 6: Die irakische Führung benutzt das für humanitäre Zwekke vorgesehene Geld, um Paläste zu bauen und sich selbst zu bereichern.

Die *New York Times* behauptet, Saddam Hussein habe sich »ungeachtet des Verbots von Ölverkäufen dafür entschieden, das wenige verfügbare Geld für verschwenderische Paläste und Bauprojekte auszugeben.«[22] In diesem Zusammenhang ist es wichtig, daran zu erinnern, daß in den Jahren vor dem Öl-für-Lebensmittel-Abkommen die irakische Regierung Lebensmittel an die Zivilbevölkerung verteilt hat. Über dieses im September 1990 begonnene Rationierungssystem hieß es von Seiten der UN-Organisation für Ernährung und Landwirtschaft (FAO) 1995: »Der Korb an Lebensmitteln, der durch das Rationierungssystem verteilt wird, ist eine lebensrettende Ergänzung der Ernährung, die ferner eine erhebliche Subvention für die irakischen Einzelhaushalte darstellt.«[23]

Der Irak fördert heute ebenso viel Öl wie vor dem Golfkrieg, erzielt aber aufgrund der Veränderung des Ölpreises und der seit 1990 dramatisch gestiegenen Inflation geringere Einnahmen. Wenn man bedenkt, daß man 1990 für drei irakische Dinar einen Dollar bekam, während der Kurs heute bei 2000 zu eins liegt, wird der Unterschied zwischen den Ölerlösen von 1990 und denen von heute sehr offensichtlich. Während Irak alle sechs Monate die Erlaubnis erhält, für mehr als 5,26 Milliarden Dollar Öl zu verkaufen, unterliegt der Erlös nicht der Verfügung Saddam Husseins, sondern wird über ein UN-Treuhandkonto bei der »Bank of Paris« in New York City verwaltet.

Während mit den Sanktionen die Absicht verfolgt wurde, die herrschende Elite des Irak zu schwächen, stärken sie in Wirklichkeit nur deren politische Hegemonie. Durch die Schwächung der irakischen Bevölkerung durch Hunger, Krankheiten und Furcht vor den Bomben der USA und Großbritanniens werden die Entwicklung einer zivilen Gesellschaft und die Aussichten auf pluralistische Verhältnisse stark eingeschränkt. Ein lukrativer Schwarzmarkt verleiht der irakischen Elite noch mehr Macht. Solange die Sanktionen monatlich Tausende von Leben kosten, kann die irakische Regierung um so besser Unterstützung in der Bevölkerung mobilisieren sowie Bitterkeit gegen die US-Regierung.

Mythos 7: Die Verteilung im Nordirak – wo die UN die stärkste Kontrolle über sie ausüben – ist besser als im Süden, was beweist, daß die irakische Regierung Lebensmittel und Medikamente nicht auf angemessene Weise an ihr Volk verteilt.

Die Sanktionen wirken im Norden und Süden des Landes sehr unterschiedlich. Die Unterschiede bei den Sterblichkeitsraten im Irak resultieren aus mehreren Faktoren: der kurdische Norden hat länger als andere Regionen des Irak humanitäre Hilfe erhalten; die landwirtschaftliche Situation im Norden ist besser; aufgrund der wesentlich größeren Durchlässigkeit der Grenzen im Norden sind die Sanktionen dort leichter zu umgehen; der Norden bezieht pro Kopf 22 Prozent mehr aus dem Öl-für-Lebensmittel-Programm als der Süden und die Zentralregion; und schließlich erhält der Norden UN-kontrollierte Geldhilfen, während der Rest des Landes ausschließlich Waren bekommt.[24]

Mythos 8: Die internationale Gemeinschaft ist sich in ihrer Gegnerschaft zum Irak einig und befürwortet die Wirtschaftssanktionen.

Frankreich, China und Rußland sind drei unter vielen Ländern, die die Wirtschaftssanktionen gegen den Irak kritisiert haben. Als ständige Mitglieder des Weltsicherheitsrates haben sie die US-amerikanische und britische Position hinsichtlich der Sanktionen angefochten und die militärischen Angriffe in Frage gestellt.[25]

Der Papst, mehr als 50 US-Bischöfe, zahlreiche religiöse Führer und Hunderte von Organisationen haben sowohl die Sanktionen als auch die Militärschläge verurteilt und dagegen protestiert. Zwei Friedensnobelpreisträger und fünf Kongreßabgeordnete reisten 1999 in den Irak, um der internationalen Besorgnis über und dem Verständnis für die heutige Lage im Irak Ausdruck zu geben. Die Arabische Liga hat eine sofortige Aufhebung der Wirtschaftssanktionen gefordert.[26]

Mythos 9: Die Kampfflugzeuge der USA und Großbritanniens, die die »Flugverbots«-Zonen überwachen, schützen irakische Minderhei-

ten. Seit Ende der Bombenkampagne vom Dezember 1998 gab es in diesen Regionen keine »Kollateralschäden«.

Seit der »Bombenkampagne« gegen Irak im Dezember 1998 haben britische und US-Kampfflugzeuge angeblich zum Schutz der Kurden im Norden und der Schiiten im Süden Tausende von Einsätze über den nördlichen und südlichen »Flugverbots«-Zonen geflogen. Den Militärs zufolge überwachen sie den irakischen Luftraum, damit die Regierung nicht wie in den 80er Jahren ihre eigene Bevölkerung angreifen kann. Während die UN-Resolutionen in der Tat den Schutz irakischer Minderheiten fordern, gibt es dort keine Bestimmung zur militärischen Durchsetzung der Zonen.[27]

Nach Angaben des UN-Büros des Koordinators für humanitäre Hilfe im Irak haben die US-amerikanischen und britischen Flugzeuge Dutzende von unschuldigen Zivilisten getötet und eine Vielzahl von weiteren verletzt.[28] So tötete am 25. Januar 1999 eine Lenkrakete beim Einschlag in ein ziviles Wohnviertel in Basra mehr als zehn Menschen. Während das Pentagon sämtliche zivilen Opfer abstreitet, beschreiben Augenzeugenberichte Angriffe, bei denen zahlreiche Kinder und Familien verletzt und getötet wurden, wenn britische und US-Bomber ihre Ziele verfehlten.[29]

Während die USA behaupten, die Kurden im Norden vor der irakischen Regierung zu schützen, rühren die USA keinen Finger, wenn die Türkei in die »Flugverbots«-Zone über den Irak eindringt, um kurdische Dörfer zu bombardieren – denn die Türkei ist ja ein Verbündeter der USA.[30]

Die Bombardierung erschwert ferner auch die humanitären Bemühungen der Vereinten Nationen. Mitarbeiter von Hilfsorganisationen mußten ihre Reisen in kurdische und schiitische Regionen stornieren. Außerdem wurden viele Zivilisten irrtümlicherweise verletzt, was eine weitere Belastung der Krankenhäuser darstellt, die ohnehin schon mit einer niederschmetternden Last von Krankheiten und vermeidbarem Leiden konfrontiert sind.

Übersetzung: Sonja Wallenborn/Michael Schiffmann

Anmerkungen

* Der Text ist entnommen aus: *Iraq Under Siege. The Deadly Impact Impact of Sanctions and War,* Hrsg. Anthony Arnove (Cambridge: South End Press, 2000), S. 67–75.

1 Siehe UNICEF und Gesundheitsministerium der irakischen Regierung, *Child and Maternal Mortality Survey 1999: Preliminary Report* (Bagdad: Unicef, 1999). Online unter http://www.unicef.org. Siehe auch WHO Resource Center, *Health Conditions of the Population in Iraq Since the Gulf Crisis* (Genf: WHO, 1996). Online unter http://www.who.int.

2 Siehe Unicef-Presseerklärung, »Iraq Survey Shows ›Humanitarian Emergency‹«, 12. August 1999 (Cf/doc/pr/1999/29).

3 Matthew Rothschild, Interview mit Denis Halliday, *The Progressive* 63:2 (Februar 1999), S. 26.

4 Vereinte Nationen, »Report of the Second Panel Pursuant to the Note by the President of the Security Council of 30 January 1999 (S/1999/100), Concerning the Current Humanitarian Situation in Iraq,« Anhang II, S/1999/356, 30. März 1999, S. 6. Artikel 20.

5 Für eine Liste der zurückgehaltenen Güter siehe http://www.un.org/Depts/oip/, die Website des UN-Büros für das Irakprogramm.

6 Für Quellenverweise zu einigen Punkten dieser Studien siehe Dr. Peter L. Pellett, »Sanctions, Food, Nutrition, and Health in Iraq« und Dr. Huda S. Ammash, »Toxic Pollution, the Gulf War, and Sanctions«, in Anthony Arnove Hg., *Iraq Under Siege. The Deadly Impact of Sanctions and War*, (Cambridge: South End Press, 2000).

7 Allein für ihre Bombenkampagne gegen den Irak haben die USA 1999 mehr als eine Milliarde Dollar ausgegeben. Siehe Steven Lee Myers, »In Intense But Little-Noticed Fight, Allies Have Bombed Iraq All Year«, *New York Times,* 13. August 1999, S. A6.

8 Fellowship of Reconciliation, Interview mit Scott Ritter, *Fellowship* 65: 9-10 (September-Oktober 1999), S. 13.

9 Siehe Noam Chomsky, »›What We Say Goes‹: The Middle East in the New World Order«, in *Collateral Damage: The »New World Order« at Home and Abroad,* Hg. Cynthia Peters (Boston: South End Press, 1992), S. 61-64 und Verweise; Andrew Cockburn und Patrick Cockburn, *Out of the Ashes: The Resurrection of Saddam Hussein* (New York: Harper-Collins, 1999); Noam Chomsky, *Deterring Democracy,* aktualisierte Ausgabe (New York: Hill and Wang, 1992), S. 152; Dilip Hiro, *The Longest War: The Iran-Iraq Conflict* (New York: Routledge, 1991); und Mark Phythian, *Arming Iraq: How the U.S. and Britain Secretly Built Saddam's War Machine* (Boston: Northeastern UP, 1996).

10 UN-Sicherheitsratsresolution 687, § 14. Alle zitierten UN-Resolutionen online unter http://www.un.org. Ferner Seymour M. Hersh, *The Samson Option: Israel, America, and the Bomb* (Boston: Faber and Faber, 1993), S. 198-99, und Avner Cohen, *Israel and the Bomb* (New York: Columbia UP, 1998).

11 Siehe Noam Chomsky, *East Timor and the Western Democracies* (Nottingham: Bertrand Russell Peace Foundation, 1979), S. 2, und Matthew Jardine und Constâncio Pinto, *East Timor's Unfinished Struggle: Inside the Timorese Resistance* (Boston: South End Press, 1996).

[12] Siehe u.a. Tim Russert, Interview mit Madeleine Albright, NBC, *Meet the Press,* 2. Januar 2000.

[13] Siehe Richard Butler, »Iraqi Bombshell«, *Talk* 1: 1 (September 1999): 240. Siehe auch Mark Huband, »Misery and Malnutrition Form Bedrock of Iraq's New National Character«, *Financial Times,* 21. März 1998, S. 4, über Iraks Einverständnis mit UNSCOM-Inspektionen.

[14] Jim Lehrer, Interview mit Raymond Zilinskas, PBS, *Newshour,* 16. Februar 1998; Raymond Zilinskas, »The Quickest Fix Would Be Too Costly«, *Chicago Tribune,* 15. Februar 1998, »Perspectives«, S. 1.

[15] Barton Gellmann, »US Spied on Iraqi Military Via UN«, *Washington Post,* 2. März 1999, S. A1.

[16] US-Außenministerium (Online: http://www.usia.gov/regional/nea/nea.htm), *Saddam Hussein's Iraq* (September 1999).

[17] Siehe Washington Physicians for Social Responsibility, Interview mit Hans von Sponeck, Bagdad, 5. April 1999 (http://www.wpsr.org), und Stephen Kinzer, »Smart Bombs, Dumb Sanctions«, *New York Times,* 3. Januar 1999, S. 4: 4.

[18] Washington Physicians for Social Responsibility, Interview mit Hans von Sponeck, Bagdad, 5. April 1999.

[19] Eine Liste der zurückgehaltenen Güter findet sich unter http://www.un.org/Depts/oip, der Website des UN Office of the Iraq Program.

[20] Washington Physicians for Social Responsibility, Interview mit Hans von Sponeck, Bagdad, 5. April 1999.

[21] Denis Halliday, Vortrag an der Universität von Washington, Seattle, Washington, 15. Februar 1999. Einsehbar bei: Citizens Concerned for the People of Iraq. Siehe http://www.scn.org/ccpi.

[22] Barbara Crossette, »Children's Death Rate Rising in Iraqi Lands, Unicef Reports«, *New York Times,* 13. August 1999, S. A6.

[23] UN-FAO-Technical Cooperation Program, *Evaluation of Food and Nutrition Situation in Iraq* (Rom: FAO, 1995), S. 8.

[24] Siehe UNICEF-Presseerklärung, »Iraq Survey Shows ›Humanitarian Emergency‹«, 12. August 1999 (Cf/doc/pr/1999/29). Siehe auch Pellett, »Sanctions, Food, Nutrition, and Health in Iraq«.

[25] So haben von den fünf ständigen Mitgliedern nur die USA und Großbritannien der UN-Sicherheitsratsresolution 1284 im Dezember 1999 zugestimmt. Siehe Roula Khalaf, »UN Adopts New Resolution on Iraq«, *Financial Times,* 18./19. Dezember 1999, S. 1.

[26] Siehe Fellowship of Reconcilliation, *Nobel Laureate Delegation March 1999 Report* (Nyack, New York: FOR, 1999); Los Angeles Times Wire Services, »US Congressional Staffers Pay Visit to Iraqi Hospital«, *Los Angeles Times,* 31. August 1999, S. A9; Pax Christi USA, »Bishops' Statement on the Iraqi Sanctions«, Brief an Präsident Bill Clinton, 20. Januar 1998; und Jasper Mortimer, »Arab League Supports Lifting Iraq Sanctions«, Associated Press, 13. September 1999.

[27] Siehe Steven Lee Myers, »US Jets Strike 2 Iraqi Missile Sites 30 Miles Outside Baghdad«, *New York Times,* 25. Februar 1999, S. A7, für ein seltenes Eingeständnis, daß »die Verbotszonen tatsächlich auf keinerlei Resolution der Vereinten Nationen zurückgehen«.

[28] UN Security Section/UN Office of the Humanitarian Coordinator for Iraq, *Air Strikes in Iraq: 28 December 1998 - 31 May 1999* (Bagdad, UNOHCI, 1999), S. 1-12.

[29] Vijay Joshi, »Iraq Says American Attack Kills 11«, Associated Press, 26. Januar 1999.

[30] Siehe Matthew Rothschild, »A Misguided Policy Toward Iraq«, *San Diego Union Tribune,* 5. September 1996, S. B11.

Joachim Guilliard

Wirtschaftssanktionen – eine Alternative zum Krieg?

Anmerkungen zu einer Debatte in der Friedensbewegung*

Der Botschafter von Bangladesch, Anwarul Karim Chowdhury, wartete im Sommer 2000 in einer Schlange auf dem Pariser Flughafen, als er ein ungewöhnliches Schild über dem Einwanderungsschalter sah. Während auf der einen Seite das bekannte Schild »Nur für Passinhaber der EU« hing, fesselte ihn das Schild auf der gegenüberliegenden: »Alle anderen – und Österreich«. Hinter ihm stand ein sichtlich verärgerter Österreicher den er »Was denken die, woher wir kommen? Aus der Dritten Welt?« murmeln hörte.[1]

Der Zorn des Österreichers galt den wenig später aufgehobenen Sanktionen gegen Österreich. Für Karim Chowdhury beleuchtete dieser Ausspruch aber einen für ihn sehr wichtigen Aspekt. In der Tat ist das kleine Österreich bisher der einzige westliche Industriestaat, der unter einem Embargo zu leiden hatte, wobei die Maßnahmen milde und von kurzer Dauer waren. Die meisten Sanktionen, die der UN-Sicherheitsrat bisher verhängte, richteten sich gegen Länder der sogenannten Dritten Welt wie Libyen, Irak, Sierra Leone, Afghanistan, Sudan, Haiti und Liberia.

Wirtschaftssanktionen stoßen nicht nur wegen dieser Einseitigkeit weltweit zunehmend auf Ablehnung, sondern auch wegen ihrer Auswirkungen auf Leben und Gesundheit der jeweils betroffenen Bevölkerung. Dabei hat vor allem die verheerende Situation im Irak die Kritik an dem in den letzten zehn Jahren gehäuft angewandte Interventionsinstrument massiv verschärft.

Natürlich gibt es im Westen sehr einflussreiche Kräfte, die diese Waffe auch weiterhin scharf halten wollen. Aber auch aus der Friedensbewegung gibt es Stimmen, die Wirtschaftssanktionen als »Alternative zu Militärinterventionen« retten möchten. In dem von Ulrich Cremer und Dieter S. Lutz herausgegebenen Sammelband »Die Bundeswehr in der neuen Weltordnung« ist diesem Thema ein ganzer Abschnitt gewidmet.[2] Dort geht Norbert

Mappes-Niediek, Mitarbeiter u. a. der Wochenzeitung *Freitag*, in einem oberflächlichen Beitrag locker über die Folgen für die Bevölkerung hinweg. Am Beispiel Jugoslawien versucht er, die Wirkungslosigkeit von Sanktionen aufzuzeigen, und zieht am Ende das zynische Resümee, daß sie »wenigstens potentielle Nachahmer abschrecken« würden.

Die Bevölkerung, »die sich ein Unrechtsregime hat gefallen lassen«, würde dadurch zwar noch weiter ins »geistige und materielle Elend gestoßen«. Dennoch sei dies, »so brutal das klingt: ein Fortschritt«. Da Mitherausgeber Ulrich Cremer sich Gedanken macht, wie man Sanktionen effektiver einsetzen könnte, bleibt es Hans von Sponeck, dem ehemaligen UN-Koordinator für die humanitäre Hilfe im Irak, der aus Protest gegen die Sanktionen Anfang 2000 zurückgetreten ist, vorbehalten, Zweifel an der ganzen Logik von Sanktionen zu äußern.

Da unter Wirtschaftssanktionen auch die Anrainerstaaten leiden und diese daher teilweise die angeordneten Embargomaßnahmen aus Eigeninteresse unterlaufen, greift Ulrich Cremer die Idee eines »Sanktionshilfefonds« auf, als »Weg zu effektiven Wirtschaftssanktionen«. Aus diesem Fonds sollen die boykottierenden Länder Entschädigungen für ihre wirtschaftlichen Verluste erhalten, falls sie die Blockademaßnahmen vollständig einhalten und auch effektiv überwachen.

Es ist erstaunlich, wie vehement Ulrich Cremer sich für Sanktionen einsetzt, obwohl er die damit verbundene Problematik durchaus sieht. Neben den negativen Folgen für die Bevölkerung stellt er zu Recht die mangelhafte »Präzision« der Embargobeschlüsse fest, die es erlauben, die Sanktionen mit neuen »Nachforderungen« beliebig zu verlängern. Da sie in der Regel zeitlich unbefristet verhängt werden, ist für ihre Aufhebung ein erneuter Beschluß des UN-Sicherheitsrates notwendig, der durch das Veto eines ständigen Mitglieds auf Dauer verhindert werden kann.

Von den negativen Auswirkungen umfassender »Sanktionen« auf den Irak und auf Jugoslawien aber will sich Ulrich Cremer in seinen Überlegungen nicht stören lassen: »Geht man vom Grundgedanken aus, daß Embargos eine nichtmilitärische Alternative zu Kriegen sind, erweisen sich beide Fälle als schlechte Beispiele, weil die Sanktionsregimes jeweils im Zusammenhang mit Kriegshandlungen etabliert wurden.«

Damit macht er es sich doch etwas zu einfach. Selbstverständlich verstärken Kriegszerstörungen die Wirkung eines Embargos erheblich. Man kann aber allgemein sagen, daß Sanktionen um so schlimmere Auswirkungen auf die humanitäre Situation haben, je ärmer ein Land schon vorher ist und je stärker es vom Import essentieller Güter, wie Nahrung und Medikamente, abhängt. Ein trauriges Beispiel hierfür ist Burundi, wo die von einer afrikanischen Staatengruppe verhängten und vom UN-Sicherheitsrat unterstützten Sanktionen eine verheerende Wirkung auf die ohnehin schon bettelarme Bevölkerung haben.

Wenn Irak auch ein extremes Beispiel ist, so zeigt es doch mit größter Deutlichkeit die prinzipiellen Probleme umfassender Blockaden. Und umfassend müssen sie sein, sollen sie eine schnelle und unmittelbare Wirkung entfalten, zum Beispiel um einer aktuellen Bedrohung von Minderheiten zu begegnen. Das ist ja der an sich verständliche Wunsch, den Menschenrechts- und Friedensgruppen mit internationalen Sanktionen verbinden. Sogenannte »intelligente Sanktionen«, die nur Maßnahmen enthalten, die sich wie Rüstungsstopp, Reisebeschränkungen, Einfrieren von Auslandskonten etc. direkt gegen die Führung des betreffenden Staates richten, sind dafür auch nach Ulrich Cremers Meinung nicht geeignet. Sobald aber Embargomaßnahmen einigermaßen umfassend sind, ist die Gesamtbevölkerung unmittelbar und massiv betroffen, besonders natürlich die Schwächsten einer Gesellschaft.

Diesen unerwünschten humanitären Folgen effektiver Wirtschaftssanktionen will Ulrich Cremer »konstruktiv begegnen«: »Die internationale Staatengemeinschaft sollte einen Sanktionskodex erarbeiteten, der Embargos humanisieren hilft. Lebensmittellieferungen und medizinische Hilfe müssen von der UNO bereit gestellt, Hilfsorganisationen mit der Logistik betraut werden.« Was dieser Sanktionskodex beinhalten und wer dabei die »internationale Staatengemeinschaft« sein soll, die ihn aufstellen und vor allem kontrollieren könnte, läßt er offen.

Sicher aber ist, daß sein Vorschlag keine Lösung des Problems bringen kann. Gerade das Beispiel des Irak zeigt, daß Krankheiten und Not nicht allein durch Mangel an Nahrungsmittel und Medikamenten verursacht werden, sondern auch durch den Ausfall der Infrastruktur in Bereichen wie Wasser- und Energieversorgung, Transportwesen und Kommunikation aufgrund fehlender Ersatzteile, Chemikalien usw.[3]

Zudem dürfen auch die verheerenden Auswirkungen auf Wohnen, Bildungssystem, Beschäftigung usw. nicht einfach ignoriert werden. Die Alimentierung von außen über Hilfsorganisationen würde zudem den betroffenen Staat eines Teils seiner Souveränität berauben, was dieser, schon angesichts des Konflikts, in dem er sich mit den Embargobetreibern befindet, nicht akzeptieren kann.

Angesichts der vielen offensichtlichen humanitären Probleme im Zusammenhang mit Wirtschaftssanktionen haben mehrere UNO-Kommissionen die seit Jahren von Völkerrechtlern vorgebrachten Argumente aufgegriffen und ganz allgemein schwere menschen- und völkerrechtliche Bedenken gegen umfassende Wirtschaftssanktionen vorgebracht, die der Hohe Kommissar für Menschenrechte im September in einer Abhandlung zusammenfaßte.[4] Dabei stellt er unter anderem fest, daß

- auch bei Maßnahmen des Sicherheitsrates nach Kapitel VII der Charta der Vereinten Nationen die im internationalen Recht verankerten Menschenrechte der Betroffenen respektiert werden müssen, insbesondere die Genfer Konvention, die das Aushungern der Zivilbevölkerung und die Zerstörung von Lebensnotwendigem verbietet;
- Wirtschaftssanktionen praktisch immer dramatische Auswirkungen auf die in der »Konvention über ökonomische, soziale und kulturelle Rechte« garantierten Rechte haben[5];
- humanitäre Ausnahmen bei Sanktionen, um die Zufuhr von lebensnotwendiger Güter zu ermöglichen, nach Feststellung mehrerer UN-Studien kaum positive Auswirkungen haben und auch auf einen zu engen Rahmen beschränkt waren. Sie berücksichtigten zum Beispiel nicht Fragen wie Schulbildung, Versorgung mit sauberem Wasser und angemessene Gesundheitsversorgung.

Bereits in ihrer Resolution vom 4. März 1994 hatte die UNO-Menschenrechtskommission eine recht präzise Stellungnahme zur Problematik von Sanktionen abgegeben. Da wirtschaftliche Zwangsmaßnahmen die volle Verwirklichung aller Menschenrechte unmöglich machen, fordert die Resolution unter Hinweis auf die Allgemeine Menschenrechtserklärung alle Staaten auf, derartige Praktiken zu unterlassen. Sie verweist auf »das Recht eines jeden auf einen für Gesundheit und Wohlergehen ausreichenden Lebensstandard, der Nahrung, medizinische Versorgung, Unterkunft und notwendige soziale Dienstleistungen beinhaltet«, führt explizit Handelsbeschränkungen, Blockaden, Embargos, das Einfrieren von Guthaben als menschenrechtswidrige Zwangsmaßnahmen an und stellt schließlich ausdrücklich fest, daß essentielle Güter wie Lebensmittel und Medizin nicht als politisches Druckmittel verwendet werden sollen.

Die in dieser Resolution beschriebenen Umstände treffen offensichtlich – von der Sache her – gerade auf die zur Debatte stehenden multilateralen Sanktionen zu. Um den realen Machtverhältnissen Rechnung zu tragen, hat die Kommission jedoch ihre Resolution – formal – ausdrücklich auf unilaterale Zwangsmaßnahmen bezogen. Da die menschenrechtlichen Auswirkungen bei multilateralen Sanktionen wesentlich gravierender sind (weil diese naturgemäß besser »greifen«), zeigt dies einmal mehr den Widerspruch zwischen humanitärem Anspruch von UNO-Gremien und machtpolitischer Praxis, die auf Menschenrechte keine Rücksicht nimmt.[6]

Im August 2000 nahm der Unterausschuß der UN-Menschenrechtskommission eine neue Resolution zu den »Menschenrechts- und humanitären Konsequenzen von Sanktionen« an. Sie fordert unter anderem den UNO-Sicherheitsrat als ersten Schritt zur Beachtung des humanitären Völkerrechts auf, »die Auswirkungen von Sanktionen auf die Zivilbevölkerung zu eliminieren, durch die Erlaubnis zum Import ziviler Güter, insbesondere zur Sicherung der Nahrungs-, medizinischen und pharmazeutischen Versorgung und anderer Produkte, die wesentlich für die Gesundheit der Bevölkerung in jeglicher Hinsicht sind«. Eingeflossen ist dabei auch das Gutachten des belgischen Professors und Mitglieds des Unterausschusses der Kommission, Marc Bossuyt.

»Die ›Theorie‹ hinter Wirtschaftssanktionen ist, daß ökonomischer Druck auf die Zivilbevölkerung sich in Druck auf die Regierung verwandeln wird, ihre Politik zu ändern. Diese Theorie ist sowohl rechtlich wie praktisch bankrott«, stellt Bossuyt in seinem 40-seitigen Papier fest.[7]

Da grundlegende Menschenrechte, in völkerrechtlich verbindlichen Konventionen festgeschrieben, durch Sicherheitsratsbeschlüsse nicht außer Kraft gesetzt werden können, sind beispielsweise die Sanktionen gegen den Irak nach Bossuyts Ansicht rechtswidrig und ähneln mittelalterlichen Belagerungen. »Das Sanktionsregime gegen den Irak ist eindeutig illegal unter dem geltenden internationalen Menschenrecht und den humanitären Gesetzen.

Einige würden sogar so weit gehen und den Vorwurf des Völkermordes erheben.«[8]

Und weiter: *»Das Sanktionsregime gegen den Irak hat als klares Ziel, dem irakischen Volk Lebensbedingungen aufzuerlegen, ... die auf seine ganze oder teilweise physische Vernichtung ausgerichtet sind. Es tut nichts zur Sache, daß diese absichtliche physische Vernichtung angeblich die Sicherheit in der Region zum Ziel haben soll. Sobald der klare Beweis erbracht worden war, daß Tausende von Zivilisten gestorben sind und Hunderttausende in Zukunft sterben würden, wenn der Sicherheitsrat die Sanktionen fortsetzt, waren die Toten kein unbeabsichtigter Nebeneffekt mehr - der Sicherheitsrat war nunmehr verantwortlich für alle bekannten Konsequenzen seiner Aktivitäten. ... Tatsächlich gab die UN-Botschafterin der USA (Albright) dies auch zu; als sie gefragt wurde, ob die Sanktionen den Preis der halben Million toten Kinder ›wert‹ seien, erwiderte sie: ›Wir meinen, daß sie den Preis wert sind‹. Die Staaten, die für die Sanktionen verantwortlich sind, müssen sich möglicherweise Fragen in bezug auf die Völkermordkonvention stellen lassen«*[9]

Andere wie Noam Chomsky, Ramsey Clark oder die Politikwissenschaftler John und Karl Mueller in der Zeitschrift *Foreign Affairs*[10] gehen in ihrem Urteil noch weiter. Für sie sind Sanktionen (potentielle) Massenvernichtungswaffen, die vor allem deshalb gefährlich sind, weil sie auf unspektakuläre Weise töten und die Hemmschwelle für ihre Anwendung weit geringer ist - weil sie häufig, wie auch von Ulrich Cremer, als »gewaltfreie Alternative« zum militärischen Eingreifen, dem Krieg, gesehen werden.

Neben den menschenrechtlichen Einwänden gibt es auch machtpolitische zu diskutieren. Wie schon erwähnt, zielen Sanktionen, wie sie Ulrich Cremer vorschweben, im wesentlichen auf Länder des Südens und des Osten. Es ist kaum vorstellbar, daß Länder wie Frankreich, Italien oder Deutschland davon betroffen sein werden, von den USA ganz zu schweigen, obwohl diese Länder beispielsweise im März 1999 ganz offensichtlich den Frieden gebrochen haben und ihre Hochrüstung und aggressive Militärstrategie wohl die derzeit größte Bedrohung des Weltfriedens darstellt. Die bisherige Praxis zeigt, daß auch wichtige Verbündete der westlichen Staaten vor umfassenden Sanktionen sicher sind. Dabei bedürfte es zum Beispiel im Falle der Türkei oder Israels gar keiner Blockademaßnahmen. Hier würde es reichen, die politische, wirtschaftliche und militärische Unterstützung einzustellen, bzw, mit dieser Einstellung zu drohen.

Internationale Sanktionen werden unter den gegebenen weltweiten Machtverhältnissen ein Interventionsinstrument der westlichen Staaten bleiben. Neben dem Umstand, daß eine solche Praxis mit einem internationalen Rechtssystem nicht vereinbar ist, stellt sich die Frage, woher der ungebrochene Glaube kommt, Interventionen westeuropäischer Staaten und der USA könnten irgendwo Probleme lösen.

Ich kann den Wunsch durchaus verstehen, bedrohten Menschen möglichst unmittelbar »zu Hilfe zu eilen«. Warum sollten aber hinter humanitären Interventionen des Westens mittels »Belagerung« andere Zielsetzungen und Propagandamechanismen stehen als hinter dem Jugoslawienkrieg?

Während die jüngste NATO-Aggression in dieser Hinsicht von der Friedensbewegung ganz gut aufgearbeitet worden ist, steht dies in bezug auf die früheren westlichen Interventionen im ehemaligen Jugoslawien noch aus. Wie sonst könnte Ulrich Cremer sich heute noch positiv auf die ersten Sanktionsmaßnahmen gegen Jugoslawien beziehen? Diese Sanktionen waren Teil einer Intervention, die ein Paradebeispiel dafür ist, wie durch einseitige Parteinahme ein Konflikt angeheizt und verlängert werden kann[11] und wie eine effektive Propaganda dafür auch noch die Unterstützung von Hilfsorganisationen, Menschenrechts- und Friedensgruppen gewinnen konnte.

Hans von Sponeck glaubt nicht mehr daran, daß mit Sanktionen vernünftige Politik gemacht werden kann. Seiner Meinung nach haben wirksame Sanktionen stets inakzeptable Auswirkungen auf die Bevölkerung. »Sanktionen sehen oft nur auf den ersten Blick aus wie eine ›humanere‹ und kosteneffizientere Alternative zum Krieg. Die ultimativen Folgen für die Bevölkerung sind aber oft genauso schlimm wie bei einem Krieg.« Mildert man sie ab, sind sie kaum noch geeignet, eine Regierung zum gewünschten Verhalten zu zwingen.

Ob seine Vermutung zutrifft, daß Sanktionen »vielleicht vom internationalen und humanitären Recht her für eine beschränkte Zeit vertretbar sind«, sei dahingestellt. Wichtiger ist, daß er als diplomatischer Praktiker vorschlägt, sich von der Vorstellung einer direkten Beeinflussung oder Kontrolle anderer Staaten zu verabschieden. »Wir müssen uns einfach daran gewöhnen, daß wir nicht in einer Kolonialsituation leben, daß die Länder unabhängig geworden sind. ... Und wir müssen viel stärker auf Einbindung drängen, zum Beispiel in Instrumente wie die UNO-Charta oder die Universaldeklaration für Menschenrechte.«

Er schlägt vor, wieder mehr an die Ursachen von Krisenentwicklungen zu gehen und auch die Probleme der betroffenen Staaten, wie des Irak, ernst zu nehmen. »Ich glaube, man muß die Iraker - parallel zur Lockerung oder zum Aufheben der Sanktionen - sehr stark in Gespräche einbinden, ihnen dadurch versuchen klar zu machen, daß der friedliche Weg der produktivere ist. Ein Weg, der den Menschen im Irak zugute kommt und auf diese Weise dann auch das Problem mit löst.«

Wenn von Sponeck auch die Ziele hinter der bisherigen Sanktionspolitik nicht in Zweifel zieht und wohl nicht sieht, daß es wahrscheinlich ohne Krieg und totales Embargo möglich gewesen wäre, den Irak zum Rückzug aus Kuwait zu bewegen, wäre man - wie er ja nun vorschlägt - auf dessen vorgebrachte Probleme eingegangen, so sind seine sachlichen Anregungen vielleicht doch Sgeeignet, den ungestümen Willen zur Intervention vieler wohlmeinender Menschen zu zügeln.

Umfassende Sanktionen sind (potentielle) Massenvernichtungswaffen und keine »gewaltfreie« Alternative zum Krieg. Die Friedensbewegung kann nicht ernsthaft solche Methoden der Kriegführung den klassischen vorziehen, nur weil sie nicht mit Pulverdampf und Kanonendonner verbunden sind. Friedensbewegung und Menschenrechtsgruppen wären gut beraten, sich zunächst Abhandlungen wie die Marc Bossuyts oder des Innsbrucker Professors Hans Köchler anzuschauen und sich Hans von Sponecks Äußerungen zu Herzen nehmen, bevor weiter über Sanktionen als zivile Alternative diskutiert wird. Offensichtlich sind manche Berufsdiplomaten und Völkerrechtler dem eigentlichen Grundsatz der Friedensbewegung, gewaltfreie Lösungsansätze zu verfolgen, näher als viele von deren Vordenkern.

Nicht wenige Konflikte entstanden und entstehen durch direkte oder indirekte Einmischung der westlichen Staaten. Häufig verletzen diese selbst oder ihre Verbündeten Völker- und Menschenrechte und bedrohen oder brechen den Frieden. Genug Arbeit also für alle, die sich für das Wohl anderer Menschen und den Frieden einsetzen wollen. Bei einem gewissen Erfolg dabei werden wahrscheinlich auch jene Konflikte leichter zu lösen sein, die friedensbewegte Befürworter von Sanktionen im Auge haben.

Anmerkungen

* Der Beitrag erschien in der Zweimonatszeitschrift *Marxistische Blätter* 01/2001 und leicht gekürzt am 29.11.2000 in der Tageszeitung *junge Welt*.

1 Thalif Deen, InterPressService vom 9.10.2000.

2 Ulrich Cremer, Dieter S. Lutz (Hrg): Die Bundeswehr in der neuen Weltordnung. Hamburg 2000.

3 Ein Sanktionsregime müsste daher, wie es im Irak auch geschieht, bei allen Gütern die Entscheidung treffen, ob sie zur Lebensmittel- und medizinischen Versorgung notwendig sind oder nicht. Die Erfahrung im Irak mit dem »Oil for food«-Programm, das ja den Import von Nahrungsmittel und medizinischem Material ermöglichen soll, zeigt, daß auch dadurch Einzelstaaten die Versorgung mit lebensnotwendigen Gütern massiv behindern können.

4 »The Human Rights Impact of Economic Sanctions on Iraq«, Background Paper prepared by the Office of the High Commissioner for Human Rights for the meeting of the Executive Committee on Humanitarian Affairs. 5 September 2000.

5 ... durch: Unterbrechung der Versorgung mit Nahrung, Medikamenten, Hygienemittel und Beeinträchtigung der Nahrungsqualität und des Zugangs zu sauberem Trinkwasser, des Basisgesundheitssystems und des Bildungswesen sowie Wegfalls von Arbeitsplätzen und anderer Verdienstmöglichkeiten.

6 Hans Köchler, Ethische Aspekte der Sanktionen im Völkerrecht. Wien 1994, hier S. 32.

7 Marc Bossuyt: The adverse consequences of economic sanctions on the enjoyment of human rights. UN Menschenrechtskommission, Dokument E/CN.4/Sub.2/2000/33, Abs. 48.

8 Bossuyt erwähnt die Völkermordkonvention, in der Völkermord definiert wird u. a. als Taten, die in der Absicht begangen werden, eine nationale, ethnische, rassische oder religiöse Gruppe ganz oder teilweise zu vernichten durch das Töten von Angehörigen der Gruppe oder das Zufügen schwerer körperlicher oder psychischer Schäden oder der absichtlichen Auferlegung von Lebensbedingungen, die zu ihrer teilweisen oder kompletten physischen Zerstörung führen (Bossuyt a.a.O., Abs. 71).

9 ebd. Abs. 72.

10 »Sanctions of Mass Destruction« by John Mueller and Karl Mueller, Foreign Affairs, 78 (May/June 1999), pp. 43-53. Die beiden namhaften US-amerikanischen Politikwissenschaftler Prof. John und Karl Mueller stellen fest, daß die Wirtschaftssanktionen gegen den Irak, die sie die wahren »Massenvernichtungswaffen« nennen, wesentlich tödlicher waren als alle bisher weltweit eingesetzten nuklearen, chemischen und biologischen Waffen zusammen.

11 Siehe dazu die Untersuchung von Rüdiger Göbel »Die Dynamik westlicher Interventionspolitik im Jugoslawienkonflikt - Friedenskonferenz, Teilungsplan, Militärintervention«, in: Karam Khella (Hg.): Der Fall Jugoslawien. Theorie und Praxis Verlag, Hamburg 1997.

Danksagung

Die Herausgeber möchten an dieser Stelle allen danken, die das Zustandekommen des vorliegenden Bandes möglich gemacht haben. An erster Stelle sind hier zu nennen die Autorinnen und Autoren der einzelnen Beiträge, die ihre Essays und Artikel für dieses Buch ausnahmslos unentgeltlich zur Verfügung gestellt haben.

Wir danken dem International Action Center in New York für seine unermüdliche Arbeit gegen die über den Irak verhängten Sanktionen und für die Genehmigung zur Verwendung der Beiträge aus dem Buch *Challenge to Genocide*, insbesondere des Beitrags von Ramsey Clark. Ferner gilt unser Dank dem South End Press Collective in Boston, USA, und Anthony Arnove, dem Herausgeber des Buches *Iraq Under Siege* für ihre freundliche Unterstützung hinsichtlich der Verwendung der Beiträge von Phyllis Bennis, Noam Chomsky, Robert Fisk, Dennis Halliday, John Pilger und Voices in the Wilderness, außerdem dem Inhaber der europäischen Rechte an diesem Buch, Pluto Press in London, und seiner Rights Managerin Gilly Duff, die uns die Verwendung dieser Beiträge großzügig gestattet haben.

Auch diese Übersetzungsrechte sind uns kostenlos überlassen worden.

Besonders verpflichtet fühlen wir uns den Übersetzerinnen und Übersetzern dieser Beiträge, die in ihrer Freizeit und unbezahlt erhebliche Mühe aufgewendet haben, um die Herausgabe von *Der Irak - ein belagertes Land* zu einem erschwinglichen Preis möglich zu machen. Außerdem möchten wir an dieser Stelle die Aktivistinnen und Aktivisten diverser Friedensgruppen und ungezählte Einzelpersonen nennen, deren Unterstützung, Kritik und Widerspruch sich - hoffentlich doch - im vorliegenden Buch wiederfinden.

Heidelberg, im April 2001

Rüdiger Göbel
Joachim Guilliard
Michael Schiffmann

Anhang

Chronologie

1899	Nach Aden und der Südküste Arabiens gelangen die Stadt Kuwait und ihre Umgebung als »selbständiges Scheichtum« unter britische Kontrolle.
16.5.1916	Im streng geheimen Sykes-Picot-Abkommen teilen England und Frankreich die arabischen Territorien unter sich auf. Sie verabreden die Aufteilung der gesamten Region in kleinere staatliche Gebilde und Protektorate und die Trennung der rohstoffreichen Gebiete am persischen Golf von den bevölkerungsreichen Flächenstaaten. Die heutigen Staatsgrenzen in der Region entsprechen zum großen Teil den damaligen Festlegungen.
1920	Großbritannien erhält vom Völkerbund das Mandat über den Irak und setzt Emir Faisal al-Hussein als König ein - damit wird das Zweistromland faktisch britische Kolonie.
1925	Der britische Konzern »Irakische Erdölgesellschaft« bekommt die erste Förderkonzession für die Erdölreserven in den Gebieten um Bagdad und Mosul.
1931/32	Die »Irakische Erdölgesellschaft« erhält das alleinige Nutzungsrecht des irakischen Öls. Irak wird wenig später nominell unabhängig.
14.7.1958	Sturz der Monarchie durch einen von Abdul Karim Kassem geführten, vor allem gegen die britische Vorherrschaft gerichteten Militärputsch. Irak wird eine unabhängige Republik.
8.3.1963	Putsch nationalistischer, wieder mehr westlich ausgerichteter Kräfte. Kassem wird ermordet. Der anschließenden Verfolgung fallen Tausende von Kommunisten und Kassem-Anhänger zum Opfer. Mehrere instabile Regierungen wechseln sich ab.
17.7.1968	Durch einen Militärputsch gelangt die Baath-Partei an die alleinige Macht. In der Folge werden die Erdölförderung nationalisiert und ausländische Konzerne verstaatlicht. Eine Landreform und anspruchsvolle Entwicklungsprojekte, finanziert durch Öleinnahmen, werden durchgeführt.
1970	Das Abkommen über Autonomie der überwiegend kurdischen Gebiete im Norden beendet eine Zeitlang die Aufstände kurdischer Nationalisten.
1974	Ermuntert und unterstützt vom iranischen Schah und den USA, rufen einige kurdische Führer erneut zum bewaffneten Kampf auf.
1975	Irak und Iran einigen sich auf ein Grenzabkommen. Die aufständischen Kurden verlieren ihre wichtigste Unterstützung und ihr Rückzugsgebiet und werden geschlagen.

Juli 1979	Saddam Hussein wird Nachfolger des Präsidenten Hassan al-Bakr.
22.8.1980	Mit dem irakischen Einmarsch in die iranische Provinz Khusistan eskalieren die mit dem Sieg der »islamischen Revolution« gewachsenen Spannungen zwischen Irak und Iran zum Krieg. (»Erster Golfkrieg«)
1981	Israelische Kampfflugzeuge bombardieren das irakische Atomkraftwerk in Tamuz.
1984	Die USA nehmen nach 17 Jahren wieder diplomatische Beziehungen mit Irak auf. Bagdad kann mit westlicher Unterstützung massiv aufrüsten. Daß auch Iran westliche Rüstungsgüter erhält, führt später zum Iran-Contra-Skandal in den USA.
2.8.1988	Ende des Irak-Iran-Krieges.
2.8.1990	Besetzung Kuwaits durch irakische Truppen; Verabschiedung der Sicherheitsratsresolution (SR) 660, die den unverzüglichen und bedingungslosen Rückzug der irakischen Streitkräfte fordert.
6.8.1990	SR 661: Verhängung wirtschaftlicher und handelspolitischer Sanktionen gegen den Irak.
12. 8. 1990	Saddam Hussein fordert als Verhandlungsbasis die Durchsetzung aller UN-Resolutionen zum Nahost-Konflikt. Gemeint sind die an Israel gerichteten Resolutionen, die dieses u.a. zum Rückzug aus den besetzten Gebieten auffordern.
29.11.1990	SR 678 »ermächtigt die Mitgliedsstaaten, die mit der Regierung Kuwaits kooperieren, ... alle erforderlichen Mittel einzusetzen, um der Resolution 660 Geltung zu verschaffen«.
17.1.1991	Beginn der schweren Bombardierungen und Raketenangriffe auf den Irak.
24.2.1991	Beginn der Bodenoffensive in Kuwait und im Irak mit 700.000 Soldaten.
27.2.1991	Der Irak unterwirft sich voll der Resolution 660 und allen anderen, den irakisch-kuwaitischen Konflikt betreffenden Resolutionen des UN-Sicherheitsrates.
2.3.1991	Massaker der US-Truppen unter tausenden sich zurückziehenden irakischen Soldaten und an Kriegsgefangenen.
2.3.1991	SR 686 bestätigt, daß »alle vorgenannten Resolutionen nach wie vor Gültigkeit besitzen«, und erhebt nachträgliche Forderungen an den Irak, indem sie die »Notwendigkeit, sich der friedlichen Absichten Iraks zu versichern«, anführt.
3.4.1991	SR 687 konkretisiert die Nachforderungen, indem sie eine Vielzahl von Maßnahmen und Auflagen, wie Entmilitarisierung, territoriale Grenzziehung etc., verfügt.

5.4.1991	SR 688 verurteilt die Unterdrückung der kurdischen Bevölkerung, »deren Folgen den Weltfrieden und die internationale Sicherheit ... bedrohen« und »besteht darauf, daß der Irak den internationalen humanitären Organisationen sofortigen Zugang gewährt«.
9.4.1991	SR 689: Einsetzung der Beobachtermission (UNIKOM), betreffend die Festlegung der Grenze zwischen dem Irak und Kuwait.
15.8.1991	SR 705 setzt Entschädigungsleistungen des Irak auf 30 Prozent des Jahreswerts der Erdölexporte fest. Diese Leistungen gehen nicht nur an Kuwait, sondern z.B. auch an westliche Konzerne, die Verluste aufgrund des Konfliktes geltend machen können - unabhängig davon, wer den Schaden verursachte.
26.8.1992	SR 773: endgültige Festlegung der Grenzen zwischen dem Irak und Kuwait; unterstreicht erneut die »Unverletzlichkeit« der allerdings nun neu zu Gunsten Kuwaits gezogenen Grenze zwischen beiden Nachbarn.
27.6.1993	US-Kriegsschiffe feuern 23 Marschflugkörper auf das Hauptquartier des irakischen Geheimdienstes ab. Sechs Zivilisten und eine nicht bekannte Zahl von Soldaten und Beamten kommen dabei ums Leben.
Juni 1994	UNSCOM vollendet die Zerstörung der Bestände an chemischen Kampfstoffen und Vorläufersubstanzen sowie die zugehörigen oder potentiellen Produktionsanlagen.
Sep./Okt.1994	Der Irak setzt eine Frist bis 10.10.1994 für die Umsetzung des Paragraphen 22 der SR 687 (Aufhebung der Sanktionen nach Erfüllung der Auflagen). Die USA verlegen zusätzliche Truppenverbände nach Kuwait.
Juli 1995	Eine FAO-Delegation nach Bagdad ermittelt neue Schätzungen der Kindersterblichkeit. Demnach starben im Irak bis zu diesem Zeitpunkt 567.000 Kinder unter 5 Jahren an den Folgen des Embargos.
Oktober 1997	UNSCOM vollendet die Zerstörung aller Anlagen, mit denen eventuell Wirkstoffe für chemische Waffen oder deren Vorprodukte hergestellt werden könnten. Der Irak hatte sich der Hinweis auf den zivilen Charakter dieser Anlagen lange widersetzt.
27.10.1997	Der Irak wirft den US-amerikanischen Mitgliedern von UNSCOM Spionage vor und fordert sie auf, das Land zu verlassen.
13.11.1997	UNSCOM zieht Mitarbeiter aus dem Irak ab.
20.11.1997	Nach einem Übereinkommen zwischen Rußland und dem Irak kehrt UNSCOM wieder zurück.

Winter 1997/1998	Die USA ziehen am Golf ein großes Militäraufgebot zusammen und drohen dem Irak mit erneuten Luftschlägen. Anlaß ist die Weigerung Bagdads, die UNSCOM-Inspektoren auch sogenannte Präsidentenpaläste untersuchen zu lassen.
23 2.1998	Unter Vermittlung von UN-Generalsekretär Kofi Annan unterzeichnet der Irak eine Vereinbarung, die alle Inspektionen weitgehend erlaubt.
August 1998	Der ehemalige Marine- und Golfkriegsveteran Scott Ritter quittiert aus Protest gegen die angeblich zu lasche Behandlung Saddam Husseins durch Washington seinen Posten bei der UNSCOM. Zugleich gesteht er ein, geheimes UNSCOM-Material über den Irak an den israelischen Geheimdienst weitergegeben zu haben.
28.9.1998	Der US-Kongreß verabschiedet den »Iraq Liberation Act«.
1.10.1998	Aus Protest gegen die Sanktionen legt der Ire Denis Halliday nach 13 Monaten sein Amt als Koordinator des humanitären Programms der Vereinten Nationen nieder. Nachfolger wird der deutsche UN-Diplomat Hans von Sponeck.
16.12.1998	Der UN-Sicherheitsrat tagt, um die Berichte von UNSCOM-Leiter Richard Butler zu studieren. Außerdem liegt ein Bericht der IAEA vor, in dem bekräftigt wird, daß Bagdad alle Auflagen erfüllt hat.
16.12.1998	USA und Großbritannien bombardieren den Irak - noch während der Sicherheitsrat tagt. Die »Operation Wüstenfuchs« dauert vier Tage.
23.12.1998	Scott Ritter wirft UNSCOM-Chef Richard Butler vor, den USA und Großbritannien erlaubt zu haben, die Fakten zu manipulieren. Die Angriffe der vergangenen Woche seien mit »monate-, teilweise jahrealtem« Material begründet worden. Zudem seien die jüngsten Inspektionsorte bewußt ausgewählt worden, um die irakische Führung zu provozieren.
30.8.1999	Nach Angaben der Tageszeitung *Frankfurter Rundschau* schlugen bei fast täglichen Angriffen seit Beginn des Jahres rund 1100 Raketen in weit mehr als 300 Zielen ein. Dabei kamen zahlreiche Zivilisten ums Leben.
17.12.1999	Die USA und Großbritannien setzen eine Verlängerung der Sanktionen gegen den Irak durch. Von den fünf ständigen Mitgliedern des Sicherheitsrates, enthielten sich bei der Abstimmung am 17. Dezember Rußland, China und Frankreich der Stimme.
14.2.2000	Der Koordinator des humanitären UN-Hilfsprogramms für den Irak, Hans von Sponeck, erklärt aus Protest gegen die Sanktionen seinen Rücktritt. Die Leiterin des Nahrungsmittelpro-

gramms für den Irak, die Deutsche Jutta Burghardt, schließt sich diesem Schritt am folgenden Tag an.

16.2.2000 — 70 Mitglieder des US-Kongresses fordern auf einer Pressekonferenz, die Sanktionen gegen den Irak aufzuheben.

10.8.2000 — Der Präsident Venezuelas, Hugo Chávez, besucht als erster ausländischer Staatschef seit Ende des Krieges 1991 den Irak.

17.8.2000 — Der Irak eröffnet offiziell wieder den internationalen Flughafen in Bagdad.

1.11.2000 — Der jordanische Premierminister Ali Abu Ragheb besucht anläßlich der größten Handelsmesse seit zehn Jahren als erster arabischer Regierungschef seit 1990 den Irak. Insgesamt waren Verteter aus 40 Ländern präsent, darunter 14 Minister und hochrangige Funktionäre aus arabischen Ländern. Auch eine iranische und eine deutsche Delegation nahmen an der Messe teil.

17.1.2001 — Proteste unter anderem in Bagdad, Amman und New York gegen das Irak-Embargo. Gleichzeitig kündigen der neue Präsident George W. Busch und sein Verteidigungsminister Powell an, die Politik gegen den Irak noch verschärfen zu wollen.

16.2.2001 — Zwei Dutzend US-amerikanische und britische Kampfflugzeuge greifen Ziele in der Nähe Bagdads an. Da diese außerhalb der von den USA und Großbritannien festgelegten »Flugverbotszonen« liegen, erhebt sich weltweit starker Protest, der sich zunehmend auch gegen die »Flugverbotszonen« selbst richtet. Die deutsche Regierung stellt sich hinter die USA.

Dokumentation: Embargo gegen den Irak beenden

> »Die Zahl der Toten durch die Sanktionen muß das Gewissen eines jeden empfindungsfähigen Menschen erschüttern.«
> *(Der ehem. US-Justizminister Ramsey Clark, in einem Schreiben an den UN-Sicherheitsrat)*

Mehr als eine Million Menschen ließen im Irak nach Angaben von UN-Organisationen wie das Kinderhilfswerk UNICEF und die Weltgesundheitsorganisation WHO als Blockadeopfer in den letzten zehn Jahren ihr Leben, darunter mehr als 500.000 Kinder unter fünf Jahren. Dem Irak wurden 1990 die umfassenden Wirtschaftssanktionen auferlegt, um ihn zum Rückzug aus

Kuwait zu zwingen. Doch auch nach dem Rückzug der irakischen Truppen und der Anerkennung aller diesbezüglicher Resolutionen wurden die Sanktionen nicht aufgehoben, sondern mit neuen Forderungen verknüpft.

Diese Sanktionen sind die strengsten der Geschichte und die verhängnisvollsten: Die Kindersterblichkeitsrate hat sich verdoppelt, ein Drittel der irakischen Kinder leidet an Unterernährung und viele bleiben auf Dauer körperlich und geistig in der Entwicklung zurück. Auch die humanitären Ausnahmen vom Embargo und Hilfsprogramme, wie das Programm »Öl-für-Nahrungsmittel« können die verheerenden, auch sozialen und psychischen Folgen der Sanktionen nicht verhindern.

Das Embargo gegen den Irak ist *»keine Außenpolitik - es ist sanktionierter Massenmord«*, schrieben die US-Wissenschaftler Noam Chomsky und Edward Said.

Sanktionen mit so gravierenden Folgen für das Leben und die Gesundheit der betroffenen Bevölkerung, sind mit keinen politischen oder sonstigen Zielen zu rechtfertigen. Sie verstoßen gegen fundamentale Menschenrechte und eine Vielzahl völkerrechtlich verbindlicher Konventionen und das humanitäre Völkerrecht.

So heißt es beispielsweise in Artikel 1 des ***Internationalen Paktes über wirtschaftliche, soziale und kulturelle Rechte***, daß *»in keinem Fall ein Volk seiner eigenen Existenzmittel beraubt werden darf.«* Und die ***Genfer Konvention*** verbietet *das »Aushungern von Zivilisten als Methode der Kriegführung«.*

In einem Gutachten für den Unterausschuß der UN-Menschenrechtskommission macht der belgische Jurist Marc Bossuyt im August 2000 den Sicherheitsrat für die katastrophalen Folgen des Embargos voll verantwortlich. Bossuyt zufolge sind die Sanktionen eindeutig illegal.

Da die Sanktionsmaßnahmen völkerrechtswidrig sind, dürfen die Resolutionen des UN-Sicherheitsrates, auf denen sie fußen, nicht weiter beachtet werden. Denn der ***UN-Sicherheitsrat steht nicht über dem Völkerrecht***. Nach Artikel 24 der UN-Charta gilt, daß er ausschließlich *»in Übereinstimmung mit den Zielen und Prinzipien der Vereinten Nationen«* handeln darf.

Zudem betonen die »***Prinzipien des Nürnberger Tribunals***« die Eigenverantwortung gegenüber Anweisungen die nicht mit internationalem Recht vereinbar sind.

Es ist unannehmbar, daß ein Organ der UNO, wie der Sicherheitsrat, die grundlegenden Rechte der gesamten Bevölkerung eines Landes im Namen von »Frieden und Sicherheit« verletzt. Die zukünftige Nichtbeachtung der völkerrechtswidrigen Resolutionen gegen den Irak wäre daher auch ein Schritt zur Wiederherstellung der Autorität der Vereinten Nationen.

Das italienische Parlament hat sich im Juni 2000 mit großer Mehrheit gegen das Embargo ausgesprochen, ebenso im Februar des selben Jahres mehr als 70 Abgeordnete des US-Kongreß. Auch Rußland, Frankreich und eine Reihe anderer Staaten haben sich eindeutig für ein Ende der Sanktionen ausgesprochen.

Wir fordern daher die Bundesregierung und die Abgeordneten des Deutschen Bundestages auf, sich dem anzuschließen und zudem folgende konkrete Schritte zu beschließen:

- die Sanktionen gegen den Irak nicht länger zu beachten

- sich mit den europäischen Partnern, Rußland, China und anderen Ländern über die Aufnahme normaler Handelsbeziehungen zum Irak zu verständigen und den Wiederaufbau des Landes mit angemessenen Mitteln zu fördern

- sich an der Beseitigung von Umweltschäden, z.B. durch Uranmunition, zu beteiligen

- sich für eine faire, der Leistungsfähigkeit des Irak angemessenen Neuregelung der Entschädigungszahlungen einzusetzen, die bis zur wirtschaftlichen Erholung des Iraks ausgesetzt werden sollen

- den Rüstungsexport in die gesamte Region vollständig zu unterbinden und Abrüstungsmaßnahmen zu fördern

Hans-C. von Sponeck, ehem. Leiter des Öl-für-Nahrungsmittel-Programms der UNO im Irak, Prof. Norman Paech, Hochschule für Wirtschaft und Politik, Hamburg, Jutta Burghardt, Leiterin des Welternährungsprogramms im Irak, Prof. Werner Ruf, Gesamthochschule Kassel, Prof. Hans Köchler, Universität Innsbruck, International Progress Organization I.P.O., Prof. Dr. med. Ulrich Gottstein, Internationale Ärzte für die Verhütung von Atomkrieg (IPPNW), Dr. Peter Strutynski, Bundesausschuß Friedensratschlag, PD Dr. Johannes M. Becker, Arbeitskreis Marburger Wissenschaftler für Friedens- und Abrüstungsforschung (e.V.), Prof. Dr. Ulrich Albrecht, FU-Berlin,

Vorsitzender der Arbeitsgemeinschaft Friedens- und Konfliktforschung, Eckart Spoo, Journalist, Redakteur von OSSIETZKY, Elmar Schmähling, Admiral i.R., Berlin, Alfred Vestring, Botschafter a.D., Prof. Wolfgang Richter, Gesellschaft zum Schutz von Bürgerrecht und Menschenwürde e.V. (GBM) Berlin, Prof. Dieter Fehrenz, VVN/Bund der AntifaschistInnen Heidelberg.

Bundesausschuß Friedensratschlag, Heidelberger Forum gegen Militarismus und Krieg, Informationsstelle Militarisierung (IMI) e.V., International Progress Organization I.P.O, Wien, Friedenskoordination Berlin, Zeitschrift OSSIETZKY, Deutscher Freidenker-Verband, Deutscher Friedensrat e.V., Düsseldorfer Friedensforum.

(Quelle: junge Welt vom 28. Februar 2001)

Literatur und Internet-Adressen

Arnove, Anthony (Hg.): Iraq Under Siege: the Deadly Impact of Sanctions and War, South End Press, 2000

Bennis, Phyllis, Moushabeck, Michel: Beyond the Storm: A Gulf Crisis Reader (Interlink Publishing Group, 1998)

Chomsky, Noam und Beinin, Joel (Hg.): Die neue Weltordnung und der Golfkrieg. Trotzdem-Verlag, 1992

Chomsky, Noam: Wirtschaft und Gewalt. Vom Kolonialismus zur Neuen Weltordnung. Klampen Verlag, 1993.

Clark, Ramsey: Wüstensturm. US-Kriegsverbrechen am Golf. Lamuv Verlag. Göttingen, 1993

Clark, Ramsey (Hg.): The Impact of Sanctions on Iraq: the children are dying. World View Forum, 1996

Clark, Ramsey, Sara Flounders u.a.: Challenge to Genocide – Let Iraq Live, International Action Center, New York, 1998

Günther, Siegwart-Horst und Brentjes, Burchard: Vor dem dritten Golfkrieg. Geschichte der Region und ihrer Konflikte. Ursachen und Folgen der Auseinandersetzungen am Golf. Edition Ost 1998

Huda al-Hilali, Von Bagdad nach Basra. Geschichten aus dem Irak (Heidelberg, Palmyra, 1996

International Action Center Depleted Uranium – Metal of Dishonor. How the Pentagon radiates soldiers & civilians with DU weapons, New York 1997

Köchler, Hans: Ethische Aspekte der Sanktionen im Völkerrecht. Wien 1994

Mamduch, Alia: Mottenkugeln. Roman aus dem Irak (Basel: Lamuv, 1998)

Ruf, Werner: »Die neue Welt-UN-Ordnung« Vom Umgang des Sicherheitsrates mit der Souveränität der »Dritten Welt«, agenda-Verlag, Münster, 1994

Simons, Geoff: The Scourging of Iraq: Sanctions, Law and Natural Justice, (St. Martin's Press, 1996)

Simons, Geoff: Imposing Economic Sanctions (London: Pluto, 1999)

UNO-Quellen:

Humanitarian Panel report (Annex II, S/1999/356), 30 March 1999
Umfassende Analyse der Auswirkungen der Sanktionen auf die Bevölkerung im Irak
http://www.un.org/Depts/oip/panelrep.html

The United-Nations and the Iraq-Kuwait Conflict 1990-1996, New York, UN Publications, 1996
Sammlung von UNO Dokumenten bzgl. der ersten sechs Jahre der Irak-Krise.

UNICEF, 1999 Iraq Child and Maternal Mortality Surveys, 12 August 1999
Systematische Studie über die Zunahme von Kinder und Müttersterblichkeit unter dem Embargo
http://www.unicef.org/reseval/iraq.htm

UN-Menschenrechtskommission zu Wirtschaftssanktionen, Menschen- und Völkerrecht:

»The Human Rights Impact of Economic Sanctions on Iraq«, Background Paper prepared by the Office of the High Commissioner for Human Rights for the meeting of the Executive Committee on Humanitarian Affairs. 5 September 2000

Marc Bossuyt: The adverse consequences of economic sanctions on the enjoyment of human rights. UN Menschenrechtskommission, Dokument E/CN.4/Sub.2/2000/33

Einige Internet-Adressen:

Viele der *im Buch angegebenen Quellen* sind auf der Seite der *Deutschen Kampagne gegen Wirtschaftssanktionen* abrufbar:
http://www.embargos.de/irak/

Friedensratschlags Kassel: aktuelle Dokumente zum Irak, wie zu Sanktionen, Interventionen und Völkerrecht allgemein:
http://www.friedensratschlag.de

Tageszeitung »*junge Welt*«: alle Artikel und Beiträge der Sonderbeilagen zum Thema Irak und Sanktionen sind ab Mai 1997 im Online-Archiv: http://www.jungewelt.de/

Le Monde diplomatique, viele ausführliche Beiträge zum Thema Irak und Naher Osten in mehreren Sprachen, darunter auch deutsch: http://www.monde-diplomatique.fr/

Gesellschaft für internationale Verständigung: Über 3.000 Texte in englisch und deutsch zum Irak:
http://giv-archiv.de5.de/
Bilder aus dem Irak unter: http://irak.de.cx/

Initiativen (englische Seiten):

Campaign Against Sanctions on Iraq (CASI), Großbritannien, sehr umfassend und sehr gut aufgebaut:
http://www.cam.ac.uk/societies/casi/

International Action Center, USA IAC: http://www.iacenter.org/

International Action Coalition, USA: http://leb.net/iac/

Z-Magazine, USA: http://www.zmag.org/

Voices in the Wilderness, USA: http://www.nonviolence.org/

(alle diese Web-Seiten enthalten weiterführende Links zu anderen relevanten Internet-Adressen, wie arabische Zeitungen, Außenministerien der USA wie des Iraks usw.)

UN-Organsiationen:

UNICEF: http://www.unicef.org/

Überblick über UNICEF-Publikationen:
http://www.unicef.org/reseval/toinfo.htm

World Food Programme: http://www.wfp.org/

Food and Agriculture (FAO): http://www.fao.org
UN-Büro für das »Öl-für-Nahrungsmittel-Programm:
http://www.un.org/Depts/oip/
Weltgesundheitsorganisation WHO: http://www.who.int
WHO-Hilfsprogramme für einzelne Ländern:
http://www.who.int/eha/disasters/

Glossar

DU - Depleted Uranium, abgereicheres Uran

FAO - Food and Agricultural Organization, Ernährungs- und Landwirtschaftsorganisation (Sonderorganisation der UNO)

IAEA - International Atomic Energy Agency, Internationale Atomenergie-Behörde (Sonderorganisation der UNO)

ITU - International Telecommunication Union, Internationale Fernmeldeunion (Sonderorganisation der UNO)

OPEC - Organization of Petroleum Exporting Countries, Organisation Erdöl exportierender Länder

UNCHS (Habitat) - United Nations Centre for Human Settlements, Zentrum der Vereinten Nationen für Wohn- und Siedlungswesen

UNCTAD - United Nations Conference on Trade and Development, Handels- und Entwicklungskonferenz der Vereinten Nationen (Unterorganisation der UNO)

UNDP - United Nations Development Programme, Entwicklungsprogramm der Vereinten Nationen (Unterorganisation der UNO)

UNEP - United Nations Environment Programme, Umweltprogramm der Vereinten Nationen (Unterorganisation der UNO)

UNESCO - United Nations Educational, Scientific and Cultural Organization, Organisation der Vereinten Nationen für Erziehung, Wissenschaft und Kultur (Sonderorganisation der UNO)

UNICEF - United Nations International Childrens‹ Fund, Internationales Kinderhilfswerk der Vereinten Nationen (Unterorganisation der UNO)

UNMOVIC - UN Monitoring, Verification and Inspection Commission (soll die Nachfolge von UNSCOM antreten)

UNOPS - United Nations Office for Project Services, UN-Büro für Projektdienste

UNSCOM - United Nations Special Commission, Sonderkommission der Vereinten Nationen

WFP - World Food Programme, Welternährungsprogramm (Unterorganisation der UNO)

WHO - World Health Organization, Weltgesundheitsorganisation (Sonderorganisation der UNO)

AutorInnen und Herausgeber

Felicity Arbuthnot ist freiberufliche Journalistin mit den Schwerpunktgebieten Soziales und Umwelt. Die Britin hat in den vergangenen zehn Jahren mehrmals pro Jahr den Irak besucht und arbeitet zur Zeit an einem Buch über das Elend der vom Golfkrieg Betroffenen.

Phyllis Bennis ist Dozentin am Institute for Policy Studies in Washington. Sie hat zuletzt die Bücher *Calling the Shots: How Washington Dominates Today's UN* und als Mitherausgeberin *Beyond the Storm: A Gulf War Reader* veröffentlicht.

Jutta Burghardt war von Januar 1999 bis Ende März 2000 Leiterin des Welternährungsprogramms im Irak.

Noam Chomsky ist seit mehr als 30 Jahren als Sprachwissenschaftler und Kritiker der US-amerikanischen Außenpolitik weltbekannt. Von Chomsky sind zuletzt erschienen: *Die politische Ökonomie der Menschenrechte* (Trotzdem Verlag, 2000) und *Der Neue Militärische Humanismus. Lektionen aus dem Kosovo* (Edition 8, 2000).

Ramsay Clark war unter Lyndon B. Johnson Justizminister der USA, wurde danach zum scharfen Kritiker der US-Politik im Inneren und Äußeren und gründete 1993 zusammen mit anderen politischen Aktivisten das *International Action Center.*

Robert Fisk ist seit 1987 Nahostkorrespondent der britischen Tageszeitung *The Independent*. Er ist für seine journalistische Arbeit vielfach ausgezeichnet worden und erhielt 1998 den britischen Pressepreis von Amnesty International.

Rüdiger Göbel ist Politologe und stellvertretender Chefredakteur der Tageszeitung *junge Welt,* für die er zahlreiche Artikel zum Irak verfaßte. In dem Sammelband *»Der Fall Jugoslawien«* erschien von ihm *»Die Dynamik westlicher Interventionspolitik im Jugoslawienkonflikt - Friedenskonferenz, Teilungsplan, Militärintervention«* (Theorie und Praxis Verlag Hamburg, 1997).

Ulrich Gottstein, Prof. Dr. med., begleitet seit Jahren Hilfstransporte nach Bagdad. Er war Vizepräsident Europa der Internationalen Ärzte zur Verhütung eines Atomkriegs - Ärzte in sozialer Verantwortung (IPPNW) und ist Vorstandsehrenmitglied der deutschen Sektion.

Joachim Guilliard studierte Physik und ist als Statistiker und Softwareentwickler tätig. Er ist seit vielen Jahren in der Dritte-Welt-Bewegung aktiv und befaßt sich seit dem Golfkrieg von 1991 mit dem Irak. Er arbeitet u.a. zu den völkerrechtlichen Aspekten und humanitären Auswirkungen von Sanktionen und hat in verschiedenen Publikationen Artikel zu diesen Themen veröffentlicht.

Denis Halliday war von September 1997 bis zu seinem Rücktritt aus Protest gegen die UN-Sanktionen gegen den Irak im Herbst 1998 UN-Koordinator für humanitäre Hilfe im Irak.

Karijn Kakebeeke ist Fotografin und Autorin. Die Niederländerin baut mit Kollegen die internationale Agentur *labphotographers* auf.

Mona Kammas, Dr. med., ist Leiterin der pathologischen Abteilung der Universität Bagdad und erforscht die Auswirkungen kriegsbedingter Umweltbelastungen, insbesondere durch Uranmunition, auf die Gesundheit der Bevölkerung

Ali Mansoor, Prof. Dr. phil., studierte Anfang der 60er Jahre Germanistik in Heidelberg. Er war bis Ende letzten Jahres Leiter der Deutschen Abteilung der Fremdsprachenfakultät an der Universität in Bagdad. Zur Zeit lehrt er Deutsche Literatur an der Sprachenfakultät der Universität Sanaa in Jemen.

Norman Paech, Dr. jur., Professor für öffentliches Recht an der Hochschule für Wirtschaft und Politik in Hamburg. Aktuelle Beiträge von ihm finden sich u.a. in *Albrecht, Ulrich/Schäfer, Paul (Hrsg.): Der Kosovo-Krieg* (PapyRossa Verlag, 1999) und *Hösler, Joachim/Paech, Norman/Stuby, Gerhard: Der gerechte Krieg?* (Donat-Verlag, 2000)

John Pilger ist australischer Journalist und Dokumentarfilmer. Sein letzter Film, *Paying the Price: Killing the Children of Iraq* (März 2000) wurde in mehreren Ländern im Fernsehen gezeigt.

Scott Ritter war bis 1998 im Rahmen der UNSCOM Waffeninspektor im Irak.

Daniel Rosenthal ist Fotograf. Er lebt in Berlin und Amsterdam. Zur Zeit baut er mit Kollegen die internationale Agentur *labphotographers* auf. Die Fotos aus dem Irak erschienen am 13./14. Januar 2001 in der Tageszeitung *junge Welt.*

Michael Schiffmann machte eine Ausbildung als Erzieher und war drei Jahre in einem freien Kindergarten tätig. Er ist mit Unterbrechungen seit Mitte der siebziger Jahre in der linken Bewegung aktiv, derzeit in erster Linie gegen die Hinrichtung des schwarzen US-amerikanischen Journalisten Mumia Abu-Jamal. Er ist Übersetzer und Anglist und hat mehrere Werke von Noam Chomsky, ferner Bücher von Autoren wie Edward Said, Mahmoud Darwisch, Mohammed Arkoun und Homi K. Bhabha ins Deutsche übertragen.

Deirdre Sinnott ist Aktivistin des International Action Center in New York. Im November 1997 nahm sie an einer Delegation unter Führung von Ramsay Clark in den Irak teil.

Hans-Christof von Sponeck arbeitet seit 1968 für die *Vereinten Nationen*. Für das *UN-Entwicklungsprogramm UNDP* war er in Ghana, Pakistan, Botswana und Indien. Er war ab Herbst 1998 als Nachfolger von Denis Halliday *Koordinator des humanitären UN-Hilfsprogramms für Irak*, bis er im Februar 2000 aus Protest gegen die Fortsetzung der Sanktionen seinen Rücktritt einreichte.

Voices in the Wilderness (Rufer in der Wüste) hat seit März 1996 etliche Hilfsdelegationen für Krankenhäuser und Kliniken im Irak organisiert, um die durch die Sanktionen verhängte Belagerung zu durchbrechen. Die Gruppe tritt für Gewaltlosigkeit als Strategie sozialer Veränderungen ein. Sie kämpft u.a. für die Abschaffung aller Massenvernichtungswaffen und macht dabei keinen Unterschied zwischen Waffen biologischer, chemischer, nuklearer oder wirtschaftlicher Art.